中國學術思想 研究輯刊

三六編

林慶彰 主編

第 17 冊

從「名理」到「反玄」
——論漢晉之際北地傅氏之家學與家風

武 玥 著

花木蘭文化事業有限公司

國家圖書館出版品預行編目資料

從「名理」到「反玄」——論漢晉之際北地傅氏之家學與家
風／武玥 著 -- 初版 -- 新北市：花木蘭文化事業有限公司，
2022〔民 111〕
目 2+174 面；19×26 公分
（中國學術思想研究輯刊 三六編；第 17 冊）
ISBN 978-626-344-060-9（精裝）
1.CST：北地傅氏 2.CST：學術思想 3.CST：魏晉南北朝哲學
4.CST：玄學
030.8   111010199

ISBN-978-626-344-060-9

中國學術思想研究輯刊
三六編 第十七冊   ISBN：978-626-344-060-9

從「名理」到「反玄」
——論漢晉之際北地傅氏之家學與家風

作　者　武玥
主　編　林慶彰
總編輯　杜潔祥
副總編輯　楊嘉樂
編輯主任　許郁翎
編　輯　張雅淋、潘玟靜、劉子瑄　美術編輯　陳逸婷
出　版　花木蘭文化事業有限公司
發行人　高小娟
聯絡地址　235 新北市中和區中安街七二號十三樓
　　　　　電話：02-2923-1455／傳真：02-2923-1452
網　址　http://www.huamulan.tw 信箱 service@huamulans.com
印　刷　普羅文化出版廣告事業
封面設計　劉開工作室
初　版　2022 年 9 月
定　價　三六編 30 冊（精裝）新台幣 83,000 元

從「名理」到「反玄」
——論漢晉之際北地傅氏之家學與家風

武玥 著

作者簡介

武玥，一九九五年生於北京，求學台灣七載，本科畢業於私立輔仁大學中文系，碩士畢業於國立成功大學中國文學碩士班，期間曾發表〈探析曹丕的人格特質與轉變及其對詩歌創作的影響〉、〈《左傳》魯宣公、成公時期鄭宋外交策略之比較〉、〈「時間之囚人，空間之流放者」——論阮籍詩文中的時空意象與自我矛盾〉、〈《左傳》趙盾評議〉、〈從「孝悌」到「性善」——論《孟子》對舜之典範形象的建構意涵〉等單篇論文，主要研究方向為魏晉南北朝之文學、思想與文化。

提　要

　　北地傅氏家族自西漢至南北朝，綿延數代不絕，為累世仕宦之家，在政治、學術、社會文化各方面發生巨大變革的漢晉之際，北地傅氏迎來發展的鼎盛時期。在歷史記載中，漢晉之際北地傅氏族人，多以與玄學之士不協，站在其對立面，對其所產生之社會不良影響加以批評的形象出現。傅嘏以「校練名理」著稱，強調循名責實，糾浮華放誕，貶斥何晏黨徒；傅玄亦與何晏有隙，且作《傅子》闡述宜鞏固儒學，反制玄學之主張；傅祇、傅咸並以匡正綱紀，抑制浮偽為務。足見漢晉之際北地傅氏一門，皆當朝務實有為之臣，實作為另一類「名士」之代表，以與眾不同之特質，興盛一時，在此獨特的家族文化之表現的背後，所體現出的家學家風取向，頗值得我們進一步探索。同時，漢晉之際北地傅氏，與同時期之北方大族，如潁川荀氏、河東裴氏、潁川鍾氏皆關係匪淺，因此從對北地傅氏在此時期的思想文化取向之分析中，或可折射出此時代一部分族群的共同取向，從而對魏晉之際的思想文化有更深入、全面的了解。

　　基於此，本論文先對北地傅氏家族之地望、世系、婚宦、交遊、著作各方面加以考證，充分了解北地傅氏之發展過程與家族特徵。其後以傅嘏之「名理」，與傅玄之「反玄」，作為切入點，又從二人之子傅祇、傅咸，及作為繼承者的傅宣、傅暢、傅敷、傅晞、傅纂、傅沖、傅詠等，《晉書》列傳十七之傅氏全傳所記載之人物的表現、言語，被史臣視為「諍臣」之剛簡的歷史形象中，論證家學家風的傳承。而以傅嘏、傅玄、傅祇與傅咸為主體設立三個主章節，此在思想上，分別對應曹魏名法之治、正始玄學興盛、及西晉玄學復甦而貴無派衍盛的不同階段；在政治上，則又分別對應魏末黨爭、西晉嬗代、西晉中後期門閥大族爭勢攬權的不同局面。如此結合四人面對不同政治環境、學術文化思潮，做出的反應，對他們所具有的思想、文化性格、行為方式之共性加以分析，最終推斷出漢晉之際北地傅氏家族，儒法兼綜的家學家風取向。

誌　謝

　　時節不居，歲月如流，在成大的三年研究生時光轉瞬即逝，至今仍記得 2017 年的夏天，第一次踏進成功大學中文系的迷茫不安，那時還不確定研究方向，不知道怎麼寫論文，對學術研究也沒有多少概念。之後漸漸入門，還是從格式開始學起，後來通過反復研讀別人的論文，聽取老師們分享的經驗，開始明白什麼是問題意識，什麼是文獻綜述，慢慢學會寫一篇論文如何搜集資料，如何佈局，如何措辭，如何清晰論證，到第一學期結束終於獨立寫出兩篇像樣的論文，碩士論文更是我在成大中文系，這個學術氣息濃厚的地方，修煉三年的成果。

　　而這個成果最終能被呈顯出來，最要感謝的是我的導師江建俊老師，感謝老師在碩二課上，雖相識未久，卻相信我的能力，願意將我收入門下，並在選題方面給予我極大的幫助和指引；又履次鼓勵我多發表論文，參與學術研討會，令我積累發表經驗；且每次都極其細心地看我的論文，提出許多寶貴的修改意見，在老師的提點下，我感覺自己寫論文的功力明顯獲得提升，在寫作的過程中也覺得愈發得心應手。同時老師身上所具有的，老一輩學者的治學精神，也在日常相處的過程中，不斷地感染著我，促使我更加端正自己的態度。

　　在此，還要特別感謝與我同一屆的好友宜娟，和我的同門大師兄冠儒學長，因為疫情的緣故，本來應該由我自己全權負責的論文列印、口考場地、設備、與老師聯繫等許多瑣事，都需要別人的幫助，他們的傾情相助，真的很令我感動。離家萬里讀書，遇到這樣負責的老師，這麼溫暖的朋友，是我最大的幸運！

　　此外還要感謝我的父母，一直支持我執拗地讀看起來沒用的中文系，尊重我的理想和興趣，並且在我快要堅持不下去，以為因為疫情的緣故，不能按時畢業而哭鼻子時，耐心的安撫我、鼓勵我，給與我充分的信任，讓我有更大的勇氣和動力繼續寫下去，最終完成這本碩士論文。

　　最後，感謝口考委員林朝成老師、張蓓蓓老師對我的肯定，好開心看到三年努力終於得到回報。此去經年，與老師、友人一別不知何時再見，但我會銘記老師、友人的話語，帶著在成大中文系、在江老師門下修煉的「獨門絕技」，勇往直前，去更大的地方闖蕩。

　　青山綠水，就讓我們「江湖」再見！

目

次

第一章 緒 論

前言

　　本文以漢晉之際北地傅氏之家學家風為討論對象，並將傅嘏之「名理」與傅玄之「反玄」作為主要的切入點，在正式進入主題之前，本章節主要針對選擇此題目之用意、以「名理」與「反玄」作為切入角度、選取漢晉之際這一時間範圍之原因、研究漢晉之際北地傅氏之家學家風的價值、研究現狀與研究方法等問題作一說明。

第一節　研究動機與目的

　　自漢武帝獨尊儒術，儒生日益活躍於政治舞臺，於時為官者常需依託經術，由此學術與政治掛鉤，讀經成為利祿之階，一部分世代以儒學傳家的士人，相較他人更易獲得仕進機會，由是世代為官，不斷累積權勢；另有一部分，非因經學起家之強宗大族，亦在適當時間完成轉型，其後亦有以經學禮法傳家者，然常博涉而非專精一經。〔註1〕此兩種同作為東漢世家大族的重要組成，其無論在政治地位及文化上，皆具有絕對的優越性，這種情況延續至魏晉南北朝，結合當時局勢，即催生出門閥政治。〔註2〕由是魏晉士人的社會

〔註1〕金春峰言：「西漢中期，新的宗族——士族是經由兩條途徑形成的。一條是舊的豪強宗族士族化，即在獨尊儒術的影響下，它們的子弟紛紛讀書，隨師學經，從而把整個氏族轉化為士族。一條是士通過參政而成為新貴，憑藉新獲得的政治特權而擴張社會、經濟勢力，成為新的士族強宗。這兩部分人日益結合發展，構成了統一的士族豪強隊伍。」參見金春峰：《漢代思想史》（北京：中國社會科學出版社，1987 年），頁 338～339。

〔註2〕關於「門閥政治」之形成，詳可參唐長孺：〈門閥政治〉，《魏晉南北朝隋唐史三論》（北京：中華書局，2011 年），頁 40～51。

聲望、政治前途，在很大程度上，取決於家族門第之高低，而學術文化作為世家大族的核心特徵之一，〔註3〕掌握學術文化，就意味著佔有為官的優勢。

在這種時代背景下，時人乃格外重視家族教育，強調家族精神、學術專業的延續，寄託家門興盛的願望。如在魏晉之文獻中即常能見到，「此兒必興吾宗」、〔註4〕「興吾家者，必此人也」、〔註5〕「此吾家騏驥也，必興吾宗」〔註6〕之類，表現長輩對晚輩之特殊期許的記載。以及中古時期湧現出大量，家誡、家訓、門範、遺令一類，以記述家族規範，教導子弟，警誡傳人為主要內容的作品，如諸葛亮〈誡子書〉、王昶〈家戒〉、劉廙〈戒弟偉〉、嵇康〈家誡〉、陶淵明〈責子〉、王僧虔〈誡子書〉、顏之推《顏氏家訓》等，此實與前者本質相同，而用一種更為具體的形式，表達出對後代的期許。時更有「家譜」、「家傳」、「家錄」，皆以不同形式，傳達出此期家族精神文化傳承的重要意義，而家族文化、家學家風之傳承，也已然成為魏晉南北朝學術文化的一大特色。陳寅恪即指出：

> 東漢以後學術文化，其重心不在政治中心之首都，而分散於各地之名都大邑，是以地方之大族盛門乃為學術文化所寄託。……故論學術，只有家學可言，而學術文化與大族盛門常不可分離也。〔註7〕

錢穆亦有言：

> 當時門第傳統共同理想，所希望於門第中人，上自賢父兄，下至佳弟子，不外兩大要目：一則希望其能具孝友之內行，一則希望其能

〔註3〕龔鵬程言：「自魏晉南北朝以來，世族之所以構成者，有兩大要件做為內容，一是世宦，一是知識。累代官宦再加上經學禮法傳家，才能門閥顯耀。而其中累代官宦和經學禮法又受到學統條件的保障，因此一個世族（士族）即是集血緣族群、權力政治團體、知識階層等多種社會功能於一體的結構。」參見龔鵬程：〈唐宋族譜之變遷〉，收錄於聯合報文化基金會國學文獻館主編：《第一屆亞洲族譜學術研討會會議紀錄》，（臺北：聯合報文化基金會國學文獻館，1987 年），頁 85。

〔註4〕南朝·劉義慶注，南朝·劉孝標注，余嘉錫箋疏：〈德行〉8 注引《魏書》，《世說新語箋疏》（臺北：華正書局，1989 年），頁 11。

〔註5〕唐·房玄齡撰：〈李流載記〉，《晉書》（臺北：鼎文書局，1976 年），卷 120，頁 3030。

〔註6〕南朝·劉義慶注，南朝·劉孝標注，余嘉錫箋疏：〈雅量〉16 注，《世說新語箋疏》，頁 358。

〔註7〕陳寅恪：〈崔浩與寇謙之〉，《唐代政治史論稿》（北京：三聯書局，1990 年），頁 260。

有經籍文史學業之修養。此兩種希望，並合成為當時共同之家教。

其前一項之表現，則成為家風；後一項之表現，則成為家學。〔註8〕是唯有保持深厚的文化修養，致力於家傳學術，才能更好地維繫門第，而正因於此，將學術文化與世族門第相結合進行研究，始可更好地窺見魏晉南北朝時代文化的真實面貌。

關於家學家風之定義，「家學」一詞被頻繁使用，始見於《後漢書》，然其含義實可有廣狹之分。就狹義而言，「家學」之形成與經學傳承之「師法」、「家法」關係密切，皮錫瑞言：「先有師法，而後能成一家之言。師法者，溯其源，家法者，衍其流也。」〔註9〕傳經之人教以章句，後人謹守而傳之，如此綿延不絕，時故有所謂「累世經學」，專指累世不變地傳授一經。以儒學傳家者，〔註10〕舉如洼丹「世傳孟氏易」、孔僖「世傳古文尚書、毛詩」、伏湛「累世儒學」，其曾孫無忌「亦傳家學」等。〔註11〕就廣義而言，則凡習一業，累世相傳者，〔註12〕如郭躬「家世掌法」、〔註13〕胡奮「家世將門」、司馬炎「本諸生家，傳禮來久」〔註14〕等，無論禮學、治國、律法、經學皆可算在內，甚至可以兼而有之。本論文採用廣義之「家學」，不僅將目光放在傅氏家族是否對儒學有所傳承，更由其思想、政治選擇、任官傾向的特殊性與普遍性，考究其家學承繼，至於家風亦即門風，則作為「基於學業之因襲」、〔註15〕家學之表現，一併納入討論。

〔註8〕錢穆：〈略論魏晉南北朝學術文化與當時門第之關係〉，《中國學術思想史論叢》（臺北：東大圖書有限公司，1981年），頁134。王伊同亦有云：「家教所起古矣！馬援戒子，世人共詳；鄭玄大儒，以戒盈慎滿為訓。王昶著誡，兼及子侄。下逮兩晉，靡不皆然。是以忠貞之士，別有禮法。或被長者之名，或傳青箱之學。」參見王伊同：《五朝門第》（北京：中華書局，2006年），頁5。

〔註9〕清・皮錫瑞：《經學歷史》（北京：中華書局，2011年），頁46。

〔註10〕清・趙翼：〈累世經學〉，《廿二史札記》（臺北：世界書局，1997年），卷5，頁86〜87。

〔註11〕南朝宋・范曄撰，唐・李賢等注：〈儒林列傳〉、〈伏湛傳〉，《新校後漢書注》（臺北：中華書局據武英殿本校刊，2016年），卷109上、56，頁10下、4下、1下。

〔註12〕《後漢書》中多見「少傳家學」、「少習家學」之語，此於《漢書・儒林傳》中則多用「家世傳業」表達，本質是相同的。

〔註13〕南朝宋・范曄撰，唐・李賢等注：〈郭躬傳〉，《新校後漢書注》，卷76，頁2上。

〔註14〕唐・房玄齡撰：〈胡奮傳〉、〈禮志中〉，《晉書》，卷57、20，頁1557、614。

〔註15〕陳寅恪：〈政治革命及黨派分野〉，《唐代政治史論稿》（北京：三聯書局，1990年），頁260。

　　北地傅氏家族自西漢至南北朝，綿延數代不絕，且為累世仕宦之家，頗值得注意。在傳世文獻中，雖未見對北地傅氏家族之家學家風有明確記載，然於時北地傅氏確被稱為「學門」。張湛《列子注》〈序〉中，言其所注《列子》版本為山陽王氏藏本，介紹此書來歷時有言：

> 湛聞之先父曰：「吾先君與劉正與、傅穎根皆王氏之甥也，並少遊外家。舅始周，始周從兄正宗、輔嗣皆好集文籍，先並得仲宣家書，幾將萬卷。**傅氏亦世為學門**，三君總角競錄奇書。」〔註16〕

其中傅穎根即傅敷，為傅咸長子，此處既稱其家「世為學門」，由此可推出，至少在傅敷南渡之前，北地傅氏家族即已形成某種家學家風，並世代相傳。

　　此外，稍加留意史籍記載中，漢晉之際北地傅氏之形象，則可發現其中具有一些共通的特性和價值取向，此又可作為其家學家風之表現的證明。大抵歷來被認為可代表魏晉時代之精神，多由「玄學名士」所建構，如所謂「魏晉風骨」、「魏晉風流」，皆與玄學名士相關，他們的任性率真、縱情越禮、放任誕達、談玄論虛、超脫高逸，以理想之精神境界為標的，不以庶事為務，在在構成魏晉獨特的文化風貌。然在這些玄學之士生活的時代，另有一類「名士」，〔註17〕則每與之不協，常站在對立面，對其言行，及所產生之社會不良影響加以批評。漢晉之際北地傅氏族人，即常作為這類「名士」之代表被提及，如干寶《晉紀總論》載：

> 學者以莊老為宗而黜六經，談者以虛薄為辯而賤名檢，行身者以放濁為通而狹節信，進仕者以苟得為貴而鄙居正，當官者以望空為高而笑勤恪。是以目三公以蕭杌之稱，標上議以虛談之名，劉頌屢言治道，**傅咸**每糾邪正，皆謂之俗吏，其倚杖虛曠，依阿無心者，皆名重海內。……故觀阮籍之行，而覺禮教崩馳之所由也。察庚純、賈充之爭，而見師尹之多僻；考平吳之功，而知將帥之不讓；思郭欽之謀，而寤戎狄之有釁；覽**傅玄**、劉毅之言，而得百官之邪；核

〔註16〕 晉・張湛：〈序〉，《列子注》（清光緒浙江書局刻本，1876 年），頁 1。

〔註17〕 筆者此處使用江建俊對「名士」之定義，即所謂「名士」，此一概念漢代已有，最初指有名望於當世，而不仕於朝者，其後稱名士之條件有所變化而更為複雜，從而產生不同類型的名士群體，如「浮華士」、「禮法士」、「竹林士」等，然廣義言之，則凡「有一介可賞，不論貴賤，浸假而著名者皆可稱為名士」。參見江建俊：〈論英雄與名士──析論《人物志》與《世說新語》所代表的兩種不同人物典型〉，《於有非有，於無非無──魏晉思想文化綜論》（臺北：新文豐出版公司，2009 年），頁 66～81。

傅咸之奏、《錢神》之論，而睹寵賂之彰。〔註18〕

此處提及傅玄、傅咸，顯然以二人與「以莊老為宗」、「以虛薄為辯」、「以放濁為通」、「以苟得為貴」、「以望空為高」之輩判然有別，且視二人為與他們相對立者的代表。進一步察諸史籍，則在糾浮華放誕之風，有與玄學名士形成對立之事上，漢晉之際北地傅氏的表現尤其突出，且不僅傅玄一支，早在漢末魏朝年間，傅嘏即以「校練名理」著稱，通過循名責實，貶斥何晏黨徒，時傅玄亦與何晏有隙，並作《傅子》及上疏規諫，闡述其宜鞏固儒學，採取措施反制玄學之主張。至西晉中後期，與傅咸同朝之傅祗，亦有與咸類似的舉措，雖不若其峻切剛勁，然仍不失以匡正綱紀，抑制浮偽為務，是皆當朝務實有為之臣。

北地傅氏家族的發展由西漢一直綿延至隋唐，因篇幅有限，本論文僅聚焦於漢晉之際這個區間，具體而言，即本論文主要涉及從傅睿、傅燮生活之漢末桓帝、靈帝年間，至傅祗、傅咸生活之西晉末年，惠帝、八王之亂、五胡亂華時期。〔註19〕選取這一階段，一方面由於北地傅氏家族，自西漢傅介子由武吏起家以來，在漢末至西晉達到一個發展的鼎盛時期，當其時北地傅氏家族不僅建功立事，居於高位，活躍於政治舞臺，也有才性論、《傅子》之作，是在當時的政治、文化界，皆具有一定的影響力和代表性。另一方面，漢末至西晉跨越三個朝代，是一個在政治格局、政治制度、思想學術、社會結構等多方面發生重大變革的時期，〔註20〕對北地傅氏族人，在這一特殊時期言

〔註18〕晉·干寶：〈晉紀總論〉，《全晉文》，收錄於清·嚴可均校輯：《全上古三代秦漢三國六朝文》（北京：中華書局，2009年），卷127，頁2192。本論文凡引自《全後漢文》、《全三國文》、《全晉文》者，皆收錄於《全上古三代秦漢三國六朝文》一書中，為免辭繁，以下不再特別指明。

〔註19〕北地傅氏家族分為兩支，在漢晉之際，兩支有明顯交集。傅玄《傅子》為傅嘏、傅巽作傳，且於其品格、事跡多有襃獎；傅祗與傅咸在西晉同朝為官，且時分任大小中正之職，臧否人物，在臨朝處事的態度風格上，多有相似之處。

〔註20〕柳春新言：「漢末至西晉時期是中國歷史上的大變革時代，這種變革是全方位的，包括社會結構、階級關係、政治格局、思想學術，乃至人口地理等諸多方面。北地傅氏是這個時期相當活躍的一支北方大族，其家族遷徙、政治動向和思想學術傾向，都具有鮮明的時代特色。」又言「通觀漢晉之際北地傅氏家族的文化面貌，則表現為明顯的北方大族特徵，在這個時期士風演變和思想學術嬗變的潮流中，相當典型而且自成風格。」參見柳春新：〈論漢晉之際的北地傅氏家族〉，《漢末晉初之際政治研究》（長沙：嶽麓書社，2006年），頁231、251。此已成為一個學界共識，唐長孺即有從社會經濟的變化、門閥政治、思想學術變化等方面，對魏晉時期的社會變化作了全方位的考察。詳參唐長孺：〈論魏晉時期的變化〉，《魏晉南北朝隋唐史三論》，頁20～74。

行中，所表現出的傾向性加以分析，更可說明問題。

　　基於以上，本論文擬以傅嘏之「名理」，與傅玄之「反玄」，兩個在漢晉之際北地傅氏中，表現最為突出，在學術思想領域亦有所建樹的人物，及其政治、思想傾向，作為主要切入點，結合漢晉之際的政治、思想、文化背景，從具體言行文字，論析傅氏家族在變革中所處的位置，從而探討漢晉之際北地傅氏之家學家風，並推測此種家學家風取向的形成脈絡。同時，北地傅氏作為世家大族，其名望雖始終比不上「王、謝、袁、蕭」一類高門貴族，但於時其能與荀氏、裴氏、鍾氏等族人關係匪淺，亦可說明具有一定影響力，尤其漢晉之際，是北地傅氏家族發展的一個高峰，因此從對北地傅氏家族，在此時期的思想文化取向之分析，或可折射出此時代一部分族群的共同取向，從而對魏晉時期的思想文化有更深入、更全面的理解。

第二節　研究現況評述

　　自陳寅恪與錢穆相繼指出以地域、家族為單位，對研究中古文化之意義後，中古家族文化的相關議題受到普遍關注，一時論著頗豐，〔註21〕但在眾多家族文化的個案研究中，對北地傅氏家族作整體研究的數量相對薄弱，且內容多以傅玄、傅咸、傅亮的個體研究為主，雖有述及家族文化者，卻因非重點，故難免簡略。〔註22〕以下就目前所能看到的專著及論文，從考據、文

〔註21〕其中較具代表性的專著，以時代、地域為單位的家族研究，如毛漢光：《兩晉南北朝士族政治之研究》（臺北：臺灣商務印書館，1966 年）、田餘慶：《東晉門閥政治》（北京：北京大學出版社，2009 年）、李卿：《秦漢魏時期家族、宗族關係研究》（上海：上海人民出版社，2005 年）、王永平：《六朝江東士族之家學家風研究》（南京：江蘇古籍出版社，2003 年）等；對某時期特定家族的個案研究，如曹道衡：《蘭陵蕭氏與南朝文學》（北京：中華書局，2004 年）、姚曉菲：《兩晉南朝瑯琊王氏家族文化與文學研究》（濟南：山東大學出版社，2010 年）、王力平：《中古杜氏家族的變遷》（北京：商務印書館，2006 年）、吳正嵐：《六朝江東士族的家學門風》（南京：南京大學出版社，2003 年）等。

〔註22〕目前所見兩岸研究北地傅氏之碩博士論文，據筆者統計共有八本，茲羅列於下：王繪絜：《傅玄及其詩文研究》（臺北：文化大學碩士論文，1995 年）、鄭順聰：《傅玄思想研究》（臺北：國立師範大學碩士論文，2000 年）、羅世琴：《傅氏家風及傅玄傅咸個案研究》（蘭州：西北師範大學碩士論文，2002 年）、劉興滬：《傅玄生平家世及其學術思想研究》（新北：華梵大學碩士論文，2008 年）、安朝輝：《漢晉北地傅氏家族與文學》（南寧：廣西師範大學博士學位論文，2011 年）、任歡：《傅亮研究》（南寧：廣西師範大學碩士論文，2012 年）、

學、思想三方面，對前人有關北地傅氏家族之研究的現況作具體分析：〔註23〕

1. 考據類是以對北地傅氏之世系、生平經歷、籍貫、仕宦、著述加以考證論述，為主要內容之著作，如趙以武〈「北地傅氏」的郡望所在〉、霍昇平〈靈州傅氏試探〉、石田德行〈北地傅氏考——以漢魏晉時代為主研究〉等，〔註24〕此類論著沒有或較少涉及家學家風的討論，但對我們了解北地傅氏家族的整體情況，具有重要的輔助作用。

2. 關於北地傅氏文學方面的研究，因前人論者甚多，〔註25〕筆者故不將此作為本文論述重點，但一些討論北地傅氏文學特色之專著中，亦對家學家風之研究有所涉及，此亦須引以注意。羅世琴以具剛正火暴之性格、傳承儒學之文化作為傅氏區別於其他大族的表徵。〔註26〕安朝輝的博士論文《漢晉北地傅氏家族與文學》在側重文學研究的同時，也對漢晉南北朝間，重要的北地傅氏族人之思想、事跡加以分析，最終在家學家風方面，得出北地傅氏「以儒學為素業，形成知孝義、守禮法、講修身的家風」、又「看重事功，勤於為政，在政治舞臺上發揮了重要的作用」、「博學善文之士眾多，立言尚用尚質為鮮明特色」之結論。〔註27〕吳婉霞《傅玄及《傅子》研究》一書中，也有設立「傅氏家族家風」一章，認為北地傅氏具有「特別重視宗法血緣關

鮑曉瓊：《傅玄、傅咸年譜》（上海：上海師範大學，2016 年）、劉惠琳：《北地傅氏家風與傅咸賦研究》（新北：輔仁大學碩士論文，2017 年）。其中僅有安朝暉之博士論文，是以對北地傅氏家族作整體研究為主題，其他皆有所偏向，而對家族的整體文化未能深入總攬，但安氏著作亦側重文學方面的考察，而在北地傅氏學術思想之傾向的論述則稍有不足。

〔註23〕本節主要討論對傅氏家族作整體研究之著作，針對個別人物的研究成果，在各章節中會再做詳細論述。

〔註24〕參見趙以武：〈「北地傅氏」的郡望所在〉，《社科縱橫》（1995 年第 5 期），頁54～56、霍昇平：〈靈州傅氏試探〉，《寧夏社會科學》第 40 期（1990 年第 3 期），頁 13～20。、石田德行：〈北地傅氏考——以漢魏晉時代為主研究〉，《中島敏先生古稀紀念論集》（東京：汲古書院，1981 年）。

〔註25〕但多以傅玄、傅咸為主要探討對象，針對其詩歌、辭賦、散文、文學理論等方面進行研究，如孫寶：〈傅咸家風與魏晉文風流變〉《蘭州學刊》（2008 年第 1 期），頁 199～203、吳婉霞：〈傅玄《傅子》在魏晉文學變革中的獨特風貌〉，《甘肅社會科學》（2015 年第 6 期），頁 60～64、馬黎麗：〈傅玄、傅咸父子辭賦比較研究〉，《安徽師範大學學報（人文社會科學版）》（2012 年第 2 期），頁 245～252 等。

〔註26〕羅世琴：〈傅氏家族性格與文化特徵〉，《傅氏家風及傅玄傅咸個案研究》，頁9～14。

〔註27〕安朝輝：《漢晉北地傅氏家族與文學》，頁 266～271。

係」、「思想側重於人倫政治方面」、「重事功而勤政事」、「治家嚴謹，事親至孝」的特點。〔註28〕然筆者認為這些論述，多停留在對家學家風之表現的歸納，故每論之以儒學傳承、注重事功，是雖有得出較貼切的結論，但因缺乏對其內在精神脈絡的深入追蹤，故尚不足以真正凸顯出，北地傅氏家學家風的特殊性。

3. 論述北地傅氏家族整體學術思想、文化特點的著作較少，其中尤其具有代表性的是，柳春新〈論漢晉之際的北地傅氏家族〉一文，認為北地傅氏以勇武、事功起家，在東漢轉變為儒學大族，其文化風貌，「表現為明顯的北方大族特徵，在這個士風演變和思想學術嬗變的潮流中，相當典型而自成風格。」同時更進一步指出：「他們的理論探討終究局限在政治人倫的範疇之內，在魏晉之世玄學思想漸成風氣的大背景下，他們不但不達玄學境界，甚至是與玄學思想格格不入。」〔註29〕與之觀點類似，陳惠玲《魏晉反玄思想論》將傅玄放入兼綜名法與「反玄」的脈絡中加以考察，認為傅玄「實是扮演著承上啟下的重要角色，雖說他的理論建構不免涉及私人恩怨，但仍不失其開啟兩晉反玄學思想的地位。」〔註30〕其中一節有涉及北地傅氏家族，對傅玄反玄思想之萌發的影響。〔註31〕兩篇論文因著作主題或篇幅原因，未能再對家族整體的思想共性，作更多展開論述，但給筆者帶來許多啟發，本論文之從「名理」到「反玄」切入，論述北地傅氏家學家風取向的思路，實有借鑒二者之處。

總體而言，關於北地傅氏家族的整體研究，多側重文學，思想方面的論述較少。另外，在以上論及的這些著作中，雖常有涉及傅氏家學家風的論述，然往往失之籠統，容易落入僅是對家族之共性的概括，得出相似的結論，而未能結合當時思潮、政治背景加以深入分析，並進一步充分考察北地傅氏家族在漢晉間所處的位置，故本文著力於在這些方面給予補足，並從「名理」到「反玄」的角度，透視漢晉之際北地傅氏之家學家風，希冀能夠探析其根本。

〔註28〕吳婉霞：《傅玄及《傅子》研究》（北京：中國政法大學出版社，2015 年），頁 38～40。

〔註29〕柳春新：〈論漢晉之際的北地傅氏家族〉，《漢末晉初之際政治研究》，頁 231 ～254。

〔註30〕陳惠玲：〈魏晉之際名法兼綜之傅玄與《傅子》〉，《魏晉反玄思想論》，收錄於林慶彰主編：《中國學術思想研究輯刊（十二編）》第 34 冊（臺北：花木蘭文化出版社，2011 年），頁 5。

〔註31〕陳惠玲：〈魏晉之際名法兼綜之傅玄與《傅子》〉，頁 57～93。

第三節　研究方法與論文基本框架

　　綜合以上對研究現況的分析，本論文以漢晉之際北地傅氏之家學家風為主要探討對象，研究方法先由歷史背景之照察，進而採取文獻分析法，以整體家族研究與個案研究結合的方式，對《漢書》、《後漢書》、《三國志》、《晉書》本傳及相關引注加以剖析，力圖透過文獻記載，對漢晉之際北地傅氏幾個重要人物之著作、言論、政治及處世表現、他人評價等方面的全面考察，深入淺出，探明在這些現象背後，支撐其活躍在漢晉這一大變革時期的思想與精神來源。同時，也有運用簡單的量化統計，按照一定標準，對史料記載分門別類，繪製圖表，如對漢晉北地傅氏世系、官階加以考證，從而體現出此家族之地位，與發展的大致走向。一般認為世族家教門風內容，主要從兩漢儒學傳來，家學家風實為以家族為本位光大儒學，〔註32〕此可謂家學家風之共相，關於此點，以往不少討論北地傅氏的篇章能夠有所涉及，即北地傅氏以儒學傳家，然與其他論者不同之處在於，本論文不僅將北地傅氏家學家風中，「共相」的一面展現出來，更將其於「共相」內之「殊相」，即其與其他世族不同之處凸顯出來，著重於對特殊性之分析。

　　具體而言，即以「名理」與「反玄」作為線索，從縱向、橫向兩方面，以家族發展與時代風氣，標定經緯，對北地傅氏之家學家風加以定位。因此所謂橫向的研究，是將北地傅氏重要人物，與同時代其他思想家、政論家之觀點比較異同，尤其放入玄學興盛、政權鬥爭的背景中，由是見出傅氏個別人物之特殊性。例如傅嘏以才性、名理思想知名於世，結合其具體的表現看，是既豫玄又有反玄的傾向；傅玄在《傅子》中，以儒法思想抵制玄學之「無為而治」，並在現實處事中以「貴儒尚學」、「觀行驗實」，明確表示出其反玄務實之主張。所謂縱向考察，則是將北地傅氏家族，放入漢晉易代變革的時代背景中作考察，分析在時代巨變中，玄學與儒學升降關係發生變化的不同階段裡，由傅嘏之「校練名理」，到傅玄之「反玄」，沿「糾浮華」一系，以儒學為主對道家思想進行反思與批判，再到傅咸、傅祗雖未有學術理論傳世，然以能吏的身份，執守禮法，對世之頹廢、淫靡之風有所詰責匡正的這一過程中，北地傅氏族人始終維持不變的精神風貌，從而推論影響其門風形成的思想根源。

〔註32〕余英時：〈漢晉之際士之新自覺與新思潮〉，《士與中國文化》（上海：上海人民出版社，1987 年），頁 398～399。

　　北地傅氏在漢晉之際，積極參與政治事件、文化活動，且與社會上層交往密切，於時族人子弟多居清流之官，甚至權傾一時。因此我們在了解北地傅氏族人，在社會政治、思想文化發生巨大變化之影響下，所呈現心態與思想內容的過程中，實也有利於進一步研究和了解漢晉之際，士大夫之風氣與政治局勢。並且通過釐清北地傅氏之家學與家風，也可更好的探討士族與當時經濟、政治、文化等方面之關係的相關議題，在反映出北地傅氏之獨特性的同時，又由其興衰歷程，可在一定程度上，反映出在當時時代背景下，士族發展所具有的普遍性。

　　基於以上，本論文的論述方式，大體以《三國志‧王粲傳附傅嘏傳》及《晉書列傳十七》傅氏全傳所載內容與主要人物為本，而旁徵《資治通鑑》、《世說新語》、《太平御覽》、《藝文類聚》等書，選取漢晉之際，即東漢至西晉間，北地傅氏最為活躍的四個人物，以歷來討論研究較多的，傅嘏、傅玄為主要對象，而二人之子傅祗、傅咸，則作為家學家風的繼承者，從二人表現、言語中，論證家學家風的傳承。以傅嘏、傅玄、傅祗與傅咸為主體設立三個主章節，此亦在思想上分別對應曹魏以名法之治糾浮華、批判何晏、王弼、正始玄學，及竹林之任誕，並檢視西晉玄學復甦、貴無派衍盛的不同階段。而在政治上，則又分別對應魏末黨爭、西晉嬗代、西晉中後期門閥大族爭勝攬權的不同局面。如此結合四人面對不同政治環境、學術文化思潮，做出的反應，對他們所具有的一貫性的思想、文化性格、行為方式加以分析，進而歸納出漢晉之際北地傅氏家族的家學家風取向。在此構思下，本論文除第一章緒論，以下設立若干章節：

　　其一為「北地傅氏之相關考證」，包含地望、世系、婚宦、交遊及著作，本文主要涉及之傅嘏、傅玄、傅咸、傅祗之生平的全方位考察。此一方面是對漢晉以前，北地傅氏家族的歷史溯源，由其起家之職業、地域環境、興盛之過程，推測此家族文化性格之偏向；另一方面，則是通過分析對象之生平事跡、交遊、著作的梳理，加深了解，為後續的研究打下基礎。

　　其次設「論傅嘏之玄學思想與政治表現」一章，先追蹤分析傅嘏之「名理」思想，及與之密切相關之才性思想的大致內容、產生根源，指出二者實為玄學思想之前身，從而確立傅嘏在玄學思想史中的位置。其後，又藉由探析傅嘏在政治表現中，與何晏、鄧颺等浮華之士的對立，將名理之學應用於人事、謀略等實際層面，指出其雖有參玄，而思想實更傾向於儒法結合，而

非儒道結合，故黜虛務實，與玄學之士有本質的不同。

　　另立「論傅玄反玄務實之思想與表現」一章，聚焦於生年及受重用略晚於傅嘏的傅玄，首先，論及其祖輩與父輩的表現與思想傾向，推測出其可能受到的家族影響；其次，通過對《傅子》一書中，關於治國理念的分析，指出其思想中具有顯著的儒法結合之特點；進而從對傅玄之具體政治主張的分析中，見出其面對當時的政治形勢，與由正始以下慕達賤節、虛無放誕的貴遊世風加以口誅筆伐，作出比傅嘏更明確地反玄態度，並同樣標榜崇儒、尚學、務實。

　　末則論述「傅祗、傅咸對家學家風之繼承」，顧名思義，本章節主要討論在西晉中後期，玄學復甦並更加衍盛，士人普遍薰染玄風，同時士風漸頹，亂象層出不窮之情形下，傅祗、傅咸在應對這些問題時，於思想傾向，及具體政治主張上，表現出對傅嘏、傅玄之風格的延續，從而更加證成北地傅氏家族，在漢晉之際兼綜儒法的家學家風特點。

　　結論則總結漢晉之際北地傅氏思想取向之共性，指出傅氏族人在家學之影響下，普遍呈顯出峻整剛方，「抗辭正色，補闕弼違」之風，但因過於剛直，故也易有褊而「乏弘雅之度」的性格缺憾。由此種對漢晉之際具代表性之北方大族的分析論述中，可以見出魏晉士人的另一種風貌。

第二章　北地傅氏家族的相關考證

前言

　　本論文既欲探討漢晉之際北地傅氏家族之家學與家風，而一家族得以形成一種家學家風，必歷經多年，且受到方方面面的影響，因此在正式進入對個別人物的具體分析之前，本章節首先對北地傅氏之郡望、族源、譜系、婚宦、著作，及本論文聚焦之傅嘏、傅玄、傅祗、傅咸的生平與交遊情況加以說明，如此方能較全面地掌握此家族的歷史淵源與文化背景，為後續探析其家學家風打下基礎。

第一節　北地傅氏郡望考

　　魏晉時期，地望與家族結合的現象十分值得注意，仇鹿鳴指出：「中古大族的一個重要特徵是郡望與族姓之間所存在的對應關係。郡望標明了士族所出自的地域，郡望與族姓之間的對應實際上暗示了士族與地方社會所具有的密切關聯。想要探究士族的形成過程，不可不首先對其所出自的地域有所了解。」〔註1〕因此欲深入探析傅氏家族之家學家風，覽其地理文化風貌與社會背景，首先需對其發源與發展之地加以追蹤。

　　據《漢書》、《後漢書》、《三國志》、《晉書》記載，活躍於漢晉時期之傅氏家族，其郡望為北地，此毋庸置疑，然於北地傅氏之縣籍，史籍卻未能統一，而或標泥陽（如傅嘏、傅玄），或標靈州（如傅燮），此問題實涉及北地郡在兩漢期間，曾歷多次遷徙的特殊情況。北地郡始設於戰國時期，秦置其於義渠

─────────────

〔註 1〕仇鹿鳴：《漢晉之際的政治權力與家族網絡》（上海：上海古籍出版社，2012年），頁 41。

戎國舊地以拒胡，〔註2〕至秦始皇統一六國，北地郡為三十六郡之一，郡治義渠（今甘肅寧縣西北）。西漢開國，邊境時受匈奴侵擾，為加強對政治中心的防衛，漢高祖令徙民實關中，〔註3〕其後漢文帝又募民至塞下，此皆「強本」戍邊之舉。〔註4〕漢武帝時開疆擴土，分天下為 13 州部，北地郡治北遷馬嶺（今甘肅慶陽縣西北）。

兩漢之際，天下征戰頻仍，北方境內時有羌胡侵擾，又於東漢初被隴右軍閥隗囂控制，民多內遷，漢光武帝平定叛亂後，於二十六年（50）使北地郡民悉歸本土。然因羌胡內侵問題一直困擾著東漢政權，北方邊境常有禍亂，北地郡故又有兩次內徙關中。一次在漢安帝永初五年（111），內徙至池陽（今陝西涇陽縣），永建四年（129）歸舊土，郡治遷至富平（今寧夏靈武縣）。另一次在漢順帝永和六年（141），羌人暴亂再起，徙居馮翊郡境，直至魏、晉再未見北地郡回遷故土的記載，始終寄寓關中，其郡治在漢獻帝建安十八年（213）改在泥陽（今陝西耀縣）。既居馮翊郡境，故需注意北地傅氏雖以北地為郡望，而在魏晉實屬關中三輔世族。〔註5〕

北地郡的遷移過程既已明晰，史籍中傅氏族人縣籍之記載不統一的現象，便易於理解。據《宋書·傅弘之傳》言：

> 傅氏舊屬靈州，漢末郡境為虜所侵，失土寄寓馮翊，置泥陽、富平二縣，靈州廢不立，故傅氏悉屬泥陽。晉武帝太康三年，復立靈州縣，傅氏還屬靈州。弘之高祖晉司徒祗，後封靈州公，不欲封本縣，故祗一門還復泥陽。〔註6〕

〔註2〕《後漢書·西羌傳》載：「宣太后誘殺義渠王於甘泉宮，因起兵滅之，始置隴西、北地、上郡焉。」參見南朝宋·范曄撰，唐·李賢等注：〈西羌傳〉，《新校後漢書注》，卷117，頁4上。

〔註3〕胡寶國指出西漢的政治中心在關中地區，即秦之故地。參見胡寶國：〈漢代政治文化中心的轉移〉，《漢唐間史學的發展》（北京：北京大學出版社，2014 年），頁 214～220。

〔註4〕北地郡原本為戎居地，自兩次徙邊後，才變為「華戎雜居」之地。見趙以武：〈關於漢魏晉時期北地郡的變遷〉，《中國邊疆史地研究》（1998 年第 3 期），頁 6。

〔註5〕李劍清云：「所謂『關輔世族』，即形成於兩漢之際的『三輔』之地京兆、扶風、馮翊的關中世族。」北地傅氏自東漢時期長期居住關中三輔地區，故可納入關輔世族群體。參見李劍清：《關輔世族文化習性與文學觀念研究》（北京：中國社會科學出版社，2014 年），頁 1。

〔註6〕南朝梁·沈約：〈傅弘之傳〉，《宋書》，《百衲本二十四史》（臺北：臺灣商務

蓋傅氏自傅介子後，久居北地靈州，後雖內遷馮翊，仍應屬靈州，然因北地郡在遷徙中，轄境、民戶不斷減少，〔註7〕當靈州終被廢除，故改屬北地之郡治泥陽。晉武帝太康三年（282），靈州縣復立，傅氏皆還屬靈州，唯傅祗一門用新望「北地泥陽」，〔註8〕以是史籍中有泥陽、靈州之別。〔註9〕

作為傅氏家族之發源地，未遷徙前之北地郡，地處今之西北地區，據《史記·貨殖列傳》載：「（北地）與關中同俗，然西有羌中之利，北有戎翟之畜，畜牧為天下饒。然地亦窮險，唯京師要其道。」是其環境地廣人稀，且亦窮險，交通不甚發達，經濟發展方式以畜牧業為主，然因其地近羌胡，常有戰事，故民多修習戰備，長於射獵，《漢書·趙充國辛慶忌傳贊》曰：

> 秦漢已來，山東出相，山西出將。秦將軍白起，郿人；王翦，頻陽人。漢興，郁郅王圍、甘延壽，義渠公孫賀、傅介子，成紀李廣、李蔡，杜陵蘇建、蘇武，上邽上官桀、趙充國，襄武廉褒、狄道辛武賢、慶忌，皆以勇武顯聞。蘇、辛父子著節，此其可稱列者也，其餘不可勝數。何則？山西天水、隴西、安定、北地處勢迫近羌胡，民俗修習戰備，高上勇力鞍馬騎射。故《秦詩》曰：「王於興師，修我甲兵，與子皆行。」其風聲氣俗自古而然，今之歌謠慷慨，風流猶存耳。〔註10〕

《漢書·地理志》亦云：

> 及安定、北地、上郡、西河，皆迫近戎狄，修習戰備，高上氣力，以射獵為先。……漢興，六郡良家子選給羽林、期門，以材力為官，名將多出焉。〔註11〕

知安定、北地、上郡、西河等西北諸郡，因迫近戎狄，而「高上氣力，以射獵

印書館，1988年），卷48，頁12b～13a。

〔註7〕西漢北地郡時轄19縣，戶64461；東漢轄6縣，戶3122；西晉統縣2，戶2600。參見漢·班固撰，唐·顏師古注：〈地理志下〉，《漢書》（臺北：臺灣商務印書館據北宋景佑刊本，2008年），卷8，頁409、南朝宋·范曄撰，唐·李賢等注：〈郡國志五〉，《新校後漢書注》，卷33，頁7上、唐·房玄齡撰：〈地理志上〉，《晉書》，卷14，頁120。

〔註8〕故傅祗後人傅宣、傅弘之皆被載錄為「北地泥陽人」。

〔註9〕其後還衍生有清河傅氏，此當由傅咸子孫之遷徙引起，《新唐書·宰相世系表》載：「（傅玄）生司隸校尉、貞侯咸，子孫自北地徙清河。」參見宋·歐陽修、宋祁：〈宰相世系表〉，《新唐書》（北京：中華書局，1975年），卷74，頁3154。

〔註10〕漢·班固撰，唐·顏師古注：〈趙充國辛慶忌傳贊〉，《漢書》，卷39，頁868。

〔註11〕漢·班固撰，唐·顏師古注：〈地理志下〉，《漢書》，卷8，頁317。

為先」，且「民俗質木，不恥寇盜」，易培養出果敢剽悍，勇武剛健的人才，故歷來以精兵良將輩出聞名，京師羽林、期門軍更是多從中擇選。既多因材力為官，而非學養，加之因地理條件與經濟方式的限制，西北地區居民普遍有尚武而不尚文的風氣。〔註12〕這種軍事化色彩濃厚的地域特徵，實不利於儒學的傳播，卻為法家思想的施行提供了溫床，〔註13〕蒙文通於此有言：「法家之士多出於三晉，而其功顯於秦，則法家固西北民族之精神，入中夏與三代文物相漸漬，遂獨成一家之說，而與儒家之說相衝擊，若冰炭之不可同器。」〔註14〕筆者認為，北地傅氏既世居於此，又以勇武起家，後代亦不乏習武者，北地郡尚武、質樸、剛勁的風尚，及秦地法家思想之精神，應對傅氏家族，家學家風的形成有所影響，使其有別於其他儒學家族。

東漢時期，北地傅氏內遷於三輔地區，相較於北地郡的地理環境，三輔地區西漢時屬京畿地帶，本政治中心所在地，自漢武帝在京師設立太學後，文化迅速得到發展，班固〈西都賦〉形容其盛況曰：「又有天祿石渠，典籍之府。命夫惇誨故老，名儒師傅。講論乎六藝，稽合乎同異。又有承明金馬，著作之庭。大雅宏達，於茲為群。元元本本，殫見洽聞。啟發篇章，校理秘文。」〔註15〕這種對儒學的重視，亦表現在官僚結構發生的變化上，是自武帝興學，一改過去「吏多軍功」的局面，〔註16〕而多有「以儒宗居宰相位」

〔註12〕盧雲論及西北地區民風之形成原因，言：「這一地區的地理條件與經濟方式，極大地限制了學術文化的發展。首先，遊牧或半農半牧的生產類型，致使人口流動大，社會組織鬆散，生活方式簡單，對文化知識的要求較低，不利於學術文化的積累與發展。第二，這一地區的地理位置，決定了該地始終處在北方草原遊牧民族與南方農業民族分佈的交接地帶，經常性的戰爭環境以及畜牧的生產方式，養成了當地居民尚武而不尚文的風氣。」參見盧雲：《漢晉文化地理》（西安：陝西人民教育出版社，1991年），頁7～8。

〔註13〕由文獻中對秦地風俗的記載，可見秦地儼然為法家思想發展的天然土壤，如《吳子·料敵》曰：「秦性強，其地險，其政嚴，其賞罰信，其人不讓。」《戰國策·魏策三》言：「秦與戎翟同俗，有虎狼之心，貪戾好利而無信，不識禮義德行。苟有利焉，不顧親戚兄弟，若禽獸耳。」參見戰國·吳起著，邱崇丙譯注：〈料敵第二〉，《吳子》（北京：中國社會出版社，2005年），頁61、漢·劉向編訂，高誘注：〈魏策三〉，《戰國策》（上海：商務印書館，1930年），頁218。

〔註14〕蒙文通：〈法家流變考〉，《古學甄微》（成都：巴蜀書社，1987年），頁304～305。

〔註15〕漢·班固：〈西都賦〉，收錄於南朝梁·蕭統編，唐·李善等注：《六臣注文選》（北京：中華書局，2012年），卷1，頁30。

〔註16〕漢·班固撰，唐·顏師古注：〈景帝紀〉，《漢書》，卷5，頁47。西漢初期吏多以武事起家者，又可見於《漢書·張蒼傳》載：「天下初定，公卿皆軍吏」

者，〔註17〕甚至「自曹掾、書史、馭史、亭長、門幹、街卒、遊徼、嗇夫，盡儒生學士為之」，〔註18〕東漢時儒學發展又盛於前，顧炎武云：「漢自孝武表章六經之後，師儒雖盛，而大義未明。故王莽居攝，頌德獻符者遍於天下，光武有鑒於此，故尊崇節義，敦厲名實，所舉用者，莫非經明行修之人，而風俗為之一變。」〔註19〕這種仕宦與經學結合的風氣，也反過來使更多人修習經典，從而促進經學的發展。閻愛民即指出：「漢代的貴族是戰國以來軍功貴族宗族的延續」，而「漢晉正處於由軍功食封貴族向門閥士族的轉變時期」、「一些非儒學出身的公卿之族或軍功貴族，也常常轉向經學之路」。〔註20〕此時，北地傅氏欲獲得仕進機會，不能不由尚武轉向尚文，因此在《後漢書》中所記載北地傅氏人物之言行中，皆可看到其具有一定的儒學素養，此於後面的章節中再作詳細論述。〔註21〕

第二節　北地傅氏譜系考

　　欲探究一家族在漢晉之際門風、家學之發展變化，則不得不先考鏡源流，對此家族之族源與譜系，有一基本之了解。今考諸傳世文獻，關於北地傅氏族源之記載，主要有兩種說法：其一是以傅玄《傅子·自序》為代表，自謂為傅說後裔，其言曰：「傅氏之先，出自陶唐，傅說之後。」〔註22〕傅說其人，《史記·殷本紀》言：

　　　帝武丁即位，思復興殷，而未得其佐。三年不言，政事決定於冢宰，

《漢書·儒林列傳》曰：「孝惠、高后時，公卿皆武力功臣」等。〈張蒼傳〉、〈儒林列傳序〉，卷 12、58，頁 566、1075。

〔註17〕《漢書·匡張孔馬傳》贊曰：「自孝武興學，公孫弘以儒相，其後蔡義、韋賢、玄成、匡衡、張禹、翟方進、孔光、平當、馬宮及當子晏咸以儒宗居宰相位，服儒衣冠，傳先王語，其醞藉可也，然皆持祿保位，被阿諛之譏。」參見漢·班固撰，唐·顏師古注：〈匡張孔馬傳贊〉，《漢書》，卷 51，頁 1000。

〔註18〕宋·劉敞：〈送焦千之序〉，收錄於曾棗庄、劉琳主編：《全宋文》（成都：巴蜀書社，1992 年），卷 1502，頁 162。

〔註19〕清·顧炎武：〈兩漢風俗〉，《日知錄》，收錄於《文淵閣四庫全書》第 858 冊（臺北：臺灣商務印書館，1983 年），卷 13，頁 4a。

〔註20〕閻愛民：《漢晉家族研究》，（上海：上海人民出版社，2005 年），頁 304、306。

〔註21〕張亞軍也認為北地傅氏的發展，具有以武功起家，但「在時風影響下漸趨習文」、「漸漸向文化士族轉化」之特點。參見張亞軍：〈北地傅氏與傅亮〉，《南陽師範學院學報》第 8 期（2006 年 8 月），頁 62。

〔註22〕晉·傅玄：〈補遺下·自序〉，《傅子》，《全晉文》，卷 50，頁 326。

以觀國風。武丁夜夢得聖人，名曰說。以夢所見視群臣百吏，皆非
也。於是乃使百工營求之野，得說於傅險中。是時說為胥靡，筑於
傅險。見於武丁，武丁曰：「是也」。得而與之語，果聖人，舉以為
相，殷國大治。故遂以傅險姓之，號曰傅說。

由此可知，傅說本有大才而限於身份低微，幸得與明君遇合，而施展治國才
德，更官至宰相，二人被後世視為明君賢臣遇合之典範的同時，〔註23〕傅說
也被賦予了極高的歷史地位。〔註24〕傅氏源於殷商傅說，而因說居於傅岩得
姓，〔註25〕是說最為普遍，唐・林寶《元和姓纂》言：「（傅氏）殷相傅說之
後，筑於傅岩，因以為姓，北地人。」〔註26〕《廣韻》、《通志・氏族略》等
書論調與之雷同。〔註27〕

然於此亦有持不同意見者，則引為第二種說法，是以《新唐書・宰相世
系表》代表，以傅氏為黃帝之後，因封地之名為氏，其言曰：「傅氏出自姬姓。
黃帝裔孫大由封於傅邑，因以為氏。商時虞、虢之界，有傅氏居於巖傍，號為
傅巖。盤庚得說於此，命以為相。」〔註28〕宋・鄧名世認同此說，並加以補
充修正：

　　舊書自《風俗通》至《元和姓纂》，皆云說築於傅岩，因以為姓，大
　　誤矣。謹按《國語》周內史過對惠王曰：「丹朱之神降於莘，宜使太

〔註23〕如王充曰：「非文王、高宗為二臣生，呂望、傅說為兩君出也。君明臣賢，光
　　　曜相察，上脩下治，度數相得。」漢・王充撰，黃暉校釋：〈偶會〉，《論衡校
　　　釋》（臺北：臺灣商務印書館，1983年），卷3，頁92。

〔註24〕如孟子即以其為古賢相之典範，曰：「舜發於畎畝之中，傅說舉於版築之間，
　　　膠鬲舉於魚鹽之中，管夷吾舉於士，孫叔敖舉於海，百里奚舉於市。故天將
　　　降大任於是人也，必先苦其心志，勞其筋骨，餓其體膚，空乏其身，行拂亂
　　　其所為，所以動心忍性，曾益其所不能。」宋・朱熹：〈告子下〉15，《孟子
　　　集注》，《四書章句集注》（臺北：臺大出版中心，2016年），頁487。

〔註25〕此說最早可追至漢・應劭《風俗通義》，其言：「說築於傅岩，因以為姓。」
　　　漢・應劭撰；王利器注：《風俗通義》（臺北：漢京文化事業有限公司，1983
　　　年），卷27，頁541。

〔註26〕唐・林寶撰：《元和姓纂》（北京：中華書局，1994年），卷8，頁1208。

〔註27〕《廣韻・十遇》（去聲）載：「傅，相也，亦姓。本自傅說，出傅岩，因以為
　　　氏。」《通志》載：「傅氏，商相傅說之後，築於傅岩，因以為氏。」宋・鄭樵
　　　彭年等撰：《廣韻》（上海：商務印書館，1931年），卷4，頁37、宋・鄭樵
　　　撰：〈氏族略〉，《通志》（北京：中華書局，1987年），卷27，〈以地為氏〉，
　　　頁458。

〔註28〕宋・歐陽修、宋祁撰：〈宰相世系表四〉，《新唐書》卷74，頁3154。

史帥狸姓奉犧牲獻焉。」王從之，使太宰忌父帥傅氏及祝史往。韋
昭注曰：「狸姓，丹朱之後，在周為傅氏，神不歆非類，故帥以往。」
又春秋時，鄭大夫有傅瑕，晉有傅叟，傅氏亦未嘗乏人，今詳此，
則堯出於皇帝，丹朱出於堯，大由出於丹朱，傅氏更虞、夏、商、
周為族姓已久，特少顯者，故史失其系爾。今從唐表為正，止改盤
庚二字為武丁，姬姓為狸姓，黃帝為堯帝，又止於相裔二字間增東
周時鄭有傅瑕，晉有傅叟十一字，則極詳明矣。〔註29〕

此依據史書記載，指出傅氏為族姓已久，絕非在殷商傅說時才有，而究其源
當為堯帝之後。王符《潛夫論》即言：「由此帝堯之后，有陶唐氏……扰氏、
攌氏、傅氏。」〔註30〕是此論有史料為證，較前者更為周詳。

除以上兩種主流說法外，今人則有「傅氏原非漢族，而屬義渠戎」之論，
認為北地郡原本為戎居地，自兩次徙邊後，才變為「華戎雜居」之地，〔註31〕
故北地傅氏應源於北方少數民族，在周朝改為傅氏，逐漸漢化，後世傅氏族
人，為粉飾家門，故托傅說為祖。〔註32〕此亦一說，然傅氏在漢代並非僅有
北地一隻，在未有直接證據可證北地傅氏為西戎之後，或遷徙之漢人的情況
下，一切尚不能定論。事實上因時代久遠，已經不可能考訂出其準確的族源，
且正如劉知幾所言：「近古人倫，喜稱閥閱。其華門寒族，百代無聞，而駢角
挺生，一朝富貴，無不追述本系，妄承先哲。」〔註33〕漢晉時期最重門閥，
傅氏托古以賢相傅說為祖之因，由此觀之甚明。

北地傅氏自漢至晉的家族譜系，於《新唐書・宰相世系表四》中有較為
系統完整的記載，其言：

裔孫漢義陽侯介子始居北地。曾孫長，復封義陽侯。生章，章生叡，
叡生後漢弘農太守允，字固。二子：嘏、松。嘏字蘭石，魏尚書僕
射、陽都元侯。十一世孫弈，唐中散大夫、太史令、泥陽縣男。北
齊有行臺僕射傅伏武，孫文傑，唐杞王府典軍。清河傅氏出自後漢

〔註29〕宋・鄧名世：《古今姓氏書辯證》（北京：中華書局），卷30，頁415。
〔註30〕漢・王符撰，清・汪繼培箋：〈志氏姓〉，《潛夫論箋》（新北：漢京文化事業
　　　　有限公司，1984年），卷9，頁423。
〔註31〕趙以武：〈關於漢魏晉時期北地郡的變遷〉，頁6。
〔註32〕詳可參霍昇平：〈靈州傅氏試探〉，頁13～14。及安朝暉：〈傅氏族源略探〉，
　　　　《漢晉北地傅氏家族與文學》，頁12～14。
〔註33〕唐・劉知幾等撰，清・浦起龍釋：〈序傳〉，《史通通釋》（上海：上海古籍出
　　　　版社，1978年），卷9，頁258。

漢陽太守壯節侯燮，字南容。生幹，字彥林，魏扶風太守。生晉司
隸校尉、鶉觚剛侯玄，字休弈，生司隸校尉、貞侯咸，子孫自北地
徙清河。裔孫仕後魏為南陽太守，生交益。〔註34〕

由是可知，北地傅氏家族之興起可追至西漢中期，傅介子始居北地而封侯，漸
獨立成宗族。據史料記載，介子年十四，嘗言道：「大丈夫當立功絕域，何能坐
事散儒？」〔註35〕知其頗不以修習儒學為然，因而「以從軍為官」〔註36〕。其
生平最為人稱道的功績，在兩次出使西域。第一次在昭帝元鳳年間，時有漢使
者被殺事，傅介子以駿馬監使大宛，因詔令責切龜茲、樓蘭國；第二次在元鳳
四年（77B.C.），因樓蘭王為匈奴間而遮殺漢使，傅介子往誅之，以此威示諸國，
使樓蘭歸附漢王朝，上因而稱道：「以直報怨，不煩師從」，且「公卿將軍議者
咸嘉其功」。〔註37〕《後漢書・班超傳》記班超嘗投筆歎曰：「大丈夫無它志略，
猶當效傅介子、張騫立功異域，以取封侯，安能久事筆研閒乎？」〔註38〕見其
時傅介子與張騫聲名齊同，為立功異域之表率。傅介子卒封義陽侯，食邑七百
五十九戶，〔註39〕為北地傅氏後來的發展奠定資本。傅介子有二子，傅敞與傅
厲，然皆因罪不得承繼爵位，以致國除。〔註40〕傅介子之孫輩不詳，至元始中
（1～5）復封其曾孫傅長為義陽侯，至王莽敗而國絕。

　　活躍於漢晉時期的北地傅氏家族可分為兩支：一是傅睿支，二是傅燮支。
〔註41〕以下茲以《史記》、《漢書》、《後漢書》、《三國志》、《晉書》為本，旁

〔註34〕宋・歐陽修、宋祁撰：〈宰相世系表四〉，《新唐書》，卷74，頁3154。
〔註35〕漢・劉歆撰；晉・葛洪輯：《西京雜記》，收錄於《文淵閣四庫全書》第1035
　　　　冊（臺北：臺灣商務印書館，1983年），卷3，頁2a。
〔註36〕漢・班固撰，唐・顏師古注：〈傅介子傳〉，《漢書》，卷40，頁869。
〔註37〕漢・班固撰，唐・顏師古注：〈傅介子傳〉，頁869。
〔註38〕南朝宋・范曄撰，唐・李賢等注：〈班超傳〉，《新校後漢書注》，卷77，頁1
　　　　上。固之舉或受傅介子直接影響亦未可知。
〔註39〕漢・班固撰，唐・顏師古注：〈景武昭宣成功臣表〉，《漢書》，卷5，頁145。
〔註40〕《史記》載：「子厲代立，爭財相告，有罪，國除。」《漢書・傅介子傳》載：
　　　　「子敞有罪而不得嗣封，國除。」漢・司馬遷撰，宋・裴駰集解，唐・司馬
　　　　貞索隱，唐・張守節正義：〈建元以來侯者年表〉，《史記三家注》（臺北：七
　　　　略出版社據清乾隆武英殿刊本景印，2008年），卷20，頁412。漢・班固撰，
　　　　唐・顏師古注：〈傅介子傳〉，頁869。
〔註41〕《晉書》載：「子咸，咸從父弟祗。」可知二人父親即傅嘏與傅玄是從兄弟的
　　　　關係，《顏氏家訓》曰：「凡宗親世數，有從父，有從祖，有族祖。江南風俗，
　　　　自茲以往，高秩者，通呼為尊，同昭穆者，雖百世猶稱兄弟；若對他人稱之，
　　　　皆云族人。河北士人，雖三二十世，猶呼為從伯從叔。」又《三國志・傅嘏

參《元和姓纂》、《新唐書》、汪藻《世說新語人物譜》等前人成果，統整漢晉時期北地傅氏家族譜系圖如下：

傅睿支：

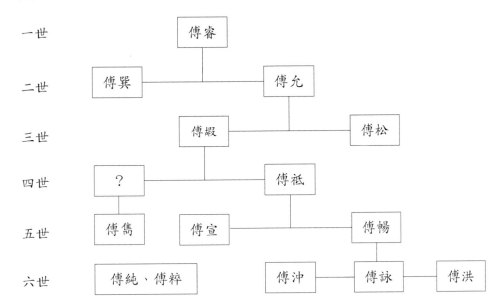

傅睿東漢時為代郡太守，有二子，即傅巽、傅允，傅巽黃初中為侍中、尚書，因遊說劉琮歸降之功，賜爵關內侯，傅允嘗任弘農太守、黃門侍郎。〔註42〕傅允有二子傅嘏、傅松，傅嘏仕魏朝，為尚書，又因助司馬氏奪權有功，進封陽鄉侯，食邑一千二百戶。傅嘏少子傅祗嗣，西晉時歷任顯官，累官至司徒，封靈川縣公，千八百戶。傅祗有二子，長子傅宣，次子傅暢。其兄有子傅雋。〔註43〕傅宣位至御史中丞，《世語》稱其「以公正知名」，〔註44〕傅宣無子，

傳》明確寫道傅嘏為傅介子之後，故此兩支皆為傅介子之後，然由傅介子至傅睿、傅燮之間的傳承過程則史料闕如。參見唐・房玄齡撰：〈傅玄傳〉，《晉書》，卷47，頁1317，北齊・顏之推等著，王利器集解：〈風操篇〉，《顏氏家訓集解》（北京：中華書局，1993年），卷2，頁86～87。

〔註42〕傅允，一作充，《三國志・傅嘏傳》注引《傅子》曰：「嘏祖父睿，代郡太守。父充，黃門侍郎。」疑因形近而誤。晉・陳壽撰，南朝宋・裴松之注：〈魏書・傅嘏傳〉注引《傅子》，《新校三國志注》（臺北：鼎文書局，1977年），卷21，頁623。

〔註43〕《晉書・傅祗傳》載：「又以本封賜兄子雋為東明亭侯。」唐・房玄齡撰：〈傅祗傳〉，《晉書》，頁1331。

〔註44〕晉・陳壽撰，南朝宋・裴松之注：〈魏書・傅嘏傳〉注引《晉諸公贊》，《新校三國志注》，頁628。

以傅暢子傅沖為嗣。傅暢沒在胡中，為秘書丞，著《晉諸公贊》及《晉公卿禮秩故事》。〔註45〕傅暢有三子，分別為傅沖、傅詠、傅洪。據《晉書》載，傅詠過江為交州刺史、太子右率，傅洪於晉穆帝永和中得自胡還，有子名韶，為梁州刺史，散騎常侍。〔註46〕韶子為傅弘之，於《宋書》有傳，為西戎司馬，寧朔將軍，屢立戰功。另有傅純、傅粹，據《晉書·劉聰載記》言：「祗病卒，城陷，遷祗孫純、粹並二萬餘戶於平陽縣。」〔註47〕二人當為傅祗之孫，然其父未詳。

傅燮支：

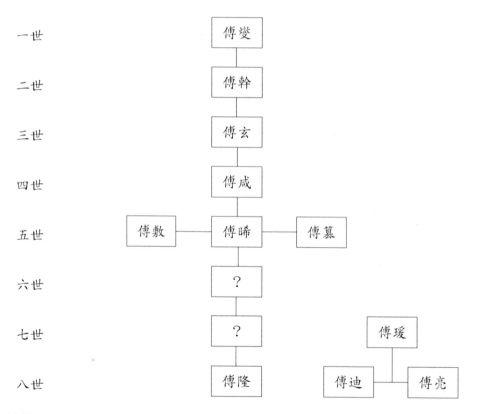

傅燮性剛直履正，在朝與宦官對立，出為漢陽太守，死守漢陽城，後臨陣戰歿，諡曰壯節侯。〔註48〕其子傅幹，仕魏為扶風太守。傅幹子傅玄，為晉司

〔註45〕晉·陳壽撰，南朝宋·裴松之注：〈魏書·傅嘏傳〉注引《晉諸公贊》，頁628。

〔註46〕《宋書·傅弘之傳》載：「弘之高祖晉司徒祗，……曾祖暢，秘書丞，沒胡，生子洪。」南朝梁·沈約：〈傅弘之傳〉，《宋書》，卷48，頁12b～13a。

〔註47〕唐·房玄齡撰：〈劉聰載記〉，《晉書》，卷120，頁2662。

〔註48〕南朝宋·范曄撰，唐·李賢等注：〈傅燮傳〉，《新校後漢書注》，卷88，頁10上。

隸校尉，子傅咸嗣，官至御史中丞，追贈司隸校尉。〔註49〕咸有三子，分別是傅敷、傅晞、傅纂，傅敷任晉鎮東從事中郎，傅晞為司徒西曹屬。〔註50〕三人後代未見系統記載，僅能依史籍推知一二。據《南史・傅亮傳》載，傅瑗為傅咸曾孫，其有二子為傅迪和傅亮，然未詳瑗父。〔註51〕又《宋書・傅隆傳》載，傅隆之高祖傅咸，曾祖傅晞，故當與傅亮同輩，〔註52〕然隆父、祖父未詳。

第三節　漢晉之際北地傅氏主要人物生平考

　　以上由北地傅氏家族譜系考可知，此家族在漢晉之際發展脈絡較清，是為其家族發展的第一個鼎盛時期。本論文以此時期北地傅氏家族中最具代表性者——傅嘏、傅玄、傅祗、傅咸為主要探討對象，同時亦在各章中穿插對其他家族成員的論述，以探究此家族思想門風的一貫性與變化性。在此之前，首先對四位主要人物之生平加以考證。〔註53〕

一、傅嘏生平考

　　漢獻帝建安十四年（209），傅嘏〔註54〕生。《三國志・魏書・傅嘏傳》載：「傅嘏字蘭石，北地泥陽人，傅介子之後也。伯父巽，黃初中為侍中尚書。」《三國志・魏書・劉表傳》注引《傅子》言：「巽弟子嘏，別有傳。」〔註55〕由卒年及卒歲推之，當生於此年。

　　魏文帝黃初元年（220），傅嘏12歲。作〈黃初頌〉。〔註56〕

〔註49〕唐・房玄齡撰：〈傅玄傳〉，《晉書》，頁1323。

〔註50〕楊勇：《汪藻人名譜校箋》，《世說新語校箋》（臺北：正文書局，1999年），頁202。

〔註51〕唐・李延壽：〈傅亮傳〉，《南史》（北京：中華書局，1975年），卷15，頁441。

〔註52〕南朝梁・沈約：〈傅隆傳〉，《宋書》，卷55，頁10a。

〔註53〕主要參考《三國志》、《晉書》、《資治通鑒》、《漢晉學術編年》、《中古文學繫年》等書，亦對今人整理成果加以參考。

〔註54〕傅嘏生平考本於《三國志・魏書・傅嘏傳》，以下凡引其本傳不再特意作注。

〔註55〕晉・陳壽撰，南朝宋・裴松之注：〈魏書・劉表傳〉注引《傅子》，《新校三國志注》，卷6，頁214。

〔註56〕陸侃如係傅嘏〈皇初頌〉於黃初元年（220），「皇初」當作「黃初」，時傅嘏12歲，今從之。參見陸侃如：《中古文學繫年》下冊（北京：人民文學出版社，1985年），頁424、440。

　　魏明帝太和二年（228），傅嘏 20 歲。為司空掾。與荀粲有名理、玄遠之辯。《三國志‧魏書‧傅嘏傳》載：「嘏弱冠知名，司空陳羣辟為掾。」傅嘏最初受到陳羣提拔。

　　《三國志‧魏書‧荀彧傳》注引何劭〈荀粲傳〉言：「太和初，到京邑與傅嘏談。嘏善名理而粲尚玄遠，宗致雖同，倉卒時或有格而不相得意。裴徽通彼我之懷，為二家騎驛，頃之，粲與嘏善。」〔註57〕傅嘏與荀粲、裴徽皆有交往。

　　魏明帝景初二年（238），傅嘏 30 歲。難劉劭考課法，反對其施行。

　　《三國志‧劉劭傳》載：「景初中，受詔作都官考課。劭上疏曰：『百官考課，王政之大較，……輒作都官考課七十二條，又作說略一篇。』」〔註58〕《三國志‧魏書‧傅嘏傳》載：「時散騎常侍劉劭作考課法，事下三府。嘏難劭論曰：『夫建官均職，清理民物，所以立本也；循名考實，糾勵成規，所以治末也。本綱未舉而造制未呈，國略不崇而考課是先，懼不足以料賢愚之分，精幽明之理也。』」同時崔林、杜恕亦反對都官考課論的施行，傅嘏與此二人皆以都官考課為捨本逐末之舉，並強調當務之急在興復儒學禮教。《資治通鑑》將此事繫於景初元年年末，可備一說。〔註59〕

　　魏齊王芳正始年間（240～249），傅嘏 32～41 歲間。除尚書郎，遷黃門侍郎，因事免官，後為太傅從事中郎。《三國志‧魏書‧傅嘏傳》載：「正始初，除尚書郎，遷黃門侍郎。時曹爽秉政，何晏為吏部尚書，嘏謂爽弟羲曰：『何平叔外靜而內銛巧，好利，不念務本。吾恐必先惑子兄弟，仁人將遠，而朝政廢矣。』晏等遂與嘏不平，因微事以免嘏官。起家拜滎陽太守，不行。太傅司馬宣王請為從事中郎。」傅嘏在何晏任吏部尚書間，與之不諧，並因此被免官，而後受到司馬氏招攬。《三國志‧盧毓傳》載：「齊王即位，賜爵關內侯。時曹爽秉權，將樹其黨，徙毓僕射，以侍中何晏代毓。」〔註60〕據楊鑒

〔註57〕晉‧陳壽撰，南朝宋‧裴松之注：〈魏書‧荀彧傳〉注引何劭〈荀粲傳〉，《新校三國志注》，卷10，頁320。

〔註58〕晉‧陳壽撰，南朝宋‧裴松之注：〈魏書‧劉劭傳〉，《新校三國志注》，卷21，頁619。

〔註59〕江建俊考證劉劭之生平，於此事言：「《通鑑》則繫於景初元年，詔下百官議，崔林、杜恕、傅嘏議久不決，事竟不行。」參見江建俊：《漢末人倫鑒識總理則》（臺北：文史哲出版社，1983年），頁10。

〔註60〕晉‧陳壽撰，南朝宋‧裴松之注：〈魏書‧盧毓傳〉，《新校三國志注》，卷22，頁652。

生考證，何晏任吏部尚書具體應在正始五年，〔註61〕則傅嘏與何晏交惡，及被免官當於正始五年後。

魏齊王芳嘉平元年（249），傅嘏 41 歲。曹爽誅，為河南尹，後遷尚書。

嘉平四年（252），傅嘏 44 歲。論征吳三計。《三國志・魏書・傅嘏傳》注引司馬彪《戰略》言：「嘉平四年四月，孫權死。征南大將軍王昶、征東將軍胡遵、鎮南將軍毌丘儉等表請征吳。朝廷以三征計異，詔訪尚書傅嘏，嘏對曰：『唯有進軍大佃，最差完牢。可詔昶、遵等擇地居險，審所錯置，及令三方一時前守。奪其肥壤，使還耕埆土，一也；兵出民表，寇鈔不犯，二也；招懷近路，降附日至，三也；羅落遠設，間構不來，四也；賊退其守，羅落必淺，佃作易之，五也；坐食積穀，士不運輸，六也；釁隙時聞，討襲速決，七也：凡此七者，軍事之急務也。不據則賊擅便資，據之則利歸於國，不可不察也。』時不從嘏言。其年十一月，詔昶等征吳。五年正月，諸葛恪拒戰，大破眾軍於東關。」傅嘏論以第三種方案最長，然其意見最終未被採納。

嘉平五年（253），傅嘏 45 歲。破諸葛恪之詐攻青、徐。鍾會撰《四本論》，傅嘏論同。《三國志・魏書・傅嘏傳》載：「後吳大將諸葛恪新破東關，乘勝揚聲欲向青、徐，朝廷將為之備。嘏議以為『淮海非賊輕行之路，又昔孫權遣兵入海，漂浪沈溺，略無孑遺，恪豈敢傾根竭本，寄命洪流，以徼乾沒乎？恪不過遣偏率小將素習水軍者，乘海泝淮，示動青、徐，恪自並兵來向淮南耳』。後恪果圖新城，不克而歸。」傅嘏認為諸葛恪揚聲進軍青、徐之舉實為使詐，不可輕信，後果如其言。

《世說新語・文學》5 注引《魏志》言：「會論才性同異，傅於世。四本者：言才性同，才性異，才性合，才性離也。尚書傅嘏論同，中書令李豐論異，侍郎鍾會論合，屯騎校尉王廣論離。文多不載。」〔註62〕劉汝霖考證曰：「按《魏志》，會以正始八年始為尚書中書侍郎，李豐以嘉平四年為中書令，正元元年二月被害，傅嘏傳又載：『嘏論才性同異，鍾會集而論之。』本傳誌此事於嘉平之末，諸葛恪圖新城之後。恪圖新城在是年四月，則會做《四本

〔註61〕楊鑒生：〈何晏叢考〉，《福州大學學報（哲學社會科學版）》（2009 年第 3 期），頁 70～71。

〔註62〕南朝・劉義慶注，南朝・劉孝標注，余嘉錫箋疏：〈文學〉5 注引《魏志》，《世說新語箋疏》，頁 195。

論》，當在是年四月之後也。」〔註63〕據之繫於此年。

嘉平末年、正元元年（254），傅嘏46歲。賜爵關內侯，高貴鄉公即尊位，進封武鄉亭侯。

高貴鄉公正元二年（255），傅嘏47歲。毌丘儉、文欽作亂，嘏勸司馬師自行平亂。嘏守尚書僕射，俱東，終破儉、欽。及亂平，司馬師卒，秘不發喪，助司馬昭代師，還師洛陽，輔政，誡鍾會。因功進封陽鄉侯，同年卒。《三國志·魏書·傅嘏傳》載：「正元二年春，毌丘儉、文欽作亂。或以司馬景王不宜自行，可遣太尉孚往，惟嘏及王肅勸之。景王遂行。以嘏守尚書僕射，俱東。儉、欽破敗，嘏有謀焉。及景王薨，嘏與司馬文王徑還洛陽，文王遂以輔政。……嘏以功進封陽鄉侯，增邑六百戶，併前千二百戶。是歲薨，時年四十七，追贈太常，謚曰元侯。」又《三國志·魏書·鍾會傳》云：「時中詔勑尚書傅嘏，以東南新定，權留衛將軍屯許昌為內外之援，令嘏率諸軍還。會與嘏謀，使嘏表上，輒與衛將軍俱發，還到雒水南屯住。」〔註64〕

二、傅玄生平考

漢獻帝建安二十二年（217），傅玄〔註65〕生。《晉書·傅玄傳》載：「傅玄，字休奕，北地泥陽人也。祖燮，漢漢陽太守。父幹，魏扶風太守。」《三國志·魏書·武帝紀》注引《九州春秋》言：「幹字彥材，北地人，終於丞相倉曹屬。有子曰玄。」〔註66〕為傅幹之子，與景獻皇后同年卒，以卒歲推之，生在此年。傅玄早年喪父，家境貧寒，然博學有文采。《晉書·傅玄傳》載：「玄少孤貧，博學善屬文，解鍾律。」、「玄少時避難於河內，專心誦學，後雖顯貴，而著述不廢。」

魏明帝景初三年（239），傅玄23歲。舉秀才，除郎中，《晉書·傅玄傳》載：「郡上計吏再舉孝廉，太尉辟，皆不就。州舉秀才，除郎中。」

魏齊王芳正始年間（240～249），傅玄24～33歲。為著作郎，參與撰寫

〔註63〕劉汝霖：《漢晉學術編年》冊三（上海：華東師範大學出版社，2010年），卷7，頁9。

〔註64〕晉·陳壽撰，南朝宋·裴松之注：〈魏書·鍾會傳〉，《新校三國志注》，卷28，頁785。

〔註65〕傅玄生平考本於《晉書·傅玄傳》，以下凡引自其本傳不再特意作注。

〔註66〕晉·陳壽撰，南朝宋·裴松之注：〈魏書·武帝紀〉注引《九州春秋》，《新校三國志注》，卷1，頁43。

《魏書》，與當權派何晏等人不睦，娶杜韡為繼室。《晉書‧傅玄傳》載：「與東海繆施俱以時譽選入著作，撰集《魏書》。」又《史通》言：「黃初、太和中始命尚書衛覬、繆襲草創紀傳，累載不成，又命侍中韋誕、應璩、秘書監王沈大將軍、從事中郎阮籍、司徒右長史孫該、司隸校尉傅元（玄）等復共撰定，其後王沈獨就其業勒成《魏書》四十四卷。」〔註67〕傅玄選為著作郎具體何年不可考，陸侃如繫於正始六年。〔註68〕

《晉書‧五行志》載：「尚書何晏好服婦人之服，傅玄曰：『此妖服也。夫衣裳之制，所以定上下殊內外也。……妹嬉冠男子之冠，桀亡天下；何晏服婦人之服，亦亡其家，其咎均也。』」〔註69〕《晉書‧列女傳》載：「（杜）韡亦有淑德，傅玄求為繼室，憲便許之。時玄與何晏、鄧颺不穆，晏等每欲害之，時人莫肯共婚。……遂與玄為婚。」〔註70〕何晏任尚書大致在正始五年，知傅玄在此年間續絃。

高貴鄉公正元元年（254）傅玄38歲。參安東、衛軍軍事。本傳中對這段經歷所載甚簡，傅玄〈矯情賦序〉言：「我太宗文皇帝命臣作〈西征賦〉，又命陳、徐作箴。」疑為追述與晉文帝西征之事。時司馬昭由散騎常侍進為安西將軍，屯關中，後轉安東將軍、持節，鎮許昌，〔註71〕傅玄或皆隨軍參與，文帝轉安東將軍在本年，故繫於此。玄在高平陵事變後，官品有所晉升，應是司馬氏所為，大抵在這段隨軍征戰的時間裡，傅玄逐漸明確歸附於司馬氏。〔註72〕

〔註67〕唐‧劉知幾等撰，清‧浦起龍釋：《史通通釋》，卷12，頁346。

〔註68〕陸侃如：《中古文學繫年》，頁545。

〔註69〕唐‧房玄齡撰：〈五行志〉，《晉書》，卷27，頁822～823。

〔註70〕唐‧房玄齡撰：〈列女傳〉，《晉書》，卷96，頁2509。

〔註71〕唐‧房玄齡撰：〈文帝紀〉，《晉書》，卷2，頁32。

〔註72〕趙以武、魏明安《傅玄評傳》曰：「傅玄自高平陵事之變後，至司馬昭任大將軍前夕，七年間深處司馬昭麾下，經歷了『天下多故』的急風暴雨。他兩入關中，三下許昌，兩進京城；隨軍往西北抵新平、靈州，東向至向城，南下達東關；目睹了司馬懿、司馬師父子病死軍中的變故，感受到發生在京城的兩次清除異黨和在淮南的兩次平息叛變的力量對比，更明白了司馬氏代魏已不可逆轉。」參見趙以武、魏明安：《傅玄評傳》（南京：南京大學出版社，2006年），頁52。吳婉霞則認為傅玄在東觀修史期間，與司馬氏關係變得緊密，故自司馬昭奪權後，仕途轉順。筆者更傾向於前者觀點，即傅玄在隨軍期間，逐漸堅定信念，而在後期擔任地方要員時，更獲得司馬氏信任。若在早前已關係緊密，何以高平陵事變後未被委以重任，而僅與參軍一職？參見吳婉霞：《傅玄及《傅子》研究》（北京：中國政法大學出版社，2015年），頁49～60。

　　高貴鄉公正元二年（255）──陳留王咸熙元年（264），傅玄 39～48 歲。轉溫令，再遷弘農太守，領典農校尉，寫成《傅子·內篇》並示之王沈。本傳記此十年事亦甚簡，是因司馬昭於正元二年返回洛陽輔政，故將傅玄出任溫縣令事繫於此年。而大致在 5～6 年後，[註73] 調任弘農太守，兼領典農校尉，官秩由七品升至五品。溫縣屬河內郡（今河南省武陟縣），與弘農郡（今河南省靈寶市）皆京畿要地，傅玄被委派至兩地，足見其逐漸獲得司馬氏之信任，此與傅嘏之任河南尹路數大致相同。據《晉書》記載，王沈於泰始二年（266）去世，司空之職又為死後追封，故難以據此核定傅玄寫成〈內篇〉的確切時間。然一般就《傅子》內容推測，認為此書非一時之作，而其核心內容，即〈內篇〉之寫作，當在編纂《魏書》後的十數年間，雖漸顯貴而著述不廢，故獲得王沈稱讚，至於〈外篇〉中涉及禮樂之內容則有可能為入晉後所增補。[註74]

　　陳留王咸熙元年（264），傅玄 48 歲。封為鶉觚男。是年三月，司馬昭進爵為王，七月奏使司空荀顗定禮儀，中護軍賈充正法律，尚書僕射裴秀議官制，並「議五等之爵，自騎督已上六百餘人皆封」。[註75] 騎督官階為五品，傅玄在五品，故封為男爵。

　　晉武帝泰始元年（265），傅玄 49 歲。升散騎常侍，進爵為子，加駙馬都尉，議正朔服色。《晉書·傅玄傳》載：「武帝為晉王，以玄為散騎常侍。及受禪，進爵為子，加駙馬都尉。」《全晉文》載玄〈正朔服色議〉注曰：「太始元年」。[註76] 令傅玄改樂章，製為二十二篇，並使其為之詞。[註77] 傅玄既圓滿完成任務，故依功進爵一等。

　　泰始二年（266），傅玄 50 歲。始掌諫職，俄遷侍中，參與製禮作樂，作〈郊祭歌〉五篇、〈天地郊明堂歌〉六篇、〈宗廟歌〉十一篇、〈鼓吹歌〉二十二篇。《晉書·傅玄傳》載：「帝初即位，廣納直言，開不諱之路，玄及散騎常

〔註73〕陸侃如繫於景元元年（260），即「假定在遷溫令後五年左右」，趙以武、魏明安認為繫於景元二年（261）初更為合理。參見陸侃如：《中古文學繫年》，頁632、趙以武、魏明安：《傅玄評傳》，頁 53。

〔註74〕趙以武、魏明安認為：《傅子》的內篇、中篇是在入晉以前完成的，而「外篇有些內容，特別是議論禮樂方面的文字，很可能是入晉以後所作，這跟他的職位有很大的關係。」參見趙以武、魏明安：《傅玄評傳》，頁 92。

〔註75〕唐·房玄齡撰：〈裴秀傳〉，《晉書》，卷 35，頁 1038。

〔註76〕晉·傅玄：〈正朔服色議〉，《全晉文》，卷 46，頁 299。

〔註77〕唐·房玄齡撰：〈樂志上〉，《晉書》，卷 22，頁 702。

侍皇甫陶共掌諫職。……俄遷侍中。」對照《晉書・武帝紀》曰:「二年春正月丙戌,……九月乙未,散騎常侍皇甫陶、傅玄領諫官,上書諫諍,有司奏請寢之。」[註78] 知傅玄掌諫職在此年。

又《晉書・樂志》載:「泰始二年,詔郊祀明堂禮樂權用魏儀,遵周室肇稱殷禮之義,但改樂章而已,使傅玄為之詞云。」[註79]、「及武帝受禪,乃令傅玄製為二十二篇,亦述以功德代魏。」[註80] 知傅玄於此年參與製禮作樂之事。

泰始三年(267),傅玄 51 歲。因與皇甫陶爭言被免官。《晉書・傅玄傳》載:「初,玄進皇甫陶,及入而抵,玄以事與陶爭,言喧嘩,為有司所奏,二人竟坐免官。」傅玄被免官的具體時間未知,然當在遷侍中之後,為御史中丞之前,故繫於此。

泰始四年(268),傅玄 52 歲。起用為御史中丞。《晉書・傅玄傳》載:「泰始四年,以為御史中丞。時頗有水旱之災,玄復上疏曰:……。」玄上便宜五事,涉及「農事得失及水官興廢,又安邊御胡政事寬猛之宜」,皆為國大本,時之急務。

泰始五年(269),傅玄 53 歲。上疏議水旱之事。遷太僕。本傳雖將上疏事,緊接其任御史中丞後,陸侃如亦將此〈疏〉繫於泰始四年,然考其中既論及胡烈出任秦州刺史事,[註81] 故至少當作於泰始五年二月置秦州之後。傅玄遷太僕也在此年,據《宋書・樂志》記載,傅玄分別在泰始五年(269)及九年(273),以太僕身份與中書監荀勖、黃門侍郎張華,造正旦行禮及王公上壽酒食舉樂歌詩。[註82] 太僕為九卿之一,官秩在三品。

晉武帝咸寧元年(275),傅玄 59 歲。轉司隸校尉。《晉書・傅玄傳》載:「時比年不登,羌胡擾邊,詔公卿會議。玄應對所問,陳事切直,雖不盡施行,而常見優容。轉司隸校尉。」《傅玄評傳》考其任官當補李胤之缺,《晉書》載李胤因身體狀況轉拜侍中是在咸寧初,故繫於此。[註83]

[註78] 唐・房玄齡撰:〈武帝紀〉,《晉書》,卷 3,頁 54。

[註79] 唐・房玄齡撰:〈樂志上〉,《晉書》,卷 22,頁 679。

[註80] 唐・房玄齡撰:〈樂志下〉,《晉書》,卷 23,頁 702。

[註81] 〈水旱上便宜五事疏〉曰:「秦州刺史胡烈素有恩信於西方,今烈往,諸胡雖已無惡,必且消弭,然獸心難保,不必其可久安也。」晉・傅玄:〈水旱上便宜五事疏〉,《全晉文》,卷 46,頁 299。

[註82] 南朝梁・沈約:〈樂志〉,《宋書》,卷 19,頁 9b。

[註83] 趙以武、魏明安:《傅玄評傳》,頁 62。

　　咸寧四年（278），傅玄 62 歲。因不敬於景獻皇后靈位前被免官，尋卒於家，諡曰剛，其後追封清泉侯。據《晉書·傅玄傳》載：「獻皇后崩於弘訓宮，設喪位。舊制，司隸於端門外坐，在諸卿上，絕席。其入殿，按本品秩在諸卿下，以次坐，不絕席。而謁者以弘訓宮為殿內，制玄位在卿下。玄恚怒，屬聲色而責謁者。謁者妄稱尚書所處，玄對百僚而罵尚書以下。御史中丞庾純奏玄不敬，玄又自表不以實，坐免官。……尋卒於家，時年六十二，諡曰剛。」蓋傅玄不滿於當時同在三品，司隸之宮內次序在諸卿之下的規定，因而在靈堂之上憤懣不平，且對尚書有所責罵，故因不敬免官。

三、傅咸生平考

　　魏明帝景初三年（239），傅咸〔註84〕生。《晉書·傅咸傳》載：「咸字長虞，剛簡有大節。風格峻整，識性明悟，疾惡如仇，推賢樂善，常慕季文子、仲山甫之志。」本傳言「元康四年（294）卒官，時年五十六」，據此可推其生年。

　　晉武帝泰始九年（273），傅咸 35 歲。舉孝廉，拜太子洗馬，作〈喜雨賦〉。《文選》載傅咸〈贈何劭王濟詩〉注引王隱《晉書》曰：「舉孝廉，拜太子洗馬。」〔註85〕傅玄在咸寧四年死，咸於是年襲爵，而拜官當在襲爵之前。且其在〈喜雨賦序〉中有言：「泰始九年，自春不雨，……余以太子洗馬兼司徒請雨，百闕萢事，三朝而大雨降，退作斯賦。」〔註86〕故繫於此年。

　　晉武帝咸寧元年（275），傅咸 37 歲。作〈申懷賦〉、〈感別賦〉。據傅咸〈申懷賦序〉曰：「余自無施，謬為眾論所許，補太子洗馬，才不稱職，意常默然。」〔註87〕又〈感別賦序〉曰：「其後選太子洗馬，……周旋三載，魯生遷尚書郎。」〔註88〕姑且將二作繫於此年。

　　咸寧四年（278），傅咸 40 歲。襲父爵，累遷尚書右丞。《晉書·傅咸傳》載：「咸寧初，襲父爵，拜太子洗馬，累遷尚書右丞。」此處《晉書》記載有誤，傅咸任太子洗馬應在泰始九年，而襲爵當在父亡後，故繫於此年。又據

〔註84〕傅咸生平考本於《晉書·傅咸傳》，以下凡引自其本傳不再特意作注。
〔註85〕南朝梁·蕭統編，唐·李善等注：〈贈何劭王濟詩〉注引王隱《晉書》，《六臣注文選》，卷 25，頁 462。
〔註86〕晉·傅咸：〈喜雨賦序〉，《全晉文》，卷 51，頁 327。
〔註87〕晉·傅咸：〈申懷賦序〉，《全晉文》，卷 51，頁 327。
〔註88〕晉·傅咸：〈感別賦序〉，《全晉文》，卷 51，頁 328。

湯球輯王隱《晉書》載：「傅咸為右丞，殿中嘗火，百寮莫不趨救。而尚書東平王懋、郎溫宇、桓昆等不赴臺。咸以懋等職在機近，宜當風發先百寮，就在患疾，宜自扶力，而宴然在外，不赴警急，奏免懋。」〔註 89〕其為右丞當在襲爵前，然未知具體何年，任間嘗彈劾東平王懋。

咸寧五年（279），傅咸 41 歲。遷司徒左長史，上言宜省官務農。《晉書·傅咸傳》載：「出為冀州刺史，繼母杜氏不肯隨咸之官，自表解職。三旬之間，遷司徒左長史。時帝留心政事，詔訪朝臣政之損益。咸上言曰：『陛下處至尊之位，……以為當今之急，先並官省事，靜事息役，上下用心，惟農是務也。』」其中有「然泰始開元以暨於今，十有五年矣」一句，故繫於此年。陸侃如言：「大約咸上年因父喪而免右丞，既葬便有冀州之命，不久又遷左上史而上言，事情都在本年一年之中。」〔註 90〕

晉武帝太康五年（284），傅咸 46 歲。轉車騎司馬，上書請詰奢，作〈答欒弘詩〉、〈贈何劭王濟〉。據《晉書·傅咸傳》載：「咸在位多所執正。豫州大中正夏侯駿上言，魯國小中正、司空司馬孔毓，四移病所，不能接賓，求以尚書郎曹馥代毓，旬日復上毓為中正。司徒三卻，駿故據正。咸以駿與奪惟意，乃奏免駿大中正。司徒魏舒，駿之姻屬，屢卻不署，咸據正甚苦。舒終不從，咸遂獨上。舒奏咸激訕不直，詔轉咸為車騎司馬。咸以世俗奢侈，又上書曰：『臣以為穀帛難生，……令使諸部用心，各如毛玠，風俗之移，在不難矣。』」知傅咸因奏免夏侯駿事，與司徒魏舒不和，而轉為車騎司馬。據《晉書·武帝紀》載，魏舒任司徒在太康四年冬，〔註 91〕又據《資治通鑑》，其在太康七年（286）春正月因日蝕遜位，〔註 92〕故此事必發生在太康五年或六年，今暫繫於此。〈答欒弘詩序〉曰：「余失和於府，當換為護軍司馬」，陸侃如以此指司徒府，而〈贈何劭王濟序〉有：「何公既登侍中，武子俄而亦作。」按萬斯同《晉將相大臣年表》，王濟為侍中在此年，故繫於此。〔註 93〕

太康九年（288），傅咸 50 歲。議移縣獄於郡，上表議立二社，又重表駁

〔註 89〕晉·王隱：〈傅咸傳〉，《晉書》，收錄於清·湯球輯：《九家舊晉書輯本》（北京，中華書局，1985 年），卷 8，頁 71。

〔註 90〕陸侃如：《中古文學繫年》，頁 685。

〔註 91〕唐·房玄齡撰：〈武帝紀〉，《晉書》，卷 3，頁 75。

〔註 92〕宋·司馬光編：《資治通鑑》（明嘉靖孔天胤刻本，1544～1545 年），卷 81，頁 12。

〔註 93〕陸侃如：《中古文學繫年》，頁 710。

成粲議太社，遷尚書左丞。《晉書‧傅咸傳》載：「又議移縣獄於郡及二社應立，朝廷從之。遷尚書左丞。」另《晉書‧禮志上》載：「太康九年，改建宗廟，而社稷壇一廟俱徙。乃詔曰：『社實一神，其並二社之祀。』於是車騎司馬傅咸表曰：『國以人為本，人以穀為命，故又為百姓立社而祈報焉。事異報殊，此社之所以有二也。』」反對合併二社。又「時成粲義稱景侯論太社不立京都，欲破鄭氏學。咸重表以為：『不知此論何從而出，而與解乖，上違經記明文，下壞景侯之解。臣雖頑蔽，少長學門，不能默已，謹復續上。』」〔註94〕駁斥「太社不立京都」之論，認為應沿襲魏朝舊制。

晉武帝太熙元年（290），傅咸52歲。諫楊駿，奏劾荀愷，作〈與楊駿箋〉、〈答楊濟書〉。《晉書‧傅咸傳》載：「惠帝即位，楊駿輔政。咸言於駿曰：『事與世變，禮隨時宜，諒闇之不行尚矣。……苟明公有以察其悾款，言豈在多。』時司隸荀愷從兄喪，自表赴哀，詔聽之而未下，愷乃造駿。咸因奏曰：『死喪之戚，兄弟孔懷。……宜加顯貶，以隆風教。』帝以駿管朝政，有詔不問，駿甚憚之。咸復與駿箋諷切之，駿意稍折，漸以不平。由是欲出為京兆、弘農太守，駿甥李斌說駿，不宜斥出正人，乃止。駿弟濟素與咸善，與咸書曰：『江海之流混混，故能成其深廣也。……想慮破頭，故具有白。』咸答曰：『衛公云酒色之殺人，此甚於作直。……安有空空為忠益，而當見疾乎！』」其不以苟且為明哲，不畏直道忠允而致禍。

晉惠帝元康元年（291），傅咸53歲。轉太子中庶子，遷御史中丞，上書陳選舉，奏劾夏侯駿、夏侯承，上表理李含，作〈致汝南王亮書〉、〈與汝南王亮箋〉、〈御史中丞箴〉。據《晉書‧傅咸傳》載，駿誅，咸轉為太子中庶子，遷御史中丞。時太宰、汝南王亮輔政，咸致書戒封賞失正。咸復以亮輔政專權，又諫以震主之咎，亮不納。會丙寅，詔群僚舉郡縣之職以補內官。咸復上書申官人對興化之重要，故宜明揚仄陋，用人唯才，內外無偏。

又據《晉書‧李含傳》：「司徒遷含領始平中正。秦王柬薨，含依臺儀，葬訖除喪。尚書趙浚有內寵，疾含不事己，遂奏含不應除喪。中丞傅咸上表理含曰：『不良之人遂相扇動，冀挾名義，法外致案，足有所邀，中正龐騰便割含品。臣雖無祁大夫之德，見含為騰所侮，謹表以聞，乞朝廷以時博議，無令騰得妄弄刀尺。』」〔註95〕知傅咸時為李含遭受不公對待鳴不平。據《晉書‧

〔註94〕唐‧房玄齡撰：〈禮志上〉，《晉書》，卷19，頁591。
〔註95〕唐‧房玄齡撰：〈李含傳〉，《晉書》，卷60，頁1641。

惠帝紀》記載，秦王柬薨於此年，故繫於此。

又據湯球輯王隱《晉書》載：「（咸）遷御史中丞。奏劾少府夏侯陵取官田，立私屋，近小人委以家計，令工匠竊盜官物，附益於私，所營唯利，醜問充斥，大臣穢濁，無以為訓，奏上。免陵官。」〔註96〕《全晉文》載傅咸〈奏劾夏侯駿〉、〈奏劾夏侯承〉內容大致符合，故繫於此。

元康二年（292），傅咸 54 歲。為本郡中正，遭繼母憂去官，起以議郎長兼司隸校尉。《晉書·傅咸傳》載：「咸再為本郡中正，遭繼母憂去官。頃之，起以議郎長兼司隸校尉。咸前後固辭，不聽，敕使者就拜，咸復送還印綬。公車不通，催使攝職。咸以身無兄弟，喪祭無主，重自陳乞，乃使於官舍設靈坐。」咸又上表言不勝委任，唯乞所奏見從，據萬斯同《晉將相大臣年表》繫於此年。〔註97〕

元康三年（293），傅咸 55 歲。奏免河南尹澹、左將軍倩、廷尉高光、河南尹何攀等人，又奏劾王戎，作〈上事自辨〉、〈司隸校尉教〉、〈皇太子釋奠頌〉。《晉書·傅咸傳》載：「時朝廷寬弛，豪右放恣，交私請託，朝野溷淆。咸奏免河南尹澹、左將軍倩、廷尉高光、兼河南尹何攀等，京都肅然，貴戚懾伏。……時僕射王戎兼吏部，咸奏：『戎備位臺輔，兼掌選舉，……請免戎等官。』詔曰：『政道之本，誠宜久於其職，咸奏是也。戎職在論道，吾所崇委，其解禁止。』御史中丞解結以咸劾戎為違典制，越局侵官，干非其分，奏免咸官。詔亦不許。」咸上事據理自辯。其累自上稱引故事，條理灼然，朝廷無以易之。《晉書·王戎傳》亦載：「戎始為甲午制，凡選舉皆先治百姓，然後授用。司隸傅咸奏戎，……戎與賈、郭通親，竟得不坐。」〔註98〕咸為司隸，勁直按劾，其清亮為顧榮所贊。

又《全晉文》載傅咸有〈皇太子釋奠頌〉，據《晉書·潘尼傳》載其亦作〈釋奠頌〉云：「元康元年冬十二月，上以皇太子富於春秋，……三年春閏月，將有事於上庠，釋奠於先師，禮也。越二十四日丙申，侍祠者既齊，輿駕次於太學。」〔註99〕二作大抵同時，故繫於此年。

元康四年（294），傅咸 56 歲。卒。《晉書·傅咸傳》載：「元康四年卒官，

〔註96〕晉·王隱：〈傅咸傳〉，《晉書》，收錄於清·湯球輯：《九家舊晉書輯本》，卷8，頁71。

〔註97〕清·萬斯同：《晉將相大臣年表》（清廣雅書局叢書本），頁7。

〔註98〕唐·房玄齡撰：〈王戎傳〉，《晉書》，卷43，頁1233。

〔註99〕唐·房玄齡撰：〈潘尼傳〉，《晉書》，卷55，頁1510。

時年五十六，詔贈司隸校尉，朝服一具、衣一襲、錢二十萬，諡曰貞。有三子：敷、晞、纂。長子敷嗣。」傳敷字穎根，即張湛〈列子傳序〉所言其祖為王弼外甥者，清靜存道，善屬文，除太子舍人，轉尚書郎。永嘉亂時避於會稽，元帝引為鎮東從事中郎，辭不獲允，勉強上任，數月而卒，年四十六。傳晞有才思，為上虞令，甚有政績，卒於司徒西曹屬。傳纂則史傳未載其生平事跡，或以早亡，或高隱持志。

四、傳祗生平考

魏齊王芳正始五年（244），傳祗〔註100〕生。《晉書‧傳祗傳》載：「祗字子莊。父嘏，魏太常。祗性至孝，早知名，以才識明練稱。」傳嘏之子，襲為陽鄉侯（255 年，傳嘏卒後襲其爵），於咸熙年間（264 年）開建五等時，因父功勳，改封涇原子。

晉武帝泰始三年（267），傳祗 24 歲。始入仕為官，起家太子舍人。《晉書‧傳祗傳》載：「武帝始建東宮，起家太子舍人，累遷散騎黃門郎，賜爵關內侯，食邑三百戶。」傳咸於武帝立太子之時入仕，據《晉書‧武帝紀》載：「三年春正月……丁卯，立皇子衷為皇太子。」〔註101〕故繫於此。

泰始三年（267）──太熙元年（290），傳祗 24～47 歲。服母喪，為滎陽太守，尋兼廷尉，遷常侍、左軍將軍。《晉書‧傳祗傳》載：「母憂去職。……服終，為滎陽太守。自魏黃初大水之後，河濟汎溢，鄧艾嘗著〈濟河論〉，開石門而通之，至是復浸壞。祗乃造沈萊堰，至今兗、豫無水患，百姓為立碑頌焉。尋表兼廷尉，遷常侍、左軍將軍。」傳咸任間造沈萊堰，解決困擾已久的兗豫兩州水患問題，百姓因而為其立碑稱頌。

晉武帝太熙元年（290），傳祗 47 歲。諫楊駿。是年武帝司馬炎崩，楊駿

〔註100〕傳祗生平考本於《晉書‧傳祗傳》，以下凡引自其本傳不再特意作注。《三國志‧崔林傳》載：「魯相上言：『漢舊立孔子廟，襃成侯歲時奉祠，辟雍行禮，必祭先師，王家出穀，春秋祭祀。今宗聖侯奉嗣，未有命祭之禮，宜給牲牢，長吏奉祀，尊為貴神。』制三府議，博士傳祗以春秋傳言立在祀典，則孔子是也。宗聖適足繼絕世，章盛德耳。至於顯立言，崇明德，則宜如魯相所上。」崔林之死與傳祗之生在同一年，二人間絕不可能有此爭議，故此處記載必有疏誤，或與傳氏其他族人事跡混淆，在未有更多證據之前，暫不將此事納入生平考中。參見晉‧陳壽撰，南朝宋‧裴松之注：〈魏書‧崔林傳〉，《新校三國志注》，卷24，頁681。

〔註101〕唐‧房玄齡撰：〈武帝紀〉，《晉書》，卷3，頁55。

輔政，欲普進封爵以求媚於眾，傅祗與其書曰：「未有帝王始崩，臣下論功者也。」意以此不妥，楊駿不從。傅祗尋調任侍中。

晉惠帝元康元年（291），傅祗48歲。討楊駿有功，遷司隸校尉，封靈州縣公。因事免官。《晉書・傅祗傳》載誅楊駿事云：「時將誅駿，而駿不之知。祗侍駿坐，而雲龍門閉，內外不通。祗請與尚書武茂聽國家消息，揖而下階。茂猶坐，祗顧曰：『君非天子臣邪！今內外隔絕，不知國家所在，何得安坐！』茂乃驚起。駿既伏誅，裴楷息瓚，駿之婿也，為亂兵所害。尚書左僕射荀愷與楷不平，因奏楷是駿親，收付廷尉。祗證楷無罪，有詔赦之。時又收駿官屬，祗復啟曰：『昔魯芝為曹爽司馬，斬關出赴爽，宣帝義之，尚遷青州刺史。駿之僚佐不可加罰。』詔又赦之。」〔註102〕又《晉書・武陔傳》載：「潁川荀愷年少於茂，即武帝姑子，自負貴戚，欲與茂交，距而不答，由是致怨。及楊駿誅，愷時為僕射，以茂駿之姨弟，陷為逆黨，遂見害。茂清正方直，聞於朝野，一旦枉酷，天下傷焉。侍中傅祗上申明之，後追贈光祿勳。」〔註103〕可見傅祗間接或直接參與誅楊駿之事，故曰後言其於此有功。楊駿伏誅後，裴楷、武茂皆因與荀愷不平，而被收付廷尉，祗證裴楷清白，使其免於一死，又為武茂申明冤情，復其聲名。楊駿之僚佐亦皆因祗之求情而被赦免，此見傅祗多所維正。

後「除河南尹，未拜，遷司隸校尉。以討楊駿勳，當封郡公八千戶，固讓，減半，降封靈州縣公，千八百戶，餘二千二百戶封少子暢為武鄉亭侯。又以本封賜兄子雋為東明亭侯。」傅祗後除任河南尹，未授官，即改任司隸校尉，因有功於誅除楊駿，本應封郡公，祗堅決辭讓，故只封靈州縣公。

然同年有司馬瑋矯詔事，《晉書・汝南文成王亮傳》載：「楚王瑋有勳而好立威，亮憚之，欲奪其兵權。瑋甚憾，乃承賈后旨，誣亮與瓘有廢立之謀，矯詔遣其長史公孫宏與積弩將軍李肇夜以兵圍之。」〔註104〕終殺亮、瓘，事在此年六月，傅祗因「聞奏稽留」免官。

元康二年（292），傅祗49歲。免官一年後遷光祿勳，尋又因公事免。

元康六年（296），傅祗53歲。為行安西軍司，拜常侍，加光祿大夫。《晉書・傅祗傳》載：「氐人齊萬年舉兵反，以祗為行安西軍司，加常侍，率安西

〔註102〕《晉書・楊駿傳》亦載誅楊駿一事，可相互參看，具體內容則在後面的行文中，再加以引用與分析。

〔註103〕唐・房玄齡撰：〈武陔傳〉，《晉書》，卷45，頁1285。

〔註104〕唐・房玄齡撰：〈汝南文成王亮傳〉，《晉書》，卷59，頁1592。

將軍夏侯駿討平之。遷衛尉，以風疾遜位，就拜常侍，食卿祿秩，賜錢及床帳等。尋加光祿大夫，門施行馬。」而據《資治通鑑》載：「元康六年……冬，十一月，詔以（周）處為建威將軍，與振威將軍盧播俱隸安西將軍夏侯駿，以討齊萬年。」〔註105〕是知平齊萬年亂在此年，而獲齊萬年在元康九年正月。

永康元年（300），傅祗 57 歲。為中書監、常侍。《晉書·傅祗傳》載：「及趙王倫輔政，以為中書監，常侍如故，以鎮眾心。祗辭之以疾，倫遣御史輿祗就職。王戎、陳準等相與言曰：『傅公在事，吾屬無憂矣。』其為物所倚信如此。」據《資治通鑑》元康元年四月，趙王倫誅賈後，總攬朝政在此年。《晉書·吳王晏傳》載：「與兄淮南王允共攻趙王倫，允敗，收晏付廷尉，欲殺之。傅祗於朝堂正色而爭，於是群官並諫，倫乃貶為賓徒縣王。」〔註106〕司馬倫欲殺淮南王母弟吳王晏，幸得傅祗爭之於朝堂，乃得免。

永寧元年（301），傅祗 58 歲。為光祿大夫，尋遷太子少傅。《晉書·傅祗傳》載：「倫篡，又為右光祿、開府，加侍中。惠帝還宮，祗以經受偽職請退，不許。初，倫之篡也，孫秀與義陽王威等十餘人預撰儀式禪文。及倫敗，齊王冏收侍中劉逵、常侍驂捷、杜育、黃門郎陸機、右丞周導、王尊等付廷尉。以禪文出中書，復議處祗罪，會赦得原。後以禪文草本非祗所撰，於是詔復光祿大夫。……尋遷太子少傅，上章遜位還第。及成都王穎為太傅，復以祗為少傅，加侍中。」是年正月乙丑趙王倫篡位，以祗為右光祿，且開府，加侍中，至四月丁卯倫被賜死，惠帝回宮，傅祗本因為倫所用自請退，未許。

晉懷帝光熙元年（307），傅祗 64 歲。任光祿大夫，行太子太傅，侍中。《晉書·傅祗傳》載：「懷帝即位，遷光祿大夫、侍中，未拜，加右僕射、中書監。……歷左光祿、開府，行太子太傅，侍中如故。」是年晉惠帝逝世，皇太弟司馬熾即位。

永嘉五年（311），傅祗 68 歲。遷司徒，出詣河陰，推為盟主。《晉書·懷帝紀》載：「（永嘉五年）五月，……太子太傅傅祗為司徒。」〔註107〕又《晉書·傅祗傳》載：「大將軍苟晞表請遷都，使祗出詣河陰，修理舟楫，為水行之備。及洛陽陷沒，遂共建行臺，推祗為盟主，以司徒、持節、大都督諸軍事傳檄四方。遣子宣將公主與尚書令和郁赴告方伯徵義兵，祗自屯盟津小城，

〔註105〕宋·司馬光編：《資治通鑑》，卷 82，頁 17。

〔註106〕唐·房玄齡撰：〈吳敬王晏傳〉，《晉書》，卷 64，頁 1724。

〔註107〕唐·房玄齡撰：〈孝懷帝紀〉，《晉書》，卷 5，頁 122。

宣弟暢行河陰令，以待宣。」蓋懷帝先派傅祗到河陰營治舟船，以利遷都運輸之用，然帝礙於盜賊不能行離洛陽。及後漢趙軍攻破洛陽，懷帝被擄至平陽，傅祗由是與苟晞共建行臺於河陰，並派子傅宣與尚書令和郁徵集義軍營救懷帝，又命傅暢為河陰縣令，以待傅宣，而自屯盟津小城。

　　晉惠帝永嘉六年（312），傅祗 69 歲。以暴疾薨。《晉書・傅祗傳》載：「祗以暴疾薨，時年六十九。」《晉書・劉聰載記》載：「曲特等圍長安，劉曜連戰敗績，乃驅掠士女八萬餘口退還平陽，因攻司徒傅祗於三渚，使其右將軍劉參攻郭默於懷城。祗病卒，城陷，遷祗孫純、粹併二萬餘戶於平陽縣。」〔註108〕傅祗死前曾力疾手筆敕二子宣、暢，辭旨深切，此雖家誡之屬，想義正辭嚴，故覽者莫不感激慷慨。傅祗著《文章駁論》十餘萬言，今已亡佚。

　　傅祗有二子，即傅宣與傅暢，傅宣字世弘，少聰穎通人情，中表稱異，長而好學，為趙王倫所用，累遷祕書丞、驃騎從事中郎，懷帝即位，轉吏部郎，又為御史中丞，年四十九卒。傅暢字世道，年未弱冠，即甚有重名。以選入侍講東宮，為祕書丞。尋沒於石勒，勒以為大將軍右司馬，甚重之，咸和五年（330）卒。作《晉諸公敘贊》二十二卷，又為《公卿故事》九卷。

第四節　漢晉北地傅氏之人際關係考

一、漢晉北地傅氏婚宦考

　　魏晉時期，「婚」與「宦」實為維繫與衡量士族的兩大重要因素，周一良言：「論南朝對待特殊分子之政策時，政治方面從『宦』字著眼，社會方面則以『婚』為中心論之。」〔註109〕實際上此種觀點放於魏晉亦可受用，即士族一方面通過壟斷選舉，以保障子孫皆上品，仕途平坦，從而累世官宦，建立經久不衰的政治地位，獲得更多政治特權；一方面則通過嚴守門第，與門當戶對之家族聯姻的方式，維護其社會地位。本節即就北地傅氏家族自東漢至晉期間，婚姻與仕宦情況加以分析。

（一）婚姻考

　　聯姻在門第維繫、士族升降中起著不可小覷的作用，於此王伊同云：「族

〔註108〕唐・房玄齡撰：〈劉聰載記〉，《晉書》，卷 120，頁 2662。
〔註109〕周一良：《魏晉南北朝史論集》（北京：中華書局，1963 年），頁 75。

與族之間，非婚姻不為功，小宗寒門間，以連姻成高貴。」〔註110〕唐長孺亦言：「當時門第高卑，婚姻是一項重要標準。」〔註111〕魏晉南北朝的婚姻甚重門第匹配，〔註112〕故由與何種地位家族聯姻，即可從側面反映出此家族的門第高卑。有關魏晉南北朝時期傅氏家族，婚姻相關的材料相當缺乏，故難以對此作深入的研究，這裡僅對所見作一番分析。

1. 傅玄與杜韡

首先值得注意的是，傅玄與京兆杜氏之聯姻，娶杜有道之女杜韡為繼室，此事見於《晉書·列女傳》：

> 杜有道妻嚴氏，字憲，京兆人也。貞淑有識量。年十三，適於杜氏，十八而孀居。子植、女韡並孤藐，憲雖少，誓不改節，撫育二子，教以禮度，植遂顯名於時，韡亦有淑德，傅玄求為繼室，憲便許之。時玄與何晏、鄧颺不穆，晏等每欲害之，時人莫肯共婚。及憲許玄，內外以為憂懼。或曰：「何、鄧執權，必為玄害，亦由排山壓卵，以湯沃雪耳，奈何與之為親？」憲曰：「爾知其一，不知其他。晏等驕移，必當自敗，司馬太傅獸睡耳，吾恐卵破雪銷，行自有在。」遂與玄為婚。晏等尋亦為宣帝所誅。〔註113〕

杜韡為杜有道之女，其母嚴氏，甚具識見之能，當傅玄與何晏交惡，以致「時人莫敢與之共婚」之時，卻力排眾議，適女於玄，並準確地預料到何晏曹爽黨的失敗。後更在傅咸六歲時，以千里馬比之，認為「必當遠至」，並以外甥女妻之。〔註114〕嚴氏有子杜植，植堂兄為平吳功臣、征南大將軍杜預。

蓋京兆杜氏家族於時當屬望族，其族人歷代為官，且名人輩出，漢有俗諺云：「城南韋杜，去天五尺」〔註115〕，頗能說明杜氏在漢代有非同一般的政

〔註110〕 王伊通：《五朝門第》，頁 191。

〔註111〕 唐長孺：《魏晉南北朝史論拾遺》（北京：中華書局，1983 年），頁 63。

〔註112〕 吳成國言：「婚媾講求門第相配，大抵歷來如此，並有它相對的合理性，但在兩晉南北朝卻愈演愈烈，變成了不具條文規定的金科玉律──士庶不婚。這種什麼等級或身份的家庭只能與相同等級或身份的家庭通婚的婚姻制度，人們稱為『身份內婚制』或『等級內婚制』。」參見吳成國：〈從婚姻論東晉南朝門閥制度的盛衰〉，《江漢論壇》第 9 期（1997 年），頁 68。

〔註113〕 唐·房玄齡撰：〈列女傳〉，頁 2509。

〔註114〕 唐·房玄齡撰：〈列女傳〉，頁 2509。

〔註115〕 清·王謨：《辛氏三秦記》，《漢唐地理書鈔》第 9 冊（清嘉慶間金溪王氏刻本，1796～1820 年），頁 6。

治、社會地位。植八世祖杜周任西漢御史中丞，七世祖杜延年為御史大夫，均通刑名之學，善斷獄，「吏材」甚為人稱道，二人所創立之《大杜律》、《小杜律》，自東漢便一直流行於世。是京兆杜氏原本家傳刑名學，後因漢武帝「獨尊儒術」後，經學變為主流，甚至晉升之途，為欲進入仕途者所必修，杜氏家學亦順應時代潮流轉向經學，如杜欽、杜畿、杜恕等人皆以長於經學著稱，然其明達法理之家學傳統亦不可忽視。

另外，京兆杜氏與晉皇室聯繫頗為緊密，據《司馬芳殘碑》可知，杜畿即與司馬懿之父司馬芳為門生故吏關係，其後兩家聯繫又因連姻不斷深化加強。〔註116〕魏晉京兆杜氏為地方大族，杜畿、杜恕、杜預皆不凡，而北地傅氏時亦不遜色，傅嘏、傅玄皆位高權重，是此二族皆屬三輔地區士族中發展較好者。杜氏家學由刑名法學轉向經學，此也與北地傅氏有相似之處，故兩家聯姻可謂門當戶對。

2. 傅宣與士孫松、弘農公主

傅宣是傅祗之子，傅嘏孫，據〈傅宣故命婦士孫氏墓誌〉，知其曾娶士孫松為妻，今錄全文如下：

> 晉前尚書郎北地傅宣故命婦，秦國士孫松，字世蘭，翊軍府君之女。姿窈窕之容，體賢明之行。在祿有淑順之美，來嬪盡四德之稱。年廿有九，永寧二年夏六月戊午卒。秋九月丙申葬。杉棺五寸，斂以時服。土梆陶器，無藏金玉。既將反之於儉質，蓋亦述其素志也。已新婦前產二子，長名嬰齊，次名黃元，皆年二歲不育。緣存時之情，用違在園之義。遂以祔於其母焉。〔註117〕

傅咸之妻士孫松為晉翊軍府君之女，士孫是扶風著姓，〔註118〕東漢時有士孫奮「居富而性吝」，〔註119〕三國時士孫萌與王粲善，《文選·贈士孫文始》注引《三輔決錄》趙岐注云：「士孫孺子名萌，字文始，少有才學，年十五，能屬文。初，董卓之誅也，父瑞，知王允必敗，京師不可居，乃命萌將家屬至荊

〔註116〕王力平：〈杜氏家族不同郡望的家學取向〉，《中古杜氏家族的變遷》，頁230
　　　　～266。

〔註117〕趙超：《漢魏南北朝墓誌彙編》（天津：天津古籍出版社，1992年），頁12。

〔註118〕據《晉書·地理志上》載：「惠帝即位，改扶風國為秦國。」秦國即扶風郡。
　　　　唐·房玄齡撰：〈地理志上〉，《晉書》，卷14，頁120。

〔註119〕南朝宋·范曄撰，唐·李賢等注：〈梁統傳〉，《新校後漢書注》，卷64，頁10
　　　　下。

州依劉表。去無幾,果為李傕等所殺。及天子都許昌,追論誅董卓之功,封萌為澹津亭侯。」〔註120〕知士孫氏族亦為有世襲爵祿者,然後期似人才漸衰,故少見載於史籍。

魏晉時有擇「鄉里門戶匹敵者」〔註121〕婚配的觀念,關於此觀念形成的原因與施行的意義,仇鹿鳴分析道:

> 郡內聯姻的普遍存在主要有主客觀兩方面的原因。客觀上受制於當時的交通條件,若非居官中央,普通地方大族的交往、婚姻網絡很難拓展到郡級政區以外的地域,反倒是漢末清議的興起以及隨後天下大亂、士民流徙的局面在客觀上促進了大族士人之間跨郡、跨州交往、聯姻的增加;而在主觀方面,地方大族主要通過把持郡、縣兩級的僚佐之職,獲得在地方社會中的影響力,同郡之間的婚姻網絡對強化大族在鄉里社會中地位的助益要大於跨郡通婚,地緣上過於遙遠的聯姻關係,反倒不能適應守望相助、緩急相應這一鄉里社會的基本要求。〔註122〕

觀傅玄、傅咸兩位傅氏族人的婚姻,雖不完全符合以「郡」為單位的同鄉通婚觀念,然因北地郡是僑居馮翊,情況特殊,郡中人口因遷徙大量減少,且頻繁遷徙本就極不利於族群的發展,北地郡可與傅氏相匹配的士族大抵較少,傅氏故轉與鄰郡門戶匹敵者聯姻,如此雖非同郡,然尚屬同州,〔註123〕當也具有與同郡聯姻類似的效果。

另外,傅宣亦為北地傅氏中有明確記載尚公主者,《晉書·傅祇傳》曰:「子宣,尚弘農公主。」〔註124〕士孫松卒於永寧二年(302),而宣尚公主在傅祇復為光祿大夫後,以此推之,娶弘農公主必在士孫松去世後。弘農公主

〔註120〕三國·王粲:〈贈士孫文始〉趙岐注引《三輔決錄》,南朝梁·蕭統編,唐·李善等注:《六臣注文選》,卷23,頁437。

〔註121〕《三國志·文德郭皇后傳》載:「后蚤喪兄弟,以從兄表繼永後,拜奉車都尉。后外親劉斐與他國為婚,后聞之,勅曰:『諸親戚嫁娶,自當與鄉里門戶匹敵者,不得因勢,彊與他方人婚也。』」卷5。晉·陳壽撰,南朝宋·裴松之注:〈魏書·文德郭皇后傳〉,《新校三國志注》,卷5,頁165。

〔註122〕仇鹿鳴:《魏晉之際的政治權力與家族網絡》,頁57。

〔註123〕京兆郡、馮翊郡、扶風郡、北地郡,晉皆屬雍州統轄。唐·房玄齡撰:〈地理志上〉,《晉書》,卷14,頁120。

〔註124〕唐·房玄齡撰:〈傅祇傳〉,《晉書》,頁1332。

為晉惠帝與賈后之女，〔註125〕國婚之選常為尊高門第，傅宣能以公主續絃，甚見傅睿一支在西晉非同一般的政治、社會地位，同時既與皇室結為姻親，無形中更增加其家門的尊貴程度。

（二）仕宦考

本小節主要對北地傅氏家族在漢末至南朝宋之間，所處政治地位，及家族勢力的發展脈絡作一總體考察，並且一家族所任官職或有一定的相似性、趨同性，從中可一窺其家學家風的影響。北地傅氏家族自傅介子後，政治地位與社會聲望應一度有下滑趨勢，故在兩漢間，北地傅氏家族成員未多見於史籍，直到漢末才有傅燮、傅幹、傅巽等人，重新使北地傅氏家族站上歷史舞臺，而後傅嘏、傅玄、傅祗、傅咸、傅宣、傅暢更是使這個家族在漢末三國魏晉之間，達到一個發展的鼎盛時期。茲將漢末至南朝宋初年北地傅氏兩支，有官職記載者列表如下：〔註126〕

傅睿支：

時　代	人　物	官職／爵位	官　品
漢末	傅睿	代郡太守	五品
漢末魏初	傅巽	侍中、尚書，關內侯	三品
漢末魏初	傅允	黃門侍郎	五品
曹魏	傅嘏	尚書、追贈太常，陽鄉侯	三品
西晉	傅祗	左光祿大夫、司徒，靈川縣公	一品
東晉	傅宣	御史中丞	四品
東晉	傅暢	晉秘書丞、石勒大司馬，武鄉亭侯（五品）	六品
東晉	傅詠	交州刺史、太子右率	五品
東晉	傅韶	散騎常侍	三品
南朝宋	傅弘之	寧朔將軍	四品

〔註125〕臧榮緒《晉書》載：「賈后二女，宣華女彥，封宣華弘農郡公主。」南朝齊‧臧榮緒：〈賈后〉，《晉書》，收錄於清‧湯球輯：《九家舊晉書輯本》，卷4，頁33。

〔註126〕據《晉書‧職官志》、《宋書‧百官志》及《通典‧職官典》、《唐六典》以定品秩，漢代尚未有官品制度，姑依魏制標識之。

傅燮支：

時　代	人　物	官職／爵位	官　品
漢末	傅燮	漢陽太守，壯節侯	五品
曹魏	傅幹	扶風太守	五品
西晉	傅玄	司隸校尉，鶉觚子（二品）、追封清泉侯	三品
西晉	傅咸	御史中丞、贈司隸校尉	三品
東晉	傅敷	鎮東從事中郎	六品
東晉	傅晞	司徒西曹屬	七品
東晉	傅瑗	安成太守	五品
南朝宋	傅迪	五兵尚書、贈太常	三品
南朝宋	傅亮	尚書令、加散騎常侍、左光祿大夫、開府儀同三司，進爵始興郡公，後伏誅	一品
南朝宋	傅隆	左戶尚書、太常、光祿大夫	三品

　　觀表中所載，在漢末至南朝宋時期，北地傅氏可考其官職者共 20 人，六品及六品以下者 3 人，三品及三品以上者 9 人，其中以傅祇品階最高，位至三公，而傅嘏、傅玄及傅咸亦皆處朝廷要職，過江後，兩支勢力皆有衰減，至南朝宋方有回轉。關於對高門士族的判定，毛漢光的觀點頗具代表性，其以「累官三代以上，以及居官五品以上，同時合於這兩條件者，視為士族。」〔註127〕又汪征魯認為「三世以上為五品官者，或父、祖均為八公者，亦可劃為高門。」而「或父、或祖官位為六品以上二品以下者，均為低級士族即一般士族，簡稱士族。」〔註128〕由此觀之，北地傅氏自漢末至西晉，達到一般士族的水平，此殆無疑問，而若將標準放寬，則更符合三代累官且居官五品及以上之標準，可稱高門。

　　漢末時，傅睿、傅燮分別任代郡與漢陽太守，此處暫依魏制是為五品，官品似不高，然實際上太守在漢代的職權與地位是相當高的，《後漢書·百官志》載：「每郡置太守一人，二千石，丞一人。」〔註129〕樓勁、劉光華《中國

〔註127〕毛漢光：《兩晉南北朝士族政治研究》（臺北：商務印書館，1966 年），頁 4～8。

〔註128〕汪征魯：《魏晉南北朝選官體制研究》（福建：福建人民出版社，1955 年），頁 69。

〔註129〕南朝宋·范曄撰，唐·李賢等注：〈百官志五〉，《新校後漢書注》，卷 38，頁 3 下。

古代文官制度》有言：

> 在管轄著若干縣的的郡中，郡守統攬軍、民、財、刑等政而為最高
> 行政長官，其府署構成，通常都包括若干個輔助其通盤處理郡務的
> 綱紀和閣下官、分別處理郡內各類專門事務的列曹和其他直屬官三
> 類。其中絕大多數官僚的任免甚至於生死，都完全操制於郡守本人
> 的班子。從大量記載中可以看到，人們常把郡守比作上古的諸侯，
> 把自己與郡守的關係看成是君臣關係，而郡守府則被理所當然地稱
> 為「朝廷」。〔註130〕

傅燮、傅睿作為太守總攬一郡軍政大權，此見北地傅氏家族，通過前代累世
居官，從而逐漸建立起族望，在漢末已成為家世兩千石的官僚世家。正因有
此社會勢力和聲望基礎，方有傅巽官至三品，傅允及傅幹至五品。然總體而
言，在漢末至東晉期間傅睿支的仕宦品階稍高於傅燮支，至南朝宋這種情況
才發生逆轉。

僅就所擔任官職而論，傅睿一支特色不甚突出，然大抵是以皇帝近侍，
備切問近對，拾遺補闕為主，故多居侍中之職，而由之晉升為尚書，從而參
預機要，執行眾政務。傅燮一支則相對甚為明確，《晉書》於傅末云：「傅玄
體彊直之姿，懷匪躬之操，抗辭正色，補闕弼違，謇謇當朝，不悉其職者矣。
及乎位居三獨，彈擊是司，遂能使臺閣生風，貴戚斂手。雖前代鮑、葛，何
以加之！……長虞風格凝峻，弗墜家聲。」〔註131〕此頗可說明問題，即傅
玄父子皆以峻切剛直著稱，且均卒以司隸校尉之官。關於司隸校尉一職，
《後漢書‧百官志》云：「掌察舉百官以下，及京師近郡犯法者」，又注引蔡
質《漢儀》曰：「職在典京師，外部諸郡，無所不糾。封侯、外戚、三公以
下，無尊卑。」〔註132〕知其以監察彈劾為主，因漢光武時，司隸校尉與御
史中丞、尚書令在朝會中負責監察，故特設專席而坐，時人遂稱其「三獨
坐」。〔註133〕是其職權「大則佐三公統理之業以宣導風化，小則正百官紀綱

〔註130〕樓勁、劉光華：《中國古代文官制度》（北京：中華書局，2009年），頁43。
〔註131〕唐‧房玄齡撰：〈傅玄傳〉史臣評，《晉書》，頁1333。
〔註132〕南朝宋‧范曄撰，唐‧李賢等注：〈百官志四〉，《新校後漢書注》，卷37，頁
　　　　5下。
〔註133〕《後漢書‧宣秉傳》載：「光武特詔御史中丞與司隸校尉、尚書令會同並專
　　　　席而坐，故京師號曰『三獨坐』。」南朝宋‧范曄撰，唐‧李賢等注：〈宣秉
　　　　傳〉，《新校後漢書注》，卷57，頁1。

之事以糾察是非」，〔註134〕事任之重，故自設立即不輕易授人，而必選勤謹、明法、公正、廉潔的「端勁特立之士」擔之。傅玄、傅咸因襲此職，以為「家聲」，亦其家學家風的一種展現，傅燮、傅幹、傅嘏、傅祗雖未因任「司隸校尉」之職聞名，在朝廷上亦不乏此種糾覈檢舉之行。

二、漢晉北地傅氏交遊考

上面兩節已將北地傅氏漢晉時期之婚姻與仕宦情況作一分析，從中可見出傅氏為維繫家族門第所作出的一番努力，而維繫門第還有一項極為重要者，即與士人之交遊。何啟民即指出：「『門第』的維繫，經濟雖重要，家風與家學、婚姻與交往，尤其重要。」〔註135〕時崇尚貴遊，一方面，參與集會，與當朝權貴交遊，是提高聲價的途徑之一；另一方面，則就常理而言，能與交遊者多因志趣相投，故由交往對象之特性，也可一窺傅氏之思想、政治取向。同時，通過對漢晉時期傅氏家族交遊情況的分析，可大致繪出傅氏在此時期之人際網絡，由此更好分析傅氏在思想與政治均發生變革之際的處境。故此本節分為情意之交、政治之交、文學之交，對漢晉北地傅氏之交遊情況加以考證。

（一）政治交

本小節主要整理，漢晉之際與北地傅氏在政治上有較多交集者，進言之，即與北地傅氏之政治取向，黨際分派類似者，既為同黨，則在思想上應有相互認同之處，由此視角分析，實可透露出北地傅氏的一些思想傾向性。

漢晉之際北地傅氏的政治之交，見載史籍最多的是鍾家、裴家、荀家子弟。蓋傅嘏之伯父傅巽，曾與鍾繇、荀攸同朝為官，共同勸曹操接受「魏公」的封號，因此傅家當原本就與荀家、鍾家交往密切。又傅巽曾對裴潛進行品評，二人當為荊州舊識，則裴家也與傅家有所交集，是故：「嘏自少與冀州刺史裴徽、散騎常侍荀甝善，徽、甝早亡，又與鎮北將軍何曾、司空陳泰、尚書僕射荀顗、後將軍鍾毓並善相友綜朝事，俱為名臣。」〔註136〕劉顯叔即敏銳地指出：「魏晉鼎革之際支持司馬氏的社會力量，乃是各地的儒學大族禮法世家。如潁川荀氏、鍾氏、太原王氏、河東裴氏、陳郡何氏、東海王氏、瑯琊王

〔註134〕宋・王欽若編纂；周勛初等校訂：〈監察官部・選任〉，《冊府元龜（校訂本）》（南京：鳳凰出版社，2006年），卷512，頁5817。

〔註135〕何啟民：《中古門第論集》（臺北：臺灣學生書局，1978年），頁3。

〔註136〕晉・陳壽撰，宋・裴松之注：〈魏書・傅嘏傳〉注引《傅子》，頁168。

氏等等都屬於這個階層。」〔註137〕其中荀氏、裴氏、鍾氏皆傅嘏明顯親尚者，蓋潁川荀氏，其祖為東漢末年荀淑，為荀卿十一世孫，其人「少有高行，博學而不好章句，多為俗儒所非」，知其志不在專一家章句，而在兼通數家之學成一通儒，至荀彧更言於曹操曰：「宜集天下大才通儒，考論六經，刊定傳記，存古今之學，除其煩重，以一聖真，並隆禮學，漸敦教化，則王道兩濟。」〔註138〕此隆禮學之觀點本於荀子之「隆禮重法」，與傅玄《傅子》所倡刑德兼濟不謀而合；潁川鍾氏，則更是以「世善刑律」著稱，鍾荀二家更有姻親關係，鍾會為荀勗從舅，而傅嘏又是由陳群與荀彧女所生之子陳泰，辟為司空掾，且與禮法之士何曾並相友善，則觀所其所親善者全為儒家禮法世家之後無疑，後期傅嘏更與他們站在，以名教禮法為治的司馬派陣營，對玄學之士大加撻伐，由傅嘏的參與可見出，其實處禮法之士的團體，故皆極力保障儒學禮法、名教之治的正統地位。傅玄同樣與何曾、荀氏友好，其嘗與荀勗、張華奉命作禮樂歌詩，又著論稱何曾與荀顗曰：

> 以文王之道事其親者，其潁昌何侯乎，其荀侯乎！古稱曾、閔，今日荀、何。內盡其心以事其親，外崇禮讓以接天下。孝子，百世之宗；仁人，天下之命。有能行孝之道，君子之儀表也。《詩》云：「高山仰止，景行行止。」今德不遵二夫子之景行者，非樂中正之道也。〔註139〕

又曰：「荀、何，君子之宗也。」對二人孝德大加讚許。無論傅嘏還是傅玄，皆與禮法世家交遊，此當不僅止於利益相合，其思想家學當亦類近，即北地傅氏家學亦重禮法。

又史書中尤其記載傅嘏與鍾會之交，蓋鍾會「有才數技藝，而博學精練名理」，〔註140〕又「及會死後，於會家得書二十篇，名曰道論，而實刑名家也，其文似會。」〔註141〕是由此可知二人思想相通，皆能校練名理。而鍾會又在才性論中持「才性合」，若將四本按同異區分，則傅嘏其與鍾會皆屬同派。

〔註137〕劉顯叔：〈東漢魏晉的清流士大夫與儒學大族〉，《勞貞一先生秩榮慶論文集（《簡牘學報》第 5 期）》，頁 233。

〔註138〕晉・陳壽撰，宋・裴松之注：〈荀彧傳〉注引〈彧別傳〉，《新校三國志注》，卷 10，頁 256。

〔註139〕唐・房玄齡撰：〈何曾傳〉，《晉書》，卷 33，頁 997。

〔註140〕晉・陳壽撰，宋・裴松之注：〈魏書・鍾會傳〉，《新校三國志注》，卷 28，頁 784。

〔註141〕晉・陳壽撰，宋・裴松之注：〈魏書・鍾會傳〉，頁 795。

而若以政治立場論，則二人又皆屬於司馬氏的陣營。故無論思想取向、政治立場二人皆契合。然《傅子》曰：「司隸校尉鍾會年甚少，嘏以明智交會。」〔註142〕裴松之疑曰：

> 傅子前云嘏了夏侯之必敗，不與之交，而此云與鍾會善。愚以為夏侯玄以名重致患，繫由外至；鍾會以利動取敗，禍自己出。然則夏侯之危兆難覩，而鍾氏之敗形易照也。嘏若了夏侯之必危，而不見鍾會之將敗，則為識有所蔽，難以言通；若皆知其不終，而情有彼此，是為厚薄由於愛憎，奚豫於成敗哉？〔註143〕

此認為傅嘏既對夏侯玄之事有先見之明，必也應當對鍾會之敗有先見之明，何以還與鍾會相交？筆者認為，傅嘏實際上不能說是全然沒有先見之明，當二人平復毌丘儉叛亂時，傅嘏即已見出端倪，故誡之：「子志大其量，而勳業難為也。可不慎哉！」〔註144〕然畢竟乃累代之交，祇能私下規勸耳。

又「會，名公子，以才能貴幸」〔註145〕，史籍中皆以才能稱道鍾會，未見以德性者，而觀史書記載，鍾會德性絕非高尚，例如其曾利用自己善學他人手跡的小聰明，竊取荀勖寶劍，又改易鄧艾之言，矯作司馬昭回書，害得鄧艾罹罪被誅。〔註146〕其母親也曾訓之以「乘偽作詐」乃「末業鄙事，必不能久」，〔註147〕又當司馬昭偏聽鍾會之言時，羊祜、文明王皇后、其兄鍾毓等人皆極力勸諫，皆以其德性不端，不能信任。基於這些，傅嘏這樣注重德性的人，何以還與之交往？此確實令人不解，清·王懋竑《白田雜著》云：

> 其與何晏、鄧颺、夏侯玄、李豐不平，皆以其為魏故，而自與鍾毓、鍾會、何曾、陳泰、荀顗善，則皆司馬氏之黨也，所譏議何晏等語，大率以愛憎為之。〔註148〕

〔註142〕晉·陳壽撰，宋·裴松之注：〈魏書·傅嘏傳〉注引《傅子》，頁628。

〔註143〕晉·陳壽撰，宋·裴松之注：〈魏書·傅嘏傳〉注引《傅子》，頁628。

〔註144〕晉·陳壽撰，宋·裴松之注：〈魏書·傅嘏傳〉注引《傅子》，頁627。

〔註145〕晉·陳壽撰，宋·裴松之注：〈魏書·王粲傳〉，《新校三國志注》注引《魏氏春秋》，卷21，頁606。

〔註146〕晉·陳壽撰，宋·裴松之注：〈魏書·鍾會傳〉，頁792。南朝·劉義慶注，南朝·劉孝標注，余嘉錫箋疏：〈巧藝〉4，《世說新語箋疏》，頁718。

〔註147〕晉·陳壽撰，宋·裴松之注：〈魏書·鍾會傳〉注引鍾會為其母〈傳〉，《新校三國志注》，卷28，頁786。

〔註148〕清·王懋竑：《白田雜著》冊2（臺北：臺灣商務印刷館，1971年），卷4，頁18上。

認為傅嘏之交友全視黨派歸屬而定，傅嘏之品評人物亦並無標準，不過全由好惡私情而論罷了。筆者認為此說頗有可取之處，即傅嘏在擇人交往中，確應有將黨派、愛憎放入考量，故其與鍾會交，一者與黨派、政治選擇相關；一者傅家原本即與鍾家有交情，故不能不交好；再者二人思想取向亦相合。

　　此外，在政治上，傅咸與李含、衛瓘、孫楚皆有往來，其中為李含伸冤一事，最能凸顯其性格與持守。惠帝元康元年，李含任始平郡中正，時秦王司馬柬薨，含便依照臺閣所定儀規，待葬事完畢即除喪，尚書趙浚卻因忌恨含不事己，遂借此事構陷李含，奏告其除喪過早，含既已因此被時任本州大中正的傅祗降品，〔註149〕但朝中仍有人不肯罷休，更欲連割含品三等，此相當於剝奪其晉升出任高階官員的可能，將其貶為卑庶，〔註150〕李含本無甚過失，且已受懲罰，其又出身寒微，並無族勢可以倚靠，如此便輕易淪為砧板上的魚肉，再無翻身的機會，龐騰此行為背後的意圖昭然若揭。史書中唯見傅咸於此事甚有不平，連上兩書據理力爭，欲為含平反冤情。傅咸首先表達對李含為人的欣賞，評其：「忠公清正，才經世務，實有史魚秉直之風。雖以此不能協和流，然其名行峻厲，不可得掩。」〔註151〕後又就事論曰：「若天朝之喪，既葬不除，藩國之喪，既葬而除」，〔註152〕乃自古以來之王制，況且李含既葬除服，實承尚書臺之令，又受司徒之符所逼，故其於情與理皆不應受此重罰，傅咸最後指出：「臣從弟祗為州都，意在欲隆風教，議含已過，不良之人遂相扇動，冀挾名義，法外致案，足有所邀，中正龐騰便割含品。臣雖無祁大夫之德，見含為騰所侮，不勝其憤，謹表以聞，乞朝廷以時博議，無令騰得濫行刀尺。」〔註153〕由傅咸出於對李含之欣賞，因忠正之良臣受到折辱感到憤懣，而對龐騰濫用刑罰，以公謀私的批評中，頗能見出其公正不阿，直道而行的性格特質。

〔註149〕據閻步克以鄉品與察舉關係推論，李含原應獲得鄉品二品，其後帝未聽傅咸諫言，而連貶其三等，終退割為五品。參見閻步克：《察舉制度變遷史稿》（瀋陽：遼寧大學出版社，1991年），頁155～156。

〔註150〕《宋書·恩倖傳序》云：「凡厥衣冠，莫非二品，自此以還，遂成卑庶。」南朝梁·沈約：《宋書》，卷94，頁2a。

〔註151〕晉·傅咸：〈理李含表〉，《全晉文》，卷52，頁333。

〔註152〕晉·傅咸：〈理李含表〉，頁333。

〔註153〕晉·傅咸：〈理李含表〉，頁334。

又傅咸在〈理李含表〉中,提及衛瓘嘗辟含為掾,每與其言:「李世容當為晉匡躬之臣。」〔註154〕是在西晉之時,玄學貴無派盛行,忠直之能吏已屬少見,而傅咸卻甚看重為官的實際德行與能力,此不能以言飾之,其嘗在標舉劉毅之功績云:「故光祿大夫劉毅為司隸,聲震內外,遠近清肅。非徒毅有王臣匡躬之節,亦由所奏見從,威風得伸也。」〔註155〕稱許劉毅忠心耿耿、奉公無私之品節的同時,亦表示以之自我期許。衛瓘能看到李含「匡躬之臣」的特質而任用之,則是與傅咸在為政上有著相同的傾向。孫楚則是有〈薦傅長虞箋〉曰:「楚聞驥驥不遺能於伯樂,良寶不藏耀於卞和。是以輝光夜射,價連秦趙,飛駒絕影,終朝千里,物尚有之,士亦宜然。」〔註156〕將傅咸比為驥驥、良寶,甚見賞識之情。

(二)情意交

情意之交,是為性情相投而交往者,非為利益等外在因素而交,最為純粹,亦最可從情意之交的對象上,推測本人之性情、行事,甚至思想的傾向。關於情意交與政治交,實際難以就文獻作一精準的區分,筆者因傅嘏之交遊涉及黨際分派,故除荀粲皆放入政治交。

除傅嘏外,在史籍記載中,漢晉之際北地傅氏的情意之交,如傅玄與索靖,《晉書‧索靖傳》載:「索靖,字幼安,敦煌人也。累世官族,父湛,北地太守。……傅玄、張華與靖一面,皆厚與之相結。」〔註157〕此處雖未寫明一面即交情至深之原由,然觀索靖學術上,「該博經史,兼通內緯」,〔註158〕又與衛瓘具以草書出名,且著有《索子》、《晉詩》各二十卷,是與傅玄同樣出身學門,博學廣涉,而兼具文才之人;政治上,索靖又與庸碌無為之輩不同,其嘗出任征西大將軍,擊退西戎叛軍,又大破司馬顒的軍隊,建功立業,甚有作為,此同樣與傅玄務實反虛玄的觀點相合,如是大抵可知二人何以僅一面便如此契合。

傅咸則是與楊駿之弟楊濟素相友善,《晉書‧傅咸傳》載:

> 駿弟濟素與咸善,與咸書曰:「江海之流混混,故能成其深廣也。天

〔註154〕晉‧傅咸:〈理李含表〉,頁333。
〔註155〕唐‧房玄齡撰:〈傅咸傳〉,《晉書》,頁1328。
〔註156〕晉‧孫楚:〈薦傅長虞箋〉,《全晉文》,卷60,頁378。
〔註157〕唐‧房玄齡撰:〈索靖傳〉,《晉書》,卷60,頁1648。
〔註158〕唐‧房玄齡撰:〈索靖傳〉,頁1648。

下大器，非可稍了，而相觀每事欲了。生子癡，了官事，官事未易
了也。了事正作癡，復為快耳！左丞總司天臺，維正八坐，此未易
居。以君盡性而處未易居之任，益不易也。想慮破頭，故具有白。」
咸答曰：「衛公云酒色之殺人，此甚於作直。坐酒色死，人不為悔。
逆畏以直致禍，此由心不直正，欲以苟且為明哲耳！自古以直致禍
者，當自矯枉過直，或不忠允，欲以亢厲為聲，故致忿耳。安有空
空為忠益，而當見疾乎！」〔註159〕

是楊濟甚為擔憂以傅咸剛勁果敢之性，不適宜居於左丞之位，勸告傅咸不要
過於剛直，以免招致禍患，傅咸則回以苟心直正，無需畏懼「以直致禍」，切
不能苟且行事以圖明哲自保，由中盡顯傅咸對忠直之質的堅持，同時也甚能
見出二人情意。又與李斌相善，其〈答李斌書〉曰：「吾作左丞，未幾而已。
吾為京兆，雖心知此為不合，然是家鄉親里，自願便從俗耳，時足下問吾當
去否，吾答鸚武子言阿安樂。今到阿安樂，何為不去。」〔註160〕語甚親切，
知二人關係密切。李斌亦有反楊駿攬權謀逆之舉，〔註161〕時傅咸因為文批駁
楊駿之行，將遭外放，即幸為李斌所救。

（三）文學交

此處文學指廣義，即相互稱讚詩文，或以詩歌贈答，或在學術思想上有
所切磋交流皆屬之。首先是傅嘏與荀粲之交，筆者以為較為特別，荀粲為荀
顗之弟，荀顗與傅嘏亦相好，並且還曾救傅嘏一命。〔註162〕荀氏以儒學立家，
諸兄皆論以儒術，而荀粲「獨好言道」，且「常以為子貢稱夫子之言性與天道，
不可得聞，然則六籍雖存，固聖人之糠粃。」〔註163〕此正如言意之辨，言不
盡意，意之精微不傳於言，故可由言傳之典籍，祗是聖人的糠粃，這顯然是

〔註159〕唐・房玄齡撰：〈傅咸傳〉，《晉書》，頁1326。
〔註160〕晉・傅咸：〈答李斌書〉，《全晉文》，卷52，頁337。
〔註161〕《晉書・楊濟傳》載：「濟與斌數諫止之，駿遂疏濟。濟謂傅咸曰：『若家兄
　　　　征大司馬入，退身避之，門戶可得免耳。不爾，行當赤族。』咸曰：『但征
　　　　還，共崇至公，便立太平，無為避也。夫人臣不可有專，豈獨外戚！今宗室
　　　　疏，因外戚之親以得安，外戚危，倚宗室之重以為援，所謂脣齒相依，計之
　　　　善者。』」唐・房玄齡撰：〈楊駿傳〉，《晉書》，卷40，頁1181。
〔註162〕《晉書》載：「時曹爽專權，何晏等欲害太常傅嘏，顗營救得免。」參見唐・
　　　　房玄齡撰：〈荀顗傳〉，《晉書》，卷39，頁1150。
〔註163〕晉・陳壽撰，宋・裴松之注：〈魏書・荀彧傳〉注引何劭〈荀粲傳〉，頁319
　　　　～320。

儒家傳統的反叛,而傾向莊老玄論。又「嘏善名理而粲尚玄遠,宗致雖同,倉卒時或有格而不相得意。裴徽通彼我之懷,為二家騎驛,頃之,粲與嘏善。」〔註164〕知傅嘏思想與其既對立,又有相合之處。同時,傅嘏還與王弼有過交往,《三國志・鍾會傳》注引何劭〈王弼傳〉載:「弼幼而察惠,年十餘,好老氏,通辯能言。……時裴徽為吏部郎,弼未弱冠,往造焉。……尋亦為傅嘏所知。」〔註165〕王弼善通辯,好老氏之言,傅嘏於此卻未見任何批評之語,甚至頗有賞識之意,是校練名理與清談玄辯,本在方法上相通,故有「弼與鍾會善,會論議以校練為家,然每服弼之高致。」〔註166〕傅嘏批評何晏,而賞識王弼,由此頗能見出其對玄學的真正態度,又其喜結交禮法之士,卻與荀粲交好,這也體現出傅嘏之名理,有別於漢末之處。

傅玄與王沈交往密切,王沈「好書,善屬文」,〔註167〕傅玄當《傅子》內篇初成,即遣子以示王沈,頗有以王沈為知音之意。又其甚看重張載的才華,載為〈蒙汜賦〉,「司隸校尉傅玄見而嗟歎,以車迎之,言談盡日,為之延譽,遂知名。」〔註168〕傅玄本即好屬文,著有《傅玄集》,故觀佳品輒情不自禁,亦顯示出其愛好文學的一面。傅咸與潘尼相互間有〈答詩序詩〉,潘尼曰:「司徒左長史傅長虞,會定九品,左長史宜得其才,屈為此職,此職執天下清議,宰割百國,而長虞性直而行,或有不堪,余與之親,作詩以規焉。」〔註169〕是與楊濟之書信,乃出於同樣的規勸目的。

第五節　北地傅氏著作考

本節主要論及漢至兩晉南北朝時期,北地傅氏之著述情況,欲由此對其家數流派稍作推測,主要參考文獻為官修《隋書・經籍志》、《舊唐書・經籍志》、《新唐書・藝文志》,及一些私家藏書目錄、經籍志藝文志考證、補經籍志藝文志之類書籍。茲列表如下(依照時間先後排序,無法區分先後時,則

〔註164〕晉・陳壽撰,宋・裴松之注:〈魏書・荀彧傳〉注引何劭〈荀粲傳〉,頁319～320。

〔註165〕晉・陳壽撰,宋・裴松之注:〈魏書・鍾會傳〉注引何劭〈王弼傳〉,《新校三國志注》,卷28,頁795。

〔註166〕晉・陳壽撰,宋・裴松之注:〈魏書・鍾會傳〉注引何劭〈王弼傳〉,頁795。

〔註167〕唐・房玄齡撰:〈王沈傳〉,《晉書》,卷39,頁1143。

〔註168〕唐・房玄齡撰:〈張載傳〉,《晉書》,卷55,頁1518。

〔註169〕晉・潘尼:〈答傅咸詩序〉,《全晉文》,卷94,頁570。

傅睿一支在前）：

人　物	著　作	出　處
傅幹	《傅幹集》	姚振宗《補後漢書藝文志》卷 4
傅巽	《傅巽集》二卷，注張衡〈二京賦〉二卷	《隋書・經籍志》卷 35
傅嘏	《傅嘏集》二卷	《隋書・經籍志》卷 35
傅玄	《傅子》一百二十卷，四部六錄，百四十首、《傅玄集》五十卷（本傳言百餘卷，梁存五十卷，至唐餘十五卷）、《周官評論》十二卷〔註170〕	《隋書・經籍志》卷 35、《舊唐書・經籍志》、丁辰《補晉書藝文志》
傅咸	《傅咸集》三十卷	《隋書・經籍志》卷 35、《舊唐書・經籍志》卷 47
傅祇	《文章駁論》十餘萬言	《晉書》本傳
傅暢	《晉諸公贊》二十二卷、〔註171〕《晉公卿禮秩故事》九卷、《傅暢集》五卷；《裴氏家記》卷數不詳〔註172〕	《隋書・經籍志》卷 33、《舊唐書・經籍志》卷 46；《三國志・孟光傳》注引傅暢《裴氏家記》〔註173〕
傅隆	《禮議》一卷	《新唐書・藝文志》
傅瑗	《晉新定儀注》四十卷	《新唐書・藝文志》

　　由表格觀之，漢晉北地傅氏之著作情況，呈顯出兩個特點：其一，北地傅氏至漢末之時，始見文章、著作流傳於世，似在傅幹、傅巽之前，北地傅氏

〔註170〕清・丁辰言：「《周官禮異同評》十二卷，司空長史陳邵。謹按見《隋志》《兩唐書》有《周官評論》十二卷，云『陳邵駁，傅玄評』即是書。」此書今已亡佚，然由此別名，其內容大抵對禮之異同加以評述，此與傅玄曾任禮樂之官相符，是其注重禮儀，且善禮學的表現。參見清・丁國鈞撰，清・丁辰注：《補晉書藝文志》（清光緒刻常熟丁氏叢書本），卷1。

〔註171〕《晉書・傅玄傳》附〈傅暢傳〉載《晉諸公贊》22 卷，《隋書・經籍志》載21 卷，此處以《晉書》為准。

〔註172〕另外，傅暢似還有作《百官名》十四卷、《晉曆》二卷，此皆僅見載於《新唐書・藝文志》及《陝西通志》，尚待進一步考察，故暫不列入表內。參見宋・歐陽修、宋祁撰：〈藝文志〉，《新唐書》，卷 58，頁 1464、清・沈清崖：《陝西通志》，收錄於《文淵閣四庫全書》第 556 冊（臺北：臺灣商務印書館，1983 年），卷 74，頁 54b。

〔註173〕清・姚振宗以為此書可能並非單獨成書，而為《晉諸公贊》一節：「傅暢《裴氏家記》載裴潛弟儁、儁子越事。案，裴松之注史引傅暢《裴氏家記》蓋即《晉諸公贊》中之一節，後松之為家傳，至曾子野又從而續之也。」可備一說。參見清・姚振宗：《隋書經籍志考證》（民國《師石山房叢書》本），卷20。

多以政論、事功見長，而少事文學、學術。〔註174〕這種情況與筆者前所推論，北地傅氏在東漢時，完成由尚武向尚文之轉變，是基本吻合的。其二，則是在傅玄之後，北地傅氏顯示出，著作以禮學為主之傾向，而這些禮學著作又偏向禮儀、禮法之制度層面。另外筆者注意到，在此玄學發展繁盛的時期，北地傅氏的著作中，卻完全未見有關易、老、莊三玄的論著，此應也可作為一條線索，納入北地傅氏家學家風的考量中。

在以上著作中，傅玄之《傅子》，具有較高的思想學術價值，且目前有多種輯本，〔註175〕內容較可考，史傳稱其「撰論經國九流及三史故事，評斷得失，各為區例」，分有內、外、中三篇。嚴可均推究三篇之內容曰：「內篇撰經國九流，外篇三史故事，評論得失，中篇《魏書》底本而以〈自敘〉終焉。」〔註176〕即內篇之內容以「經國九流」為主體，大抵兼綜諸子精義，論述治國施政之道；外篇「三史故事」，是為「藉評論舊史來表現經世主張的筆墨」〔註177〕；中篇則以記述當代人歷史為主的《魏書》底稿獨立為篇，筆者以為是。內容大體如此，然關於此書之家數、流派，學界尚有一些爭議。

《傅子》一書，《隋書·經籍志》、《舊唐書·經籍志》、《新唐書·藝文志》、《宋史·藝文志》等，歷來皆將其歸入子部雜家，至清代《四庫全書》，始以《傅子》「關切治道，闡啟儒風，精意名言，往往而在。以視《論衡》、《昌言》，皆當遜之。」〔註178〕歸入子部儒家，張之洞《書目答問》從之。學者多以此不妥，其中最具代表性者，如葉德輝以為：「《傅子》，隋、唐〈志〉及宋《崇文總目》《宋史·藝文志》入雜家，最合流別。今《四庫》入儒家，則以所存二十餘篇，皆關切治道，闡啟儒風，故進而與《中論》《中說》相

〔註174〕 傅燮未有著述，《全後漢文》卷81載其〈上疏請誅中官〉、〈議棄涼州對〉、〈諫耿鄙〉之文，全為政論文章。其子傅幹雖有集部之作，觀《全後漢文》及《藝文類聚》所載其〈肉刑議〉、〈諫曹公南征〉、〈皇后箴〉、〈王命敘〉之作，同樣是以政論文章最為流傳。

〔註175〕 《傅子》之版本與輯佚情況，論者甚多，筆者為避免重複，在此便不多作贅述。詳可參曹東方、陳見微：〈《傅子》輯本考略〉，《古籍整理研究學刊》（1995年第5期），頁14～17、陳見微：〈析清人輯佚《傅子》的成就〉，《文獻季刊》（2000年第3期），頁222～232、趙以武：〈關於《傅子》四種輯本的優劣得失〉，《社會縱橫》（1997年第1期），頁59～60等。

〔註176〕 余嘉錫：〈傅子辯證〉引嚴可均《鐵橋漫稿》，《四庫提要辯證》（長沙：湖南教育出版社，2009年），卷10，頁487。

〔註177〕 張蓓蓓：〈《傅子》探賾〉，《臺大中文學報》第12期（2000年5月），頁93。

〔註178〕 清·永瑢等撰：《四庫全書總目》（北京：中華書局，1965年），頁774。

參乘歟？」〔註179〕認為《四庫》因《傅子》的政論內容將其列為儒家，就內外中三篇內容整體來看則不然。余嘉錫〈傅子辯證〉引文廷式語曰：「《意林》引《傅子》云：『見虎一毛，不知其斑，道家笑儒家之拘，儒家笑道家之放，皆不見本也。』是其學亦兼取諸家，真雜家者流耳。紀文達入之儒家，非是。」〔註180〕則認為傅玄之學既兼通各家，其所作《傅子》亦當入雜家。

　　按雜家之定義，據《漢書・藝文志》言：「雜家者流，蓋出於議官。兼儒、墨，合名、法，知國體之有此，見王治之無不貫，此其所長也。」〔註181〕而《隋書・經籍志》則云：「雜者，兼儒、墨之道，通眾家之意，以見王者之化，無所不冠者也。古者司史歷記前言往行，禍福存亡之道。然則雜者，蓋出史官之職也。」〔註182〕一以為出於議官，一以為出於史官，此差異看似無關緊要，實則已反映出漢代與隋代關於雜家之定義的不同，即相較漢代偏向於僅就學術思想之雜而論，隋代則已將體裁雜亂者亦納入其中，從而擴大了雜家的定義。〔註183〕因此自《隋書》以來，將《傅子》歸在雜家，或有兩方面考量，其一則如余氏所指出，是以此書思想博涉眾家，難以一家統貫，且具有輔翼王治之目的性；其二則如葉氏所反駁，就形式而言，此書內容不僅有內篇之政論思想，亦有評議歷史，敘述當朝得失者，故體裁駁雜。

　　是就體裁來看，則如張蓓蓓所言：「(《傅子》)有敘有議的龐雜體裁，正是所謂『不名一體』的雜家，其隸屬雜家自毫無疑義。這種分法是目錄學上的必然，而未必是思想學術上的必然。」〔註184〕今若拋卻體裁形式之駁雜，單就思想來看，《傅子》是否兼雜眾家，而無主導之思想？筆者以為不然。事實上，與傅玄同朝之王沈評曰：「言富理濟，經綸政體，存重儒教。足以塞楊、墨之流遁，齊孫、孟於往代。」〔註185〕早即指出其中內篇，以儒教為重。又

〔註179〕葉德輝：〈輯錄晉司隸校尉傅玄集敘〉，《晉司隸校尉傅玄集》(長沙葉氏，1902年)，頁5。

〔註180〕余嘉錫：〈傅子辯證〉，《四庫提要辯證》，頁489。

〔註181〕漢・班固撰，唐・顏師古注：〈藝文志〉，《漢書》，卷10，頁445。

〔註182〕唐・魏徵等撰：〈經籍志〉，《隋書》(臺北：鼎文書局，1983年)，卷34，頁1007。

〔註183〕詳可參劉春華：〈由『思想流派』之雜到『龐雜』之雜──論中國古代書目子部雜家著錄情況的演變〉，《淮北師範大學學報(哲學社會科學版)》第32卷第6期(2011年12月)，頁38～42。

〔註184〕張蓓蓓：〈《傅子》探賾〉，《臺大中文學報》第12期(2000年5月)，頁105。

〔註185〕唐・房玄齡撰：〈傅玄傳〉，《晉書》，頁1323。

錢保塘認為就《傅子》現存內容觀之：

> 所論皆通達治體，指陳切至，不為過高無實之言。特其天性峭刻，
> 生當魏政極敝之後，風俗虛蕩，綱紀廢弛，志欲修舉法度，綜核名
> 實，以整齊一切。詞意峻厲，間與名、法家近，故隋唐志入之雜家。
> 然其〈仁論〉、〈義信〉、〈禮樂〉、〈正心〉、〈通志〉、〈安民〉諸篇，
> 語多平實醇正，〈舉賢〉、〈校工〉、〈檢商賈〉、〈重爵祿〉、〈平賦役〉
> 諸篇論為政治要，尤切時用；〈治體〉、〈法刑〉、〈問刑〉篇亦極言專
> 尚刑法之弊，固猶是儒家者言。綜其學識，可與王符、崔實、荀悅、
> 徐幹、仲長統諸人相頡頏，同時諸子，非其匹也。〔註186〕

見傅玄雖廣學博涉，在書中亦有引用《老子》之言，〔註187〕然就整體篇章內
容、思考脈絡來看，仍明顯帶有以儒家為主的特點，並且考諸〈法刑〉、〈問
刑〉諸篇，更是顯示其延續荀子以降，儒法合流之思考理路，具有兼綜儒法
的傾向，此在第四章再作進一步論述。要言之，筆者認為《傅子》一書，就主
導思想而論，應歸入儒家為宜。

小結

　　本章節通過對漢晉北地傅氏之地望、世系、婚宦、重要人物之生平、交
遊、著作的考證與分析，從而較全面地掌握自西漢至魏晉北地傅氏之發展過
程與基本情況。在此考證中，我們發現活躍於漢晉之北地傅氏可分為兩支，
其皆在魏晉之際，達到家門的發展頂峰，於時可稱大族，所交亦多名門，尤
其是兼通經學、法律，體現通儒之特點，又務於事功之禮法世家，其後則勢

〔註186〕 清‧錢保塘編：〈《傅子》序〉，《傅子》，收錄於《清風室叢書》（清風室校刊，
　　　　光緒八年），頁1。
〔註187〕 《傅玄評傳》論及《傅子》兼容各家之長的表現，指出《傅子》引各家言，
　　　　其中卻僅指出一條引《老子》之例，其他則皆為引《周易》、《詩經》、孔孟
　　　　之言等，相比較而言，反而說明《傅子》一書思想更傾向儒家。又其以《傅
　　　　子》在內容上兼涉各家，然觀其所舉之例，則頗有牽強之處，如其認為《傅
　　　　子》中有涉及墨家思想，言：「傅玄關於知人識人方面重實效事功的言論，
　　　　關於對玄學抽象思維中『虛無』不實之論的反感態度，無疑是受到這一學說
　　　　直接或間接影響。」然「重實效事功」非僅墨家特有，儒家如荀子亦重「外
　　　　王」之學，法家則比墨家更以重事功、務實政、反恍惚之言為特點，故筆者
　　　　認為，此不足以論證《傅子》受到墨家思想影響。參見魏明安、趙以武：《傅
　　　　玄評傳》，頁256～258。

力漸趨衰微，至南朝宋方有回升。

　　就族源來看，北地傅氏世居西北秦國故地，地屬太行山以西，與山東地區相比，文化底蘊處於劣勢，且受環境及夷狄文化影響，形成勇敢進取，尚武善戰的民風，軍事色彩濃厚，利於法家思想的發展與興盛。漢初山西人多以從軍獵取功名，時如李廣、蘇建、李息這些以勇武著稱的名將領皆是西北人，筆者推測北地傅氏以軍功起家立足，初或亦受法家思想及民風薰染，而形成尚武、重事功的家族風尚，至東漢通經成為仕進之階，北地傅氏由西北邊境遷至三輔，得以在更好的文化氛圍中成長，則有由尚武向尚文之轉變，然法家思想及尚武務實之風尚，卻始終對其家學家風形成影響，使之沿襲漢代「通儒」、儒法結合的思維理路，向兼綜儒法之方向發展。

　　傅嘏與傅玄作為漢晉之際北地傅氏之代表人物，史臣於《三國志》中，特將傅嘏置於《魏書》二十一卷，與王粲、衛覬、劉廙、劉劭等同傳，此傳以博好文采，多識典故，該覽學籍，又能興一代之制為特色，入此傳中，頗能說明傅嘏為學處事之風尚，傳末僅以「用才達顯」評之，實未得其要，故遭裴松之反駁。而《晉書》則專設傅玄及北地傅氏一傳，其見重如此，而末史臣有客觀之評價，稱其「抗辭正色，補闕弼違，謇謇當朝」的同時，亦點明其不能容人之短，心存褊狹，缺乏弘雅之度的問題。二人性格處事格似各具特色，然由傅玄於《傅子》中屢次讚揚傅嘏，見二人又暗中相合，此頗值得我們注意，並做進一步的考察。

第三章　校練名理，循名責實——
論傅嘏之玄學思想與政治表現

前言

　　袁宏作《名士傳》，將何晏、王弼、夏侯玄列為正始名士，是此三人皆活躍於正始時期，且在政治或玄學上頗有建樹，具有一定代表性。然除此三人之外，正始時期，或言曹魏晚期，傅嘏（209～255）亦是一位不可忽視的人物，其與何晏屬明確的敵對關係，這種對立，無論在政治，還是思想上皆存在。思想上，與玄學相對的，即當時名理、刑法之學也很興盛，傅嘏即可作為此「校練名理」之學的代表人物，其循名責實、辯理析義，故與「浮華」之士對立。〔註1〕而另一方面，其又為「才性四本」論者之一，「才性四本」更成為後世清談之「口實」，傅嘏作為其中持「才性同」之堅持者，其重要性實不可忽視。這些玄學思想，也有影響到其政治思想與政治表現，如其難劉邵之

〔註1〕本文所提及「浮華」者，指漢末以來，士人尚名節，交遊結黨，互相標榜的虛浮之風，其影響之甚者可操控選舉。為加強中央集權，及甄選實幹人才，曹魏自武帝曹操即有排抑浮華朋黨的政策，至魏明帝太和年間更貶黜何晏、諸葛誕、鄧颺等浮華不務道本之徒，然當曹芳即位，曹爽輔政，何晏等曾經被貶抑的浮華之士又再度得到重用，何晏等人皆好《易》《老》、貴虛無、善清談，政治上則試圖改制，此引起一眾老臣反對，並與之形成對立之勢。詳可參王曉毅：〈論曹魏太和「浮華案」〉《史學月刊》，1996年（第2期），頁17～25、王曉毅：〈正始改制與高平陵政變〉《中國史研究》，1990年（第4期），頁74～83。

〈都官考課〉，口誅筆伐何晏等浮華之士，安定河南郡，論攻吳之計，助司馬氏穩定政權，傅嘏在政治上之注重事功，強調務實由此可見一斑。

討論傅嘏之學術論文所見很少，僅有如孔毅〈論正始名士傅嘏〉、安朝輝〈校練名理的傅嘏〉，《漢晉北地傅氏家族與文學》、柳春新〈論漢晉之際的北地傅氏家族〉有「曹魏時期傅嘏的政治和學術活動」一節，這些篇章皆從傅嘏的政治與學術作一討論，然缺乏更細緻的論述，如其交友對政治、學術之影響，以及學術方面，對於名理、才性思想，及其學術思想的具體表現論述亦不夠詳細。〔註2〕因此本文分為三個章節，第一個章節追溯兩漢「霸王道雜之」政治思想的確立，及在此陽儒陰法的統治術下，逐漸產生之儒法結合的思想風尚。第二個章節討論傅嘏的玄學思想，〔註3〕筆者將其分為名理思想與才性思想。首先追索名理思想之淵源，及其意涵在漢與兩晉間發生的變化，指出傅嘏之名理思想意涵所在。接著說明名理思想發展至後來，而有所謂「才性名理」者，即有「才性四本」的討論，傅嘏主張才性同。最後一個章節探究傅嘏「務實黜虛」之政治傾向與表現，首先由傅嘏與浮華之士不協，分析其黨派分際與原因；其次則申論在其政治生涯中，「循名責實」於具體政務之應用，以及這些行為蘊含的思想內容，及其與名法、才性思想之關聯。

第一節　兩漢「霸王道雜之」政治思想的確立與影響

傅嘏之思想與曹魏時代主導之名法思想，有著密不可分的關聯，而曹魏名法之治實與漢末法家思想重新獲得重視有關，因此在正式討論傅嘏之思想

〔註2〕孔毅：〈論正始名士傅嘏〉一文著重論述傅嘏事功，而缺乏對其思想的論述。參見《許昌師專學報（社會科學版）》，第11卷第三期（1992年第3期），頁26～30。安朝輝：〈校練名理的傅嘏〉則在事功、思想都有涉及，但猶不夠詳細深入，且缺乏對其交友的考察。參見《漢晉北地傅氏家族與文學》，頁55～69。柳春新：〈論漢晉之際的北地傅氏家族〉將傅嘏放入家族中作整體考量，頗具啟發性，但論述亦較為簡略。參見《史學集刊》，第2期（2005年4月），頁29～36。雖單篇論文很少，但關於傅嘏的探討，見於討論才性論、名理思想相關之論文很多。涉及傅嘏玄學思想的文章，如朱曉海：〈才性四本論測義〉，《東方文化》第16卷第1期（1978年），頁207～224、羅獨修：〈才性四本論之內容擬測、思想淵源及其影響〉《史學彙刊》，第31期（2013年6月），頁1～14。涉及傅嘏黨派分際、政治從屬的文章，則如趙昆生：〈「四本論」與曹魏政治〉《重慶社會科學》，第135期（2006年第3期），頁86～91。

〔註3〕筆者此處以玄學統概傅嘏思想，實用其廣義，因筆者認為傅嘏所持之名理思想與才性思想，就方法論與對本末問題之探討而言，實可劃入玄學之範疇。

前，需對兩漢「霸王道雜之」政治思想的確立，及其對學術思想產生的影響
稍作了解。所謂「霸王道雜之」作為漢代政治思想之精神，被漢家帝王所親
自肯認，《漢書·元帝紀》載：

> （孝元皇帝）柔仁好儒。見宣帝所用多文法吏，以刑名繩下，大臣
> 楊惲、蓋寬饒等坐刺譏辭語為罪而誅，嘗侍燕從容言：「陛下持刑太
> 深，宜用儒生。」宣帝作色曰：「漢家自有制度，本以霸王道雜之，
> 奈何純住德教，用周政乎！且俗儒不達時宜，好是古非今，使人眩
> 於名實，不知所守，何足委任！」〔註4〕

關於「霸道」、「王道」之含義，孟子「以力假仁者霸」、「以德行仁者王」，〔註
5〕管子以「通德者王，謀得兵勝者霸。」〔註6〕荀子則說的更明確，認為：「人
君者，隆禮尊賢而王，重法愛民而霸。」〔註7〕故大體言之，行霸道者，注重
豐國強兵，憑藉武力獲得政治地位，與法家法治思想接近；行王道者，注重
德政、禮樂教化，居仁行義，為儒家所倡導。故所謂「霸王道雜之」的政治思
想，實以儒法結合為理論基礎，與後世所謂「陽儒陰法」、「儒表法裡」同義。

　　漢代施行儒法結合的政治模式，實有出於對秦政之反思，秦推行商、韓
法治思想，施行霸道，「剛毅戾深，事皆決於法，刻削毋仁恩而義，然後合五
德之教。於是急法，久者不赦。」〔註8〕此雖在短時間內，使秦國達成富國強
兵，統一全國的目標，卻因純以法治思想施政，難以避免在君主專權制度下，
得天下者無有制約，而肆意極欲，進而造成社會對立，喪失民心的結局。徐
復觀言：「法家政治，是以臣民為人君的工具，以富強為人民的唯一目標，而

〔註4〕漢·班固撰，唐·顏師古注：〈元帝紀〉，《漢書》，卷9，頁82。於此後世學
　　　　者亦有論及，如《太平御覽》引《帝王世紀》玄晏先生曰：「《禮》稱至道以
　　　　王，義道以霸。觀漢祖之取天下也，遭秦世暴亂，不偕尺土之資，不權將相
　　　　之柄，發跡泗亭，奮其智謀，羈勒英雄，鞭驅天下，或以威服，或以德致，
　　　　或以義成，或以權斷，逆順不常，霸王之道雜焉。」宋·李昉等撰：〈皇王部
　　　　十二，漢高祖皇帝〉，《太平御覽》，（臺北：臺灣商務印書館，1975年），卷
　　　　87，頁4b。
〔註5〕宋·朱熹：〈公孫丑上〉3，《孟子集注》，《四書章句集注》，頁325。
〔註6〕清·戴望：〈兵法〉，《管子校正》收錄於《諸子集成》第5冊（北京：中華書
　　　　局，1954年），卷6，頁94。
〔註7〕清·王先謙撰：〈彊國〉，《荀子集解》（臺北：世界書局，2000年），卷11，
　　　　頁383。
〔註8〕漢·司馬遷撰，宋·裴駰集解，唐·司馬貞索隱，唐·張守節正義：〈秦始皇
　　　　本紀〉，《史記三家注》，卷6，頁120。

以刑罰為達到上述兩點的唯一手段的政治。這是經過長期精密構造出來的古典的極權政治。任何極權政治的初期，都有很高的行政效率；但違反人道精神，不能作立國的長治久安之計。秦所以能吞併六國，但又二世而亡，皆可於此求得解答。」〔註9〕於此，荀子在戰國時即予以「節威反文」之警示，在認同秦政對保障秩序、發展國力之意義的同時，也認為應維護道義對政治的指導作用，以背棄道義將使統治者失去民心，走向滅亡。

漢代初期，多見循荀子理路，對秦政的「唯刑主義」加以反思、批判，並試圖提出新的治國理論者，如陸賈勸劉邦曰：

> 居馬上得之，寧可以馬上治之乎？且湯武逆取而以順守之，文武並用，長久之術也。昔者吳王夫差、智伯極武而亡；秦任刑法不變，卒滅趙氏。鄉使秦已併天下，行仁義，法先聖，陛下安得而有之？〔註10〕

其後賈誼、韓嬰等皆結合道家或儒家，提出文武並用、恩威並施的觀念，至董仲舒發展荀子之兼綜儒法，以儒法思想為主體，對諸子思想加以整合，最終罷黜百家，獨尊儒術，使孝悌仁義在意識形態上成為正統，令「諸不在六藝之科、孔子之術者，皆絕其道，勿使並進」，〔註11〕並確立一套王霸結合、德刑兼用而德主刑輔的治國思想。

儒生在獨尊儒術後，逐漸在政治舞臺大展身手，然當其政治地位獲得提高的同時，其為政過於理想主義，而缺乏經世務實精神的弊病，亦逐漸顯露出來。是儒家思想強調以禮教化，闡發周禮之精神，其學派的產生與禮樂之官有著密切的關係，《漢書・藝文志》云：「儒家者流，蓋出於司徒之官，助人君順陰陽明教化者也。」〔註12〕而禮樂之官對具體行政事務較少涉及，這一定程度上對儒家的思想取向有所影響。此最明顯即體現在儒家「君子不器」

〔註9〕徐復觀：《兩漢思想史（第二卷）》（北京：九州出版社，2014年），頁43。
〔註10〕漢・司馬遷撰，宋・裴駰集解，唐・司馬貞索隱，唐・張守節正義：〈酈生陸賈列傳〉，《史記三家注》，卷97，頁1098。
〔註11〕漢・班固撰，唐・顏師古注：〈董仲舒傳〉，《漢書》，卷26，頁707。
〔註12〕漢・班固撰，唐・顏師古注：〈藝文志〉，《漢書》，卷30，頁1728。《論語》中言「為君子儒，毋為小人儒」，知「儒」在孔子之前即有，並非孔子所創。在古籍中「儒」亦被釋為「術士之稱」，此「術士」之意，據章太炎闡釋，加上近代陳夢家、裴錫圭等人從古文字角度分析，認為「儒」為「術士」者，應屬樂師、舞師一類從事禮樂祭祀之人。又《論語》中言及禮樂多達97處，孔子教弟子以詩書禮樂。

之主張上，《論語集解》曰：「器者，各適其用而不能相通。成德之士，體無不具，故用無不周，非特為一才一藝而已。」〔註13〕孟子進而有言：「我無官守，我無言責」，〔註14〕章太炎云：「孟子通古今，長於詩書，而於禮甚疏。他講王政，講來講去，只有『五畝之宅，樹之以桑；雞豚狗彘之畜，無失其時；百畝之田，勿奪其時』等話，簡陋不堪。」〔註15〕是見儒生所推崇之君子，實更接近立足於具體政事之外的，政治批評家與自由知識分子，而與法家所推崇之處理兵刑錢穀，奉法行令的能吏判然有別，故韓非子即代表法家對儒者批評道：「今世儒者之說人主，不善今之所以為治，而語已治之功；不審官法之事，不察奸邪之情，而皆道上古之傳譽、先王之成功。儒者飾辭曰：『聽吾言則可以霸王』，此所者之巫祝，有度之主不受也。」〔註16〕謂其言無益於當世之治，實徒勞而無功。此情況延續至漢代，在「霸王道雜之」的背景下，同樣存在儒生與法家文吏的對立，如《鹽鐵論・論誹》言儒家：「禮煩而難行，道迂而難遵。」又傅樂成指出，直到成帝以後，朝廷上仍存在兩個相互衝突的派別，即「儒生派」與「現實派」，而其中屬「現實派」者，即具有「均極能幹，思想屬於法家一類」，「多半是極好的吏才，敢作敢為」之特點。〔註17〕

　　西漢末年隨著王莽「奉天法古」新政的施行，儒生的理想主義達到頂峰，〔註18〕隨即因不切實際而遭破滅。在此之後，一些儒生開始意識到過於理想，往往存在「議高難行」的問題，在處理庶務上有所不足，故再次轉向結合法家之實用主義，如桓譚《新論》言：

　　　　王者純粹，其德如彼；霸道駁雜，其功如此。俱有天下，而君萬民，垂統子孫，其實一也。……唯王霸二盛之美，以定古今之理焉。夫

〔註13〕宋・朱熹：〈為政〉12，《論語集注》，《四書章句集注》，頁74。
〔註14〕宋・朱熹：〈公孫丑下〉5，《孟子集注》，《四書章句集注》，頁340。
〔註15〕民國・章太炎：《章太炎全集》（上海：上海人民出版社，1984年），頁15。
〔註16〕清・王先慎：〈顯學〉，《韓非子集解》（臺北：世界書局，2010年），卷19，頁356。
〔註17〕傅樂成：〈西漢的幾個政治集團〉，《漢唐史論集》（臺北：聯經出版事業公司，1987年），頁31。
〔註18〕陳啟雲言：「在前漢後期的儒學中，理想主義逐漸壓倒了實用主義，這種儒家理想主義的特殊傾向是造成後漢許多思想家不滿、幻滅和迷惑的原因。」、「王莽新朝的建立因而標誌著漢代儒家理想主義的頂峰。」參見陳啟雲著，楊品泉等譯：〈前漢與王莽：傳統〉，《劍橋中國秦漢史》（北京：中國社會科學出版社，1992年），頁742、743。

> 王道之治，先除人害，而足其衣食，然後教以禮義，使知好惡去就，
> 是故大化四湊，天下安樂。此王者之術。霸功之大者，尊君卑臣，
> 權統由一，政不二門，賞罰必信，法令著明，百官修理，咸令必行，
> 此霸者之術。〔註19〕

此重新申論儒法並用、霸王道兼雜之理，在當時頗具代表性，蒙文通故以「東京之學不為放言高論」、「士趨於篤行而減於精思理想」。〔註20〕法家務實的霸道之學於是重新在東漢獲得重視，而當儒生開始強調法家之霸道與法治的意義，儒法合流之傾向也就愈發明顯，一些儒生呈顯出法家化、吏化的傾向，面對漢末亂政，一方面批判社會，一方面亦參與到現實政治之中，提出具體的主張。〔註21〕章太炎曰：「東京之末，刑賞無章也。儒不可任，而發憤者變之以法家。王符之為《潛夫論》也，仲長統之造《昌言》也，崔寔之述《政論》也。」〔註22〕曹操生在漢末，受到這些對漢末社會批判思潮的影響，當其掌權，正處亂世之中，面對選舉不實、朋黨交會、吏治荒廢等問題，故自然選取以事功更顯，效率更高的法家，申名法，該韓白，尚刑名，為平亂之策。另外，還可注意到，傅嘏之名理由對名實之討論而來，此名實問題亦是漢末儒法合流論者間的熱門議題。而傅玄之《傅子》治國思想之理路，即以儒家作為治國思想的主體，輔以法家的具體施政手段，同樣能見到對漢末儒法合流論者思想的繼承。而魏晉儒法結合與儒道結合、禮法之士與玄學名士之對立，亦有如漢代文吏與儒生、現實派與理想派之對立的延續。

第二節　傅嘏之「豫玄」與「先玄學」思想

　　傅嘏，字蘭石（《世說新語》作蘭碩），一字昭先，〔註23〕東漢末年，傅氏已發展為北方大族，其祖父傅睿，官至代郡太守，其父傅允，官至黃門侍郎，事跡皆不詳。其伯父傅巽曾避亂荊州，後在曹操征伐時，因勸降劉琮，於魏有功，賜封關內侯，仕於魏國。至文帝之時，更深得曹丕信任，甚至將

〔註19〕漢・桓譚，吳則虞輯校：〈政制〉，《桓譚《新論》》（北京：社會科學文獻出版社，2014年），頁40～41。

〔註20〕蒙文通：〈論經學三篇〉，《中國文化》（1991年第1期），頁60。

〔註21〕閻步克：〈儒法合流〉，《士大夫政治演生史稿》（北京：北京大學出版社，1996年），頁423～438。

〔註22〕章太炎：《檢論》卷3，「學變」，《章太炎全集（三）》，頁444。

〔註23〕宋・李昉等撰：《太平御覽》冊10引《傅嘏別傳》，卷385，頁4。

其比為腹心，《傅巽別傳》曰：「衛臻領舉傅選（巽）為冀州刺史。文帝曰：『巽，吾腹心臣也，不妨與其籌算帷幄之中，決勝千里之外。不可授以遠任』。」〔註24〕此皆特見其以審時度勢，權宜機變，籌謀計策之能受到禮遇，而非因經明行修。學術上，傅巽所學廣博而擅於知人，嘗目裴潛、諸葛亮、魏諷，後皆如其言，傅玄稱其：「瓌偉博達，有知人鑒」。〔註25〕柳春新云：「在世家大族勢力長足發展的東漢時代，傅氏家族也完成了向儒學大族的轉變。……傅燮以儒學議論而注重事功，傅巽長於人物鑒識，各具風格。」〔註26〕然由傅玄「集古今『七』而論品之」，提及從父侍中傅巽嘗作《七誨》，與其他作品「並陵前而邈後，揚清風於儒林」〔註27〕，可側面見出，傅巽存儒學根底。

　　傅嘏與傅巽屬於同支，更易受其影響，故其與傅巽一樣能「知人」，在政治選擇上也比較靈活。傅嘏自小接受儒學教育，同時又兼綜博覽：「年十四始學，疑不再問，三年中誦五經，皆究其義，群言無不總覽。」〔註28〕裴楷嘗目之，以其若「江廧靡所不有」，〔註29〕是言其學識淵博、修養高深，由此見出，傅家家學應包括以儒家為本，然又非純儒，而強調博學，兼覽眾家。

　　史料記載傅嘏思想，則將其歸於名理，如《文心雕龍・論說》云：

> 魏之初霸，術兼名法。傅嘏、王粲，校練名理。迄至正始，務欲守文；何晏之徒，始盛玄論。於是聃周當路，與尼父爭途矣。詳觀蘭石之《才性》，仲宣之《去伐》，叔夜之《辨聲》，太初之《本無》，輔嗣之《兩例》，平叔之二論，並師心獨見，鋒穎精密，蓋論之英也。〔註30〕

此處言論說之流變，而以「術兼名法」為魏初學術特質，以「校練名理」為這種特質的具體表現，並以傅嘏、王粲並列，指出二人實為魏初具「名理」思想

〔註24〕宋・李昉：《太平御覽》冊9引《傅巽別傳》，卷322，頁4。

〔註25〕晉・陳壽撰，宋・裴松之注：〈魏書・劉表傳〉，《新校三國志注》注引《傅子》，卷6，頁214。

〔註26〕柳春新：〈論漢晉之際的北地傅氏家族〉，頁30。

〔註27〕晉・傅玄：〈七誨序〉，《全晉文》，卷46，頁300。

〔註28〕宋・李昉：《太平御覽》冊10引《傅嘏別傳》，卷385，頁4。

〔註29〕南朝・劉義慶注，南朝・劉孝標注，余嘉錫箋疏：〈賞譽〉8，《世說新語箋疏》，頁422。

〔註30〕梁・劉勰撰，范文瀾注：〈論說篇〉，《文心雕龍注》（臺北：學海出版社，1987年），卷4，頁327。

之代表人物。〔註31〕然觀此對於學術演變之論述,「名法」、「名理」既置於「玄論」之前,是否對其產生一定影響?又名理當與名法相關,那麼究竟何為名理,傅嘏之名理思想表現為何?體現其怎樣的思想傾向?此皆需進一步釐清者。

一、傅嘏之名理思想

名理思想實淵源於漢末對名實問題之討論,蓋桓、靈帝時,實權由宦官外戚掌控,政治極度黑暗,士人故尚名結黨,影響輿論。《後漢書·黨錮列傳》載:「逮桓靈之閒,主荒政繆,國命委於閹寺,士子羞與為伍,故匹夫抗憤,處士橫議,遂乃激揚名聲,互相題拂,品覈公卿,裁量執政,婞直之風,於斯行矣。」〔註32〕當時士大夫知識分子,人人皆以名節相尚,浮華虛偽之風由此衍盛,從而導致選官以名,而名不副實,情偽百出的現象。名不符實問題,對當時政治、社會風氣影響甚大,葛洪《抱朴子·名實篇》云:「漢末之世,靈獻之時,品藻乖濫,英逸窮滯,饕餮得志。名不準實,賈不本物。以其通者為賢,塞者為愚。」〔註33〕針對此一問題,漢末政論家多有批評,如崔寔作《政論》痛斥時世:「賢佞難別,是非倒置」、〔註34〕王符主張「考績」,認為:「有號者必稱典,名理者必效於實,則官無廢職,位無非人」、〔註35〕仲長統

〔註31〕《文心雕龍》言「校練名理」,以王粲和傅嘏為代表,既將二人並列,二人之聯繫可略作一番追索。〈王粲傳〉注引《典略》云:「粲才既高,辯論應機,鍾繇、王朗等雖各為魏卿相,至於朝廷奏議,皆閣筆不能措手。」就當時風氣而言,「朝廷奏議」應屬名理之事,王粲擅長於此可知。又王粲為荊州學派重要成員,且傅嘏伯父傅巽曾與王粲,同時客居荊州,曹操來攻時,傅巽與王粲皆以強弱順逆勸降劉琮,後都歸屬魏國,故二人之「校練名理」或有受到荊州學風的影響。漢末為避戰亂,故當世知名雲集荊州,為學術交流融合、新思想產生提供了良好的環境及人才條件,荊州學風也被認為是魏晉思潮之源頭。荊州學風中,既有黃老思想之復興,也有人物品評之流行,而人物品評即與名理之學、刑名之學相關。傅嘏、鍾會或皆受其影響,故能夠在循名責實、人物品評外,更談才性之「虛勝」。參見王曉毅:〈荊州官學與三國思想文化〉,《中國哲學史》(1994年第5期),頁61~66、晉·陳壽撰,宋·裴松之注:〈魏書·劉表傳〉、〈魏書·王粲傳〉《新校三國志注》,卷6,頁214、599。

〔註32〕宋·范曄撰,唐·李賢等注:〈黨錮列傳序〉,《新校後漢書注》,卷97,頁2下。

〔註33〕晉·葛洪撰,何淑真校注:〈名實第二十〉,《新編抱朴子·外篇》(臺北:鼎文書局,2002年),頁383。

〔註34〕漢·崔寔:《政論》,收錄於嚴可均輯:《全後漢文》,卷46,頁723。

〔註35〕漢·王符撰,清·汪繼培箋:〈考績篇〉,《潛夫論箋》,卷2,頁108。

作〈樂志論〉：「天下之士，有三可賤。慕名而不知實，一可賤」、〔註36〕徐幹亦有《中論‧考偽篇》：「名者所以名實也。實立而名從之。非名立而實從之也。……貴名乃所以貴實也。」〔註37〕由此可見出，「名理」一詞漢代即有，並且已經彰顯出其基本宗旨即「效於實」。

　　而關於「校練」一詞，校，即考核、考察。練，意為選擇、精細核實。「校練」二字連用，始見於《三國志》，言鍾會「以校練為家」，除此處與文中所引《文心雕龍》，尚有《抱朴子‧論仙》曰：「惟有識真者，校練眾方，得其徵驗，審其必有。」、《抱朴子‧勤求》曰：「或有性信而喜信人，其聰明不足以校練真偽，揣測深淺。」〔註38〕《文心雕龍‧事類》曰：「校練務精，捃理須核。」由這些句例觀之，校練一詞應指考核審查，從而挑選辨明，換言之，所謂「校練」者，即與名理之學所講求的循名責實、辯名析義實質類似，將二字置於名理之前，此所以當為名理之學的具體表現，而這一詞彙於《三國志》首見，與名理連用，則可知這種「校練名理」之學，是在漢魏時期興起，而盛於一時。故「校練名理」以「綜核名實」為本，此於人則引發智愚賢佞合同與否之才性的探討，於政治則引發選才任官、考核名實的議論。

　　王符、徐幹皆被《隋書‧經籍志》歸入儒家，仲長統雖被歸入雜家，〔註39〕由本傳觀其思想，實服膺老莊，〔註40〕又其十分推崇崔寔之《政論》，認為「凡為人主，宜寫一通，置之坐側」，崔寔雖被歸入法家，〔註41〕而由本傳觀其思想，實儒法摻雜。〔註42〕可見「漢魏間人物，無論史志列入法家或儒

〔註36〕漢‧仲長統：〈樂志論〉，收錄於嚴可均輯：《全後漢文》，卷89，頁954。

〔註37〕魏‧徐幹撰，孫啟治解詁：〈考偽篇〉，《中論解詁》（北京：中華書局，2014年），頁205。

〔註38〕參見晉‧陳壽撰，宋‧裴松之注：〈魏書‧鍾會傳〉注引何劭〈王弼傳〉，頁795。梁‧劉勰撰，范文瀾注：〈事類〉，《文心雕龍》，卷8，頁616。晉‧葛洪撰，何淑真校注：〈論仙第二〉、〈勤求第十四〉，《新編抱朴子‧內篇》，頁84、455。

〔註39〕唐‧魏徵等撰：〈經籍志〉，《隋書》，卷34，頁998，1006。

〔註40〕《後漢書‧仲長統傳》記其人：「性俶儻，敢直言，不矜小節，默語無常，時人或謂之狂生。」又記其論曰：「消搖一世之上，睥睨天地之閒。不受當時之責，永保性命之期。如是，則可以陵霄漢，出宇宙之外矣。豈羨夫入帝王之門哉！」其與道家思想旨趣相類可知也。參見宋‧范曄撰，唐‧李賢等注：〈仲長統傳〉，《新校後漢書注》，卷79，頁10下、11上。

〔註41〕唐‧魏徵等撰：〈經籍志〉，《隋書》，卷34，頁1004。

〔註42〕其嘗「與諸儒博士共雜定五經」，非完全摒棄儒家思想。參見宋‧范曄撰，唐‧李賢等注：〈崔駰傳〉，《新校後漢書注》，卷82，頁16上。

家，論及政治，皆重名實問題。」〔註43〕何以如此？蓋儒家、法家、名家、道家學說，皆可與名實問題相聯繫，儒家自孔子即主「正名」，法家主張綜核名實以定刑賞，〔註44〕黃老思想講求「刑名」，〔註45〕又講有名、無名之辯，名家則指物辯名，從而別同異、明是非，將此四家思想融合而應用於政治，故漢末即有此種雜糅儒、法、名、道之政治思想，以其主要討論名實，又與政治法度息息相關，故可稱為「名法」或「刑名」。

及曹操主政，則〈求賢令〉出，主張唯才是舉，抑斥浮華，所謂「魏武好法術，而天下貴刑名」。〔註46〕是儒家尚德，主張以德取人，進而尚名節，而法家務法治，主張以能取人，曹操此舉在於抑制以名節相互標榜，浮華交遊，以興論亂政之現象，強調名實關係之討論，並有重實多於重名的傾向。其後明帝亦主張「莫取有名」，認為「名如畫地作餅，不可啖也」，更頒布禁浮華令，同時罷免何晏、夏侯玄、鄧颺等浮華之士，〔註47〕此時刑名、名法思想大行其道，故有與這些浮華之士相對的「名理」之士，如傅嘏、鍾會、盧毓、杜恕等。其中傅嘏、鍾會較為特別，傅嘏善談才性，而鍾會集合才性論之不同觀點，作《才性四本論》，二人使原本服務於政治的名理思想，〔註48〕轉向更為抽象之才性問題的討論，是不僅控名責實建制立法，更辯名目之理，討論鑒識人物之根本道理，玄學興盛實與這些討論密不可分。正始之後，「名理」一詞的意涵也產生了變化，觀史料所載兩晉之間善「名理」者依時代先後，大致排列如下：

〔註43〕牟宗三：《才性與玄理》（臺北：學生書局，2002年），頁235。

〔註44〕《漢書·元帝紀》顏師古注：「以刑名繩下」曰：「劉向《別錄》云：『申子學號刑名。刑名者，以名責實，尊君卑臣，崇上抑下。』」參見漢·班固撰，唐·顏師古注：〈元帝紀〉，《漢書》，卷9，頁82。

〔註45〕此處所謂道家，指西漢所謂黃老之學，「『道』、『法』、『名』等三家學術源流被西漢的學者稱為『黃老』，甚至直接稱呼為『道家』。參見劉榮賢：〈先秦兩漢所謂「黃老」思想的名與實〉，《逢甲人文社會學報》第18期（2009年6月），頁10。

〔註46〕唐·房玄齡撰：〈傅玄傳〉，《晉書》，卷47，頁1317。

〔註47〕涉及浮華案之何晏、夏侯玄與玄學密切相關，王曉毅指出：「這次『浮華交會』風潮的發生並非偶然，它是魏晉玄學思潮即將到來的前兆，正始之音的序曲。」名理思想以抑浮華為務，可知其最初站在玄學之對立面。王曉毅：〈論曹魏太和「浮華案」〉，頁17。

〔註48〕湯用彤即認為：「名理之學，特別是由研究治國平天下之方法產生出來的。分職、取士、考績、刑罰之問題，即名實問題。討論此等問題的原理乃生名學。」湯用彤：《魏晉玄學論稿》（上海：上海人民出版社2015年），頁154。

侃（**阮侃**），字德如，有俊才，而飾以**名理**。（《世說新語‧賢媛》6
注引陳留《志名》，頁 671～672）

衛瓘有名理。（《世說新語‧賞譽》23 注引王隱《晉書》，頁 434）

裴僕射（**裴頠**）善談**名理**，混混有雅致。（《世說新語‧言語》23，
頁 85）

邈（**裴邈**）以辯論為業，善敘**名理**，辭氣清暢，泠然若琴瑟。（《世
說新語‧文學》19 注引《晉紀》，頁 209）

玠（**衛玠**）少有**名理**，善易、老。（《世說新語‧文學》20 注引《玠
別傳》，頁 210）

疇（**劉疇**）善談**名理**。（《世說新語‧賞譽》38 注引曹嘉之《晉紀》，
頁 442）

殷浩能言**名理**。（《世說新語‧文學》43 注引《沙門傳》，頁 229）

敦（**王敦**）字處仲，瑯邪臨沂人。少有**名理**，累遷青州刺史。（《世
說新語‧文學》20 注引《敦別傳》，頁 210）

王長史（**王濛**）宿構精理，並撰其才藻，往與支語，不大當對。王
敘致作數百語，自謂是**名理**奇藻。（《世說新語‧文學》42，頁 228）

范汪……博學多通，善談**名理**。（《晉書‧范汪傳》，頁 1982）

孫盛……及長，博學，善言**名理**。（《晉書‧孫盛傳》，頁 2147）

玄（**謝玄**）能清言，善**名理**。（《世說新語‧文學》41 注引《玄別傳》，
頁 228）

觀其中牽涉到的人物，首先從他們的思想來看，裴頠曾深患當時放蕩之風，
故作〈崇有論〉以釋其弊。范汪主要治儒學，精通禮學，[註49]其子范寧深
惡當時「浮虛相扇」之風，並以為其源始於王弼、何晏，二人之罪深於桀紂。
[註50]孫盛作〈老子疑問反訊〉，認為「老氏之言，皆駁於六經矣」，[註51]
此三人皆崇儒抑玄而有反玄之傾向。而阮侃則與嵇康關係密切，且擅養生；
殷浩則善於清談，而於才性偏精；孫盛則為一代史學家，其博學遍覽，著有

〔註49〕田餘慶曰：「范汪一生行事，全在崇儒。」詳見田餘慶：《東晉門閥政治》，頁
　　　270。田先生似乎將此處的「善談名理」視為善於談玄。
〔註50〕唐‧房玄齡：〈范寧傳〉，《晉書》，卷 75，頁 1984。
〔註51〕晉‧孫盛：〈老子疑問反訊〉，收錄於嚴可均輯：《全晉文》，卷 64，頁 1827。

《魏氏春秋》、《晉陽秋》等。故由此觀之,一般所認為的名理為儒法之士所持論的觀點不攻自破,而認為名理非得與才性品評相關,其中亦只有殷浩有明確談論才性的記載,故亦不甚準確。由上面所引數條名理來看,「名理」一詞至後期已幾乎固定與「言」、「談」、「敘」之字連用,故此種用法中的「名理」或即指當時之名理、名論,即有名之理,所謂善談者,即是能夠精通當時這些名理名論的人。同時這些人又能吸收名理之學溯本追源、辨名析義之方法,而達到暢情通理,故得時人讚歎。總而言之,名理至後期,與漢魏之際所謂名理之學所討論的對象已然不同,是從對政治、官職任用之現實問題,轉變為善談理論,此理論為廣義而非特指有何種傾向,且能很好的應用辯名析理之方法,進行思辨分析與推論之意,故凡能為此者,無論思想中崇儒抑玄,還是崇玄抑儒者皆可被稱為名理。

故名理者,最初並無一個明確的指稱,言之名理、名法、刑名皆可,是應對時代設官分職、重制法度之需要,雜糅儒、道、法、名家思想,以循名核實、推本究源為主,又為分職適當,而引申有人物識鑒理論的政治思想。其最初是與浮華玄遠相對立的,然而至傅嘏、鍾會時,論及才性思想,涉及抽象原理,使二者相通,則「名理」不再與「玄學」對抗,而是與之結合,才性之辯故成為清談重要命題。「名理」一詞意涵後來更逐漸擴大,而為一「概括之通稱」,「才性名理」、「玄學名理」皆為其中殊目,傅嘏在從「才性名理」到「玄學名理」之間的過渡作用,實不可忽視。

二、傅嘏之才性思想

才性之辨在魏晉之際,是名理思想的一個重要課題,才性論從名理思想出,發想於解決現實問題,然所討論之才性者,已經屬於玄學理論範疇。〔註52〕此即如「傅嘏善言名理,荀粲談尚玄遠」,雖不相得意,但宗致相同,可以「騎驛」相通者。〔註53〕鍾會集合才性合同離異四論,著為一書。《世說新語·文學》5 注引《魏志》曰:

〔註52〕唐星:「《四本論》是由漢末以來的才性論發展形成的,但《四本論》應更為抽象,是屬於真正意義上的玄學。」唐星:〈《四本論》形成時間新考〉《北大史學》,第 18 期,頁 31。

〔註53〕晉·陳壽撰,宋·裴松之注:〈魏書·荀彧傳〉,《新校三國志注》注引何劭《荀粲傳》,卷 10,頁 320。於本末之問題,在名學之應用上,儒、法、道家本皆可相通。

會論才性同異，傳於世。四本者：言才性同，才性異，才性合，才
性離也。尚書傅嘏論同，中書令李豐論異，侍郎鍾會論合，屯騎校
尉王廣論離。文多不載。〔註54〕

可見參與討論者皆當朝高官名士，是才性論源自東漢以降的人物品評傳統，
亦即漢末魏初之名理思想，名理思想與政治緊密相連，朝中重臣多為持名理
思想者。時至魏末晉初，四本論出，則取代「循名責實」之政治名理學，其
後更成為玄學清談之重要命題，且直至南北朝仍被廣泛討論，足見其影響深
遠。〔註55〕

關於才性的含義，莫衷一是，但大致可分為兩類：一種以性為德性、操
行，則才為才能。〔註56〕王充即作如是解，其《論衡·命祿》云：「故夫臨事
知愚，操行清濁，性與才也。」〔註57〕是以才、性為才能與道德的區別。魏
初因曹操頒布〈求賢令〉主張有德未必有才，要「唯才是舉」，才、德作為人

〔註54〕南朝·劉義慶注，南朝·劉孝標注，余嘉錫箋疏：〈文學〉5，《世說新語箋疏》
注引《魏志》，頁195。

〔註55〕關於後世談及才性四本者，文獻中多有記載，茲略引幾條以作說明。《世說新
語·文學》34載：「殷中軍雖思慮通長，然於才性偏精。忽言及四本，便苦湯
池鐵城，無可攻之勢。」此言其偏精才性，旁人若與其談才性，則苦無出路，
難以攻破。《世說新語·文學》60云：「殷仲堪精覈玄論，人謂莫不研。殷
乃歎曰：『使我解四本，談不翅爾。』自憾不解四本。」是其雖善於玄談，卻
獨嘆恨不精於四本。又《南齊書·王僧虔傳》載其〈誡子書〉云：「才性四本，
聲無哀樂，皆言家口實。如客至之有設也，汝皆未經拂耳瞥目，豈有庖廚不
脩，而欲延大賓者哉？」可見「才性四本論」在清談中之盛況，甚至可以說，
不精熟「四本」，即無談辯資格，且這種情況，直至南朝，亦未改易。又《南
史·顧歡傳》載：「會稽孔珪嘗登嶺尋歡共談四本，歡曰：『蘭石危而密，宣
國安而疏，士季似而非，公深謬而是。』」顧歡為南朝齊人，此番討論，同樣
見出四本論在南朝仍熱度不減。參見南朝·劉義慶注，南朝·劉孝標注，余
嘉錫箋疏：〈文學〉34、60，《世說新語箋疏》，頁222、240。梁·蕭子顯撰：
〈王僧虔傳〉，《新校本南齊書》（臺北：鼎文書局，1975年），頁598、唐·
李延壽撰：〈隱逸傳〉，《南史》，卷75，頁1875。

〔註56〕陳寅恪即為此一派代表，認為：「夫仁孝道德所謂性也，治國用兵之術所謂才
也。」陳寅恪：〈書世說新語文學類鍾會撰四本論始畢條後〉，《陳寅恪先生論
文集（下）》（臺北：九思出版社，1977年），頁1305。持類似觀點者，還有
如唐長孺：「才性論所研究的問題為才與性的涵義及操行與才能的關係。……
所以魏晉間的才性論不是空談而是從實際政治出發又歸宿於實際政治的命
題。其目的是為了鞏固新興的政策。」唐長孺：《魏晉南北朝史論叢》（北京：
三聯書店，1955年），頁310。

〔註57〕漢·王充撰，黃暉校釋：〈命祿篇〉，《論衡校釋》，卷1，頁5。

才選拔標準,在當時常被討論。如明帝問何禎:「康(胡康)才何如?」禎答曰:「康雖有才,性質不端,必有負敗。」〔註58〕此認為才德不協,不可任用。又如盧毓「於人及選舉,先舉性行,而後言才。」其言:「才所以為善也,故大才成大善,小才成小善。今稱之有才而不能為善,是才不中器也。」〔註59〕當屬於才性合同一派的思想。依這種釋義推論,則才性所論當為任用人才之標準,此故與政治實踐息息相關。又才性四本雖分為合同離異四種,但史書往往只以「才性同異」表示。〔註60〕結合史實,故有合同歸屬司馬黨,離異為歸屬曹黨之說,此說實由陳寅恪肇始,後人亦皆以此發揮。〔註61〕傅嘏、鍾會論才性合同,即是認為選官用人當以才能、德性合同為標準,而主才性離異派,既屬曹黨,故承繼曹操之求才三令,認為任人以才不以德,不必才性相合。由此傅嘏極力批評何晏、夏侯玄、鄧颺等浮華不實之士,《世說新語‧識鑑》3載:

> 何晏、鄧颺、夏侯玄並求傅嘏交,而嘏終不許。諸人乃因荀粲說合之,謂嘏曰:「夏侯太初一時之傑士,虛心於子,而卿意懷不可,交合則好成,不合則致隙。二賢若穆,則國之休,此藺相如所以下廉頗也。」傅曰:「夏侯太初,志大心勞,能合虛譽,誠所謂利口覆國之人。何晏、鄧颺有為而躁,博而寡要,外好利而內無關籥,貴同惡異,多言而妒前。多言多釁,妒前無親。以吾觀之:此三賢者,

---

〔註58〕晉‧陳壽撰,宋‧裴松之注:〈魏書‧劉邵傳〉,《新校三國志注》注引盧江《何氏家傳》,卷21,頁622。

〔註59〕晉‧陳壽撰,宋‧裴松之注:〈魏書‧盧毓傳〉,《新校三國志注》,卷22,頁652。

〔註60〕如「嘏常論才性同異」、「會常論易無互體、才性同異」、「(王廣)與傅嘏等論才性同異行於世」參見晉‧陳壽撰,宋‧裴松之注:〈魏書‧傅嘏傳〉、〈魏書‧鍾會傳〉,《新校三國志注》,卷21、28,頁627、795。南朝‧劉義慶注,南朝‧劉孝標注,余嘉錫箋疏:〈賢媛〉9,《世說新語箋疏》,頁678。

〔註61〕陳寅恪認為,四本論涉及的四人中,李豐、王廣論異與離,在現實政治中為曹黨;傅嘏、鍾會論同與合,則屬於與曹氏為敵的黨派。事實上,陳寅恪提出此見解後,凡持才性為才能與德行者,多認為才性四本論淵源於當時複雜的實際政治,四人所持論斷,與他們的政治態度、黨派歸屬、才性優劣皆緊密相關。陳寅恪:〈書世說新語文學類鍾會撰四本論始畢條後〉,頁1299～1307、許抗生、那薇等:《魏晉玄學史》(西安:陝西師範大學出版社,1989年),頁55、侯外盧:〈魏晉思想之歷史背景與階級根源〉,《侯外盧史學論文選集(上)》(北京:人民出版社,1987年),頁443。

皆敗德之人耳！遠之猶恐罹禍，況可親之邪？」後皆如其言。〔註62〕觀傅嘏評語，其主旨即在說明夏侯玄、何晏、鄧颺名不副實，雖有為有志，然德性不足，是才、性全然不相匹配，故將為害於國，不可相交。但若才性僅指才能與德性，則過於集中在對形而下之政治實踐層次的討論，此可解釋「才性四本」論題之產生，然其既為清談口實，又引一眾玄學家為之騁辭論辯，則在實際政治層次上之理解，應當並非才性之辨的全部。〔註63〕

另一種以性為先天稟賦（或有性情之意），則才為後天表現。〔註64〕以本質釋性，以本質之表現發用釋才，這種說法比較傳統。如仲長統〈人之性〉論即有：「人之性，有山峙淵停者，患在不通……好古守經者，患在不變。」〔註65〕劉劭《人物志·九徵》也有類似的觀點：「人物之本，出乎性情」、「性之所盡，九質之徵也」、「性有寬急，故宜有大有小。寬宏之人，宜為郡國，使下得施其功，而總成其事；急小之人，宜理百里，使事辦於己。」〔註66〕性即人所稟受之質性，此性情造成才能大小不同，然各有所宜。尤其值得注意的是，與傅嘏、鍾會屬同時代，且與阮籍、嵇康皆有交往的袁準，著有〈才性論〉一文，其中：

得曲直者木之性也。曲者中鉤，直者中繩，輪桷之材也。賢不肖者

〔註62〕南朝·劉義慶注，南朝·劉孝標注，余嘉錫箋疏：〈識鑑〉3，《世說新語箋疏》，頁384～385。

〔註63〕傅玄言：「（傅嘏）好論才性，原本精微，勘能及之者。」觀「原本精微」一語，似已點明才性之論具有窮究根本，闡幽探賾之意，岡村繁由此推斷：「（才性四本）論者們的研討態度以及所討論的內容，其時已經朝著逸出實際政治的純粹哲學論（玄學）方向進行。」這與我們前面論及名理向玄學名理轉向的發展脈絡是一致的。參見晉·陳壽撰，宋·裴松之注：〈魏書·傅嘏傳〉注引《傅子》，頁628、岡村繁：〈「才行四本論」之性格及其形成〉，《漢魏六朝的思想和文學》（上海：上海古籍出版社，2002年），頁232。

〔註64〕也有學者綜合兩種說法，認為論同異與論合離之概念不同，如馮友蘭《中國哲學史新編》：「所謂才、性問題就是一個認識論的問題。」、「『才性同』、『才性異』，是就才、德的關係這個問題說的；『才性合』、『才性離』是就人的才能是天賦還是後得這個問題說的。」劉大杰以才幹、性情釋才性。三國確實有這種用法，言某人有儁才，性如何。參見馮友蘭：《中國哲學史新編》冊4（北京：人民出版社，1980年），頁22～23。劉大杰：《魏晉思想輪（甲編三種）》（臺北：里仁書局，1995年），頁192。本文重點不在四本論，故僅以較多人認同之觀點為主要討論依據。

〔註65〕漢·仲長統：〈仲長統三·昌言下〉，《全後漢文》，卷89，頁954。

〔註66〕魏·劉劭撰，陳喬楚注譯：〈九徵〉，《人物志今注今譯》（臺北：臺灣商務印書館，1996年），卷上，頁11、32。

> 人之性也。賢者為師，不肖者為資，師資之材也。然則性言其質，
> 才名其用，明矣。〔註67〕

此言人之性與木之性雖天然有別，然人的本性有賢不肖之分，人的材質可發用賢愚善惡，而木的本性有曲直之分，其發用則表現為中鈎或中繩之別，故論才性，僅在於一個言其質，一個言其用，此處「性」似未涉及道德義，而停留在因生言性的層面。有怎樣的材質，即有相應的發用，發用要本於材質，故二者也有本末、體用的關係。就目前所見可能與傅嘏論才性同有關的材料來看，筆者認為，袁準所論即屬於傅嘏之才性同派，茲一一舉例申論之：

1. 歐陽建〈言盡意論〉曰：

> 世之論者，以為言不盡意，由來尚矣。至乎通才達識，咸以為然。
> 若夫蔣公之論眸子，鍾傅之言才性，莫不引此為談證。〔註68〕

荀粲、王弼皆與傅嘏有交往，且皆有所謂「言不盡意」論，其意涵大致是認為，意之微言，是言、象作為手段，所不能表達的，故言意有本末、體用關係。雖不知道傅嘏、鍾會具體如何使用「言不盡意」論，但由此應當可以證明，才性合同一派，應當確實將才與性的關係，看作類似言與意的關係，而傅嘏、鍾會皆屬名法家，皆「校練名理」，名理之學的基本方法就是循名責實，所謂名者亦可視為末，而所謂實者，則可類於本，故「言盡意」、「言不盡意」之議題，雖被後世看作玄學重要的方法論，然究其根本，實與名理之學脫不開關係，是「循名責實」本就與「言意之辨」殊途而同歸。傅嘏、鍾會之才性合同，在此脈絡下故應與袁準類似，是認為人先天之稟賦、本質、本性，與後天之能力、功用相合相同，才與性之間故有本末、體用之關係。至於持才性離、異之觀點者，則未必不認同「言不盡意」，但應當認為才與性，並非具有類似言與意的本末關係。

2. 《三國志·荀彧傳》載：

> （荀粲）常謂嘏、玄曰：「子等在世塗間，功名必勝我，但識劣我耳！」嘏難曰：「能盛功名者，識也。天下孰有本不足而末有餘者邪？」粲曰：「功名者，志局之所獎也。然則志局自一物耳，固非識之所獨濟也。我以能使子等為貴，然未必齊子等所為也。」〔註69〕

〔註67〕晉·袁準：〈才性論〉，《全晉文》，卷54，頁1769。
〔註68〕晉·歐陽建：〈言盡意論〉，《全晉文》，卷109，頁2084。
〔註69〕晉·陳壽撰，宋·裴松之注：《魏書·荀彧傳》注引何劭〈荀粲傳〉，頁320。

是荀粲認為傅嘏功名可勝於自己，但才識則未必可勝。傅嘏以為不然，才識與功名為本末的關係，有多少才識即有多大的功名，二者名稱有異，然其間的關係乃密不可分，既言功名勝於粲，則才識自也當勝於粲。才識者即指天生之稟賦資質，功名者即指資質之發用表現，故傅嘏此言，實即其才性同論之翻版，此明顯與袁準相合。而荀粲認為，光有資質尚不能保證獲得相同的功名，其中尚有不能濟者，筆者認為此實近於才性合之理論，由此可略窺二者之異。才性離異一派，則認為才與性沒有必然聯繫，或有完全不同甚至相反即是才性異派，以為完全無關即是才性離派。〔註70〕

3. 《晉書‧阮裕傳》載：

> 裕雖不博學，論難甚精。嘗問謝萬云：「未見《四本論》，君試為言之。」萬敘說既畢，裕以傅嘏為長，於是構辭數百言，精義入微，聞者皆嗟味之。〔註71〕

阮裕論難甚精，卻不了四本，聽罷則認為傅嘏之說最為精善。是必當彼此思想高度契合，方能如此認同，並特地為其「構辭數百言」。《晉書‧阮裕傳》緊接著這段文字後曰：「裕嘗以人不須廣學，正應以禮讓為先。故終日靜默，無所修綜，而物自綜焉。」此即否定後天「廣學」這一成才路徑，認為人各有其資質，應當以此先天資質為本，故平時「無所修綜」，而「禮讓為先」、「終日靜默」，但總有一日將「物自綜」，即自身資質之功用將自然而然地開展出來。主張先天資質的自我展現，不必廣學獲才，此故與前述傅嘏主張相合，且亦不違於袁準之論。

　　若依前一種才、性問題的討論，最初以政治實踐為考量標準，故可以才能、德性解，才性合同派以德為本，以才為德之顯，故才德相符，而更重德。依史料記載，如此可將才性合同、離異與尚賢還是尚能，及黨派分際相互關聯。若依後一種解釋，則性與才應當作秉性、資質與功用、發用解，且二者存

〔註70〕岡村繁認為：「主『同』論者的觀點當是，『性』與『才』皆不過是同一概念的異稱而已，性的外現即是才，……主『異』論者的觀點當是，性與才本來異質，因而兩者並無關聯；又『合』論者可能是介於上兩論之間而力求調和之，認為性與才雖然性質不同，卻必然相佐合致；與之相對的主『離』論者則又反駁強調兩者有著乖離的發展方向。」筆者之才性「合」、「同」論觀點實與之類近，而筆者之論「離」則類近岡村繁論「異」，反之亦是，此因文獻之缺乏，尚無從定論，但可備一說。參見岡村繁：〈「才行四本論」之性格及其形成〉，《漢魏六朝的思想和文學》，頁226～227。

〔註71〕唐‧房玄齡撰：〈阮裕傳〉，《晉書》，頁1368。

在本末、體用的關係。有學者因此將四本論分為「同」、「異」與「合」、「離」兩組對立,並以前者主要針對「才」、「性」之概念,而後者則是在概念問題上達成一致後,對二者之關係的探討,〔註72〕但若依這種分法,則僅題義就已無法統一,又如何引發經久不衰的討論?筆者認為兩種解釋並不矛盾,無論前者還是後者,依袁準〈才性論〉所揭示,皆有本末討論貫穿其中,只是第二種解釋更上升至人才本質,抽象原理之討論,而從僅面對現實問題之立場抽離出來,進入玄學的範疇。

此正如王葆玹《玄學通論》所言:「正始時談論『才性』,本義是指材料和性質,引申為才能與操行。而性質與材料的關係即是形上、形下的關係或本體與末用的關係,⋯⋯在正始玄學乃至整個魏晉玄學中,本末體用就自然而言是指道與物,就認識論而言是指意與象,就政治而言是指理與事,就人性論而言是性情,就人才論而言是才性。」〔註73〕可見才性論與現實政治及玄學皆有所關聯,其本源於針對選舉標準問題的理論性探討,然其思辨方法與玄學家在辨析本末、有無、自然人性等問題時所用方式無甚差異,故由此才性四本的論辯中,可看到名理在與玄學看似對立的同時,又為玄學的發展提供了路徑,故筆者認為名理之學、才性論皆可謂為先玄學,才性論更為玄學議題之一,而傅嘏在此意義上,是為玄學的參與者。

但筆者此處所言玄學,是為玄學興盛之初期,蓋最初玄學家或舉止類近玄學之士者,如荀粲、王弼強調「所以跡」之理,自然之性,實出於對漢代儒學重禮節儀文,而漸趨教條化所生弊病之反思,故雖論《易》《老》,卻並非全然摒棄道德禮教,其本義反而有凸顯孔孟「仁義內在」,「由仁義行,非行仁義」之道德自覺義,以成德盡性不必過多外鑠,故應去除過多的外在束縛,學界是以多將王弼視為儒道結合論者,傅嘏亦與荀粲、王弼關係較好。至後期士人濫用老莊思想,假自然以肆慾,致使名教蕩然無存,則為傅氏家族如傅玄、傅咸所主要抨擊之對象。才性論發展至後面,則如朱曉海所揭示,因

〔註72〕如唐長孺曰:「大概論同異者在於『才』、『性』二名辭的解釋。主同者以本質釋性,以本質之表現在外者為才,這也就是較傳統的說法;主異者以操行釋性,以才能釋才,也就是王充的說法,其論『合』與『離』者首先承認性指操行,才指才能,然後討論二有的關係。」參見唐長孺:〈魏晉才性論的政治意義〉,《魏晉南北朝論叢》,頁295。

〔註73〕王葆玹:《玄學通論》(臺北:五南圖書出版公司,1997年),頁596。王氏言「才性」本義為材料與性質,而後引申為才能與德性,因前者更具有形而上的意涵,應由後者引申至此高度更為合理,故此條推論尚待商榷。

應老莊學說之興盛，漸趨向以否定問題作為解答，如向郭莊子注即以無論尚才或尚性，皆捨本逐末之舉，是以無答案為答案。至此才性論已全然失去其最初的現實價值，而與清談一樣淪為名士裝點門面的概念遊戲。〔註74〕西晉太康以降，才、德在漸以閥閱、風神作為人才評判標準的環境下，更遭到忽視，在這種情形中，傅玄、傅咸則皆有上疏議選舉，申選任才德並重之理，以反制浮偽風氣，可視為對傅嘏才性論之延續。

第三節　傅嘏「務實黜虛」之政治傾向與表現

思想取向與政治取向實為相互影響的兩個事物，傅嘏既為玄學思想的參與者，在具體表現上，又與玄學名士不同。我們在文獻中，再未見其對形而上之玄學問題闡發議論，或參與玄辯清談，反而可以看到傅嘏更多地將名理思想，應用於解決實際的政治問題上，並且與浮華派何晏、夏侯玄等人敵對，為玄學之士的反對派，是皆體現出傅嘏之「務實黜虛」的傾向。此一章節即從傅嘏之與浮華之士不協，與傅嘏在具體政務中對「循名責實」之應用兩方面申論之。

一、與浮華之士不協

傅嘏之前的傅巽、傅允皆仕於魏，受父輩影響，傅嘏少時即表現出對魏國的擁戴之心，他年輕時作〈皇初頌〉曰：「懿大魏之聖後，固上天之所興。應靈運以承統，排閶闔以龍升。」、「鴻澤普，皇恩洽。民欲得，神望塞。」〔註75〕全篇皆極力稱頌魏德。至弱冠知名，即被魏司空陳群辟為掾，故知傅嘏此時當忠於曹魏，但後來傅嘏卻投身司馬氏集團，這一黨派歸屬之轉向，實與其思想傾向名理、名法密不可分，此由傅嘏當時交友關係觀之，最為明晰。第二章既已對與傅嘏友好者做了分析，本小節則主要以傅嘏時與夏侯玄、何晏、鄧颺、李豐等浮華之士，關係不協的層面入手，並通過將兩者進行對比，見出傅嘏在具體政事中的思想傾向。

正始時期，曹爽專權，架空司馬懿，任用何晏、鄧颺、丁謐等人，傅嘏素與何晏、鄧颺、夏侯玄不合，《傅子》云：「是時何晏以材辯顯於貴戚之間，鄧

〔註74〕朱曉海：〈才性四本論測義〉，頁219～221。
〔註75〕魏・傅嘏：〈皇初頌〉，《全三國文》，卷35，頁1248～1249。

颺好變通，合徒黨，鬻聲名於閭閻，而夏侯玄以貴臣子少有重名，為之宗主，求交於嘏而不納也。」〔註76〕傅嘏認為此三人名不副實，徒有才華而無性行，是「皆敗德也，遠之猶恐禍及」。〔註77〕至同朝為官，則矛盾加劇，《三國志・魏書・傅嘏傳》載：

> 時曹爽秉政，何晏為吏部尚書，嘏謂爽弟羲曰：「何平叔外靜而內銛
> 巧，好利，不念務本。吾恐必先惑子兄弟，仁人將遠，而朝政廢矣。」
> 晏等遂與嘏不平，因微事以免嘏官。起家拜滎陽太守，不行。太傅
> 司馬宣王請為從事中郎。〔註78〕

傅嘏不滿何晏掌權，竟對曹羲批評何晏，言其表裡不一，忘本逐末，必使朝政荒廢。何晏既為曹爽親信，而曹羲又為曹爽之弟，話語終傳至何晏耳中無疑，傅嘏明知如此猶作此言，可知其性剛直。此事可謂傅嘏政治生涯之轉折點，何晏因此事將其免官，司馬懿則趁機拉攏之，使傅嘏任其從事中郎，傅嘏從而逐漸向司馬氏集團靠攏。

傅嘏除與浮華之士不和，也與李豐不甚友好。《傅子》曰：

> 初，李豐與嘏同州，少有顯名，早歷大官，內外稱之，嘏又不善也。
> 謂同志曰：「豐飾偽而多疑，矜小失而昧於權利，若處庸庸者可也，
> 自任機事，遭明者必死。」豐後為中書令，與夏侯玄俱禍，卒如嘏
> 言。〔註79〕

可知李豐雖未列入浮華之士，亦未在高平陵事變後被誅，但卻並不屬於司馬黨，而是「依違二公間，無有適莫」。然觀其最終選擇與夏侯玄一同違命抗爭，可知他當被列為司馬氏之政敵，從政治上說，此故與傅嘏屬於不同黨派。從思想來看，李豐在才性四本論中所持為「才性異」，是傅嘏與李豐，一個論同，一個論異，意見截然相反。傅嘏在品評中很注重德性的考量，才能則在其次，李豐承續曹操之〈求才三令〉的觀點，故正與之相反。觀傅嘏

〔註76〕晉・陳壽撰，宋・裴松之注：〈魏書・傅嘏傳〉注引《傅子》，頁623。然傅嘏
　　　　對何晏、鄧颺、夏侯玄的評價，及《傅子》記載之公正性，尚有一些爭議，
　　　　其中以余嘉錫為代表者，他指出《傅子》之作者傅子，既與傅嘏為從兄弟，
　　　　又與鄧颺、何晏為雠敵，故其所載傅嘏之言，力詆何晏等人，以快其宿憤。
　　　　參見南朝・劉義慶注，南朝・劉孝標注，余嘉錫箋疏：〈識鑑〉3，《世說新語
　　　　箋疏》，頁385～388。
〔註77〕晉・陳壽撰，宋・裴松之注：〈魏書・傅嘏傳〉注引《傅子》，頁624。
〔註78〕晉・陳壽撰，宋・裴松之注：〈魏書・傅嘏傳〉注引《傅子》，頁624。
〔註79〕晉・陳壽撰，宋・裴松之注：〈魏書・傅嘏傳〉注引《傅子》，頁628。

此處評語，是認為李豐既沒有德性，才智亦不甚高明。又史書載其被認為「名過其實，能用少也」，〔註80〕故就重循名責實之名理學者，不願與其交往宜也。且當時有謗書直說「李豐兄弟如游光」，游光即傳說中為害人間的惡鬼，〔註81〕蓋時人認為李豐「雖外示清淨，而內圖事，有似於游光也」，〔註82〕這也是言其表裡不一，德性低劣，凡此種種皆見出，其與傅嘏思想相背甚矣。〔註83〕

究傅嘏與何晏等人不合，而與鍾會等人相合，並成對立兩黨之原因，約有兩點：其一，為政治上，何晏一派之變法維新，影響了世家大族的既得利益。《魏書・蔣濟傳》云：「曹爽專政，丁謐、鄧颺等輕改制度」〔註84〕又《魏書・王淩傳》注引《漢晉春秋》云：「（曹爽執政）變易朝典，政令數改，所存雖高而事不下接，民習於舊，眾莫之從。」〔註85〕其中所謂「民」、「眾」當指世家大族，所謂「事不下接」，即表明世家大族成員對改制之事的抵觸。江建俊《魏晉學術思想研索》云：「夫變法維新，本是曹氏『起死回生』之關鍵，然對豪族既得利益者是不利的，因為舊制度與豪族大姓之利益已結合為一，故傾向保守，而致力維護現狀，自然不願輕改法度，以是變法不但未能成功，反招來『敗國亂典』之罪名，及『生事擾民』之詬罵。」〔註86〕是故曹爽、何晏當政，則世家豪族，如司馬家、鍾家、荀家、裴家、傅家等利益皆將受到

〔註80〕晉・陳壽撰，宋・裴松之注：〈魏書・夏侯玄傳〉，《新校三國志注》注引《魏略》，卷9，頁301。

〔註81〕張衡〈東京賦〉：「殪野仲而殲游光。」薛綜注〈東京賦〉云：「野仲、游光、惡鬼也，兄弟八人，常在人間作怪害。」參見張衡：〈東京賦〉，收錄於梁・蕭統編，唐・李善等注：《六臣注文選》，卷3，頁124。

〔註82〕晉・陳壽撰，宋・裴松之注：〈魏書・夏侯玄傳〉，《新校三國志注》注引《魏略》，卷9，頁301。

〔註83〕李豐的形象是否如陳壽及傅玄所記，於此一些學者表示懷疑，王懋竑云：「陳壽不為豐立傳，僅附於夏侯玄傳中，其敘事率據獄辭，未必皆實，而大指尚略可見《魏氏春秋》云：『大將軍責豐，豐知禍及，遂正色曰：『卿父子懷姦將傾社稷，惜吾力劣，不能相禽滅耳！』大將軍怒使勇士以刀鐶築腰斬之。』壽為晉諱，故削此語不載《晉書》。」參見清・王懋竑：《白田雜著》冊2，卷4，頁16上。

〔註84〕晉・陳壽撰，宋・裴松之注：〈魏書・蔣濟傳〉，《新校三國志注》，卷14，頁454。

〔註85〕晉・陳壽撰，宋・裴松之注：〈魏書・王淩傳〉，《新校三國志注》注引《漢陽春秋》，卷8，頁759。

〔註86〕江建俊：〈何晏之政治生涯及其貴無思想〉，《魏晉學術思想研索》（臺北：文史哲出版社，1990年），頁123。

折損,故後者這些氏族後期皆歸於司馬黨,而與何晏、鄧颺等人對立。[註87]

其二,為思想上之對立。與傅嘏關係不協者,如何晏、夏侯玄皆玄學興盛之重要人物,何晏喜結交名士,競騁名譽,曾被斥為浮華之士,且善說《老》、《莊》、《易》,主張貴無,首開正始玄風,而夏侯玄亦主老莊思想,且作有〈本玄〉。傅嘏本身家學與儒學為主,而觀與傅嘏相友者,皆儒家大族出身,如荀家、司馬家、鍾家則「世善刑律」,漢末魏初,所謂「術兼名法」,而傅嘏又為此代表者,因此他們都是所謂名理務實之士,思想形態相近,才能彼此甚為投契。傅嘏雖也談「虛勝」、也有「才性同」理論、也與荀粲、裴徽等持善玄言之人相交,然觀其人生活、政治作為,與何晏、夏侯玄所本相反者明也。

二、「循名責實」於具體政務之應用

傅嘏之政治思想主要表現在,責難〈都官考課法〉與治理河南郡兩事上,從此兩件事也可見出,其對曹魏體制中過於注重刑名、法術的疑慮,有以儒家思想加以調和之傾向,就此點而言,他與一些儒學大臣觀點更為接近,而與當時曹魏政權的統治者有所隔閡。此外,傅嘏不僅只一介文士,且更擅長軍事、權謀,注重事功,並將「循名責實」應用於具體論兵謀劃之中,此可從其論攻吳之計、平毌丘儉叛亂兩事見出。

1. 難〈都官考課法〉

〈都官考課法〉起草於景初元年(237),究其原由,可追溯至太和六年(232)之「浮華案」,當時以何晏、夏侯玄、諸葛誕為首之人,交遊品評,左右輿論,致使天下尚名,而考績之法廢。《三國志·盧毓傳》載:

> 前此諸葛誕、鄧颺等馳名譽,有四窗八達之誚,帝疾之。時舉中書郎,詔曰:「得其人與否,在盧生耳。選舉莫取有名,名如畫地作餅,不可啖也。」毓對曰:「名不足以致異人,而可以得常士。常士畏教

[註87] 本文以身處魏末曹魏、司馬黨爭之不同陣營,來解釋傅嘏與何晏等浮華士交惡、與鍾會等人交好的原因,此實延襲自由陳寅恪肇始,後萬繩楠、田餘慶等學者加以不斷補充發展之「政治集團說」的思考脈絡。雖然順此脈絡研究者甚多,然其確有一定缺陷,如仇鹿鳴即指出:「討論魏晉之際這一複雜的變革時代,僅僅使用政治集團這一分析概念,並不足以說明所有問題,必須從歷史變化本身的脈絡出發,注重分析多種政治、社會因素的共同作用。」言甚有理,然就傅嘏而言,黨爭之說雖粗糙,尚於理能通,故在未找到更好的解釋之前,姑且用此。參見仇鹿鳴:《魏晉之際的政治權力與家族網絡》,頁9。

慕善，然後有名，非所當疾也。愚臣既不足以識異人，又主者正以循名案常為職，但當有以驗其後。故古者敷奏以言，明試以功。今考績之法廢，而以毀譽相進退，故真偽渾雜，虛實相蒙。」帝納其言，即詔作考課法。〔註88〕

盧毓認為，有名之士並非不可取，相反因「畏教慕善」有名者，不應當被攻伐，形成當今亂象的原因，實出於考績之法的荒廢，明帝納其言，於是有劉邵之作〈都官考課法〉，其主要內容，大致是試圖對在職官員進行全面的考核，此一點尤受到在朝官員激烈反對，傅嘏即其中極具代表者。然而傅嘏以「校練名理、循名責實」，思想近於名法家著稱，又與浮華交會者不協，由二者觀之，則「都官考課法」與傅嘏觀點甚契合，照理應受到其推崇，傅嘏於此卻不僅極力反對，並謂：「循名考實，糾勵成規，所以治末也」，豈不矛盾？以下即通過對傅嘏難劉邵考課法之具體內容的分析，並結合當時其他反考課法之人的觀點，針對這一問題，給出合理解釋。

針對劉邵〈考課法〉中的意見，傅嘏一一給予反駁：〔註89〕

（1）劉邵主張「欲尋前代黜陟之文」，即要仿效漢代京房之考課制度，對官員加以考核，評定進退升降，從而肅清吏治。傅嘏以為不妥，原因在於：其一，「制度略以闕亡」，即制度大多散失不可考；其二，「道弘致遠而眾才莫晞」，一般任職的人不能明白制度道理，因此才會記載稀缺。針對法制所具有的缺陷，傅嘏明確指出「禮之存者，惟有周典」，是相對劉邵之以考課法肅清政治，傅嘏則以不需特立新法，依循古禮，就能達到「考績可理而黜陟易通」的效果。

（2）劉邵主張考課為當務之急，傅嘏則認為「夫建官均職，清理民物，所以務本也；循名考實，糾勵成規，所以治末也。」設官分職，管理民眾，此為國家之根本，而因循名目考察百官是否名副其實，依古制修改現在的制度，這些都是細微末節的事情，沒有把握根本，反而急切地去落實末節，因此是不宜施行的。此本末、名實之論述理路，即其校練名理、辯名析義之體現。〔註90〕同時，「建官均職，清理民物」，屬禮之範疇，而「循名考實，糾

〔註88〕晉・陳壽撰，宋・裴松之注：〈魏書・盧毓傳〉，《新校三國志注》，卷22，頁651～652。

〔註89〕晉・傅嘏：〈難劉劭考課法論〉，《全三國文》，卷35，頁1248。

〔註90〕劉師培云：「〈難都官考課法〉語語核實，近於名法家言，是知嘏言名理，實由綜核名實為基。」參見劉師培：《中國中古文學史講義》（上海：上海古籍出版社，2000年），頁34。

勵成規」，則為法之效能，傅嘏此以「法應時務，不足垂後」，將法家之施政手段視為「治末」的觀念，實為先禮後法之思想傾向的體現。

（3）劉劭主張「選才之職，專任吏部」，即沒有六鄉薦舉，專由吏部主持人才選拔。傅嘏則以應「法先王」，認為先王選拔人才的方式最為合適，即「本行於州閭，講道於庠序，行具而謂之賢，道修則謂之能。鄉老獻賢能於王，王拜受之，舉其賢者，出使長之；科其能者，入使治之，此先王收才之義也。」此是由地方考察德性、才能，再依德、才不同資質分派官職，如此最能選出德才兼備，且又符合各種官職需求的人。而由吏部主持，則「案品狀則實才未必當，任薄伐則德行未為敘。」品為品第，狀為出身、門戶、事行，此謂按狀以品其高下，然往往於才、德有所偏廢，而未能盡攬人才。此處對選拔人才之方式的辯駁，體現傅嘏注重才德兼備，與其才性同之觀點相契，同時又顯示出其所持守之政治觀，當以儒家為主，故強調效法古代聖明君主，具有強烈的復古傾向。

由傅嘏對劉劭內容的逐條批駁來看，其所強調者實為一事，即以當務之急在興復儒學禮教，而非加強法治以刑名繩下。其在文中言及曹魏立國的特點言：「自建安以來，至於青龍，神武撥亂，肇基皇祚，埽除兇逆，芟夷遺寇，旌旗卷舒，日不暇給。及經邦治戎，權法並用，百官群司，軍國通任，隨時之宜，以應政機。」認為曹魏政權之建立，本於「權法並用」，然此雖能隨宜應機，立馬收到成效，卻非長久之計，故緊接著說道：「以古施今，事雜義殊，難得而通也」，實暗指當下國家發展情形與立國之初已然不同，以古制今，則不合時宜，故需有以調整，改以儒學禮教為治國之本。杜恕、崔林亦對〈都官考課法〉有所議論，將之與傅嘏比較，更可證明傅嘏所持觀點。杜恕〈議考課疏〉言：

> 語曰：「世有亂人而無亂法。」若使法可專任，則唐、虞可不須稷、契之佐，殷、周無貴伊、呂之輔矣。……今之學者，師商、韓而上法術，競以儒家為迂闊，不周世用，此最風俗之流弊，創業者之所致慎也。〔註91〕

指出施行考課之法是專以法術，而不用儒學，其弊病大矣。崔林〈考課議〉認為：

> 案周官考課，其文備矣，自康王以下，遂以陵遲，此即考課之法存

────────────

〔註91〕魏・杜恕：〈議考課疏〉，《全三國文》，卷41，頁1284～1285。

　　乎其人也。……以為今之制度，不為疏闊，惟在守一勿失而已。若

　　朝臣能任仲山甫之重，式是百辟，則孰敢不肅？〔註92〕

將此二家言論，與傅嘏之言即對比來看，見三者皆反對劉卲之考課法，且立
論點類似，是皆主張當以人治為本，法制便再完備，若不得其人，則考課之
法也不過是使條文更具體而已，此為細微末節之事，非一之守也。事實上，
在傅嘏、杜恕、崔林的反對意見中，一致強調施行考核法，是一種捨本逐末
的做法，此已不僅僅是針對考核法本身的反對，更是針對使考課法成形的主
導思想的反對。

　　故究此爭議發生的根本，則或可由當時曹魏內部，在治國理念上存在一
定分歧觀之。曹操立國，推行名法之治，以達加強中央集權，建立專制統治
之效，陳壽故評之：「攬申、商之法術，該韓、白之奇策」。是其雖為拉攏東漢
儒學大族的支持，維護社會穩定，做出一些讓步，屢下詔書加強儒學教化，
但觀其一些舉措，如官渡之戰後，派軍吏到地方任職，致「軍吏雖有功能，德
行不足堪任郡國之選」一類異議紛起，曹操只能以「治平尚德行，有事賞功
能」加以折衷。又建安十三年，曹操自為丞相，進而封為魏公，總攬大權，時
反對之聲愈盛，在這些反對的聲音中，以荀彧為代表，大多皆儒學之士，其
理由全然是本於儒家之忠孝仁義觀，荀彧身為曹操心腹尚且如此，其他儒學
之士的反對可想而知。曹操欲代漢自立，故於建安十五年下求賢令，力圖破
除儒家士大夫傳統的精神堡壘，〔註93〕陳寅恪即分析道：

　　孟德三令，大旨以有德者未必有才，有才者或負不仁不孝貪詐之污
　　名，則是明白宣示士大夫自來所尊奉之金科玉律，已完全破產也。
　　由此推之，則東漢士大夫儒家體用一致及周孔之道德堡壘無從堅
　　守，而其所以安身立命者，亦全失其根據矣。故孟德三令，非僅一
　　時求才之旨意，實際標明其政策所在，而為一致治社會道德思想上
　　之大變革。〔註94〕

如此彰顯其為政仍以權法為重，勢必加劇與部分儒學大臣間的矛盾。其後曹
丕、曹睿於此皆嘗試補救，曹丕立太學，制五經課試之法，以示崇尚儒學，且

〔註92〕魏・崔林：〈考課議〉，《全三國文》，卷29，頁1216。

〔註93〕陳寅恪曰：「欲取劉氏之皇位而代之，則必先摧破其勁敵士大夫精神上之堡
　　　　壘，即漢代傳統之儒家思想，然後可以成功。」〈書世說新語文學類鍾會撰四
　　　　本論始畢條後〉，頁3。

〔註94〕陳寅恪：〈書世說新語文學類鍾會撰四本論始畢條後〉，頁5。

自謂：「備儒者之風，服聖人之遺教」，〔註95〕還對儒學之士多引以重用。〔註96〕曹睿則更在太和二年下詔曰：「尊儒貴學，王教之本也。自頃儒官或非其人，將何以宣明聖道？其高選博士，才任侍中、常侍者，申敕郡國，貢士以經學為先。」〔註97〕明以儒學作為立國之本。

但實際上，君臣之間的矛盾與分歧並未因此解決。《三國志・杜恕傳》注引《魏略》載：「於時（黃初中）太學初立，有博士十餘人，學多褊狹，又不熟悉，略不親教，備員而已。」〔註98〕又明帝時劉靖亦上疏言：「自黃初以來，崇立太學二十餘年，而寡有成者，蓋由博士選輕，諸生避役，高門子弟，恥非其倫，故無學者。雖有其名而無其人，雖設其教而無其功。」〔註99〕在在表明曹丕、曹睿所提倡之尊儒貴學未被真正落實，僅作為一種形式的表演，而收效甚微。曹魏政權顯然還是以道法刑名為本，楊耀坤即認為：「由於曹操、曹丕、曹睿三代本尚法治，提倡儒學，只是因時制宜，隨機應變的一種權術。」〔註100〕此由明帝曹睿觀之甚明，是其自少「好學多識，特留意於法理」，後主政則「沉毅好斷」、「政自己出」、「不思建德垂風，不固維城之基」，〔註101〕王昶評時政曰：「魏承秦、漢之弊，法制苛碎」，並希冀「治化復興」，法家尊君卑臣，君主集權的特質，加上明帝自身不知節制，奢淫無度，君臣之間的分歧於是在魏明帝時期進一步擴大，王永平言：

> 魏明帝時期圍繞宮室營建等奢淫之舉，儒學朝臣掀起了持續不斷的諫諍高潮，可以說，這是漢末「黨錮之禍」後，出現的士大夫社會批判君權的又一次高潮。儒學朝臣直接批評的是明帝的生活腐化，

〔註95〕魏・曹丕：〈議輕刑詔〉，《全三國文》，卷6，頁370。

〔註96〕《三國志・賈逵傳》注引《晉諸公贊》載：「黃初中，儒雅並進。」《三國志・杜恕傳》注引《魏略》載：「是時（黃初中）散騎皆以高才英儒充其選。」晉・陳壽撰，南朝宋・裴松之注：〈魏書・賈逵傳〉注引《晉諸公贊》、〈魏書・杜恕傳〉注引《魏略》，《新校三國志注》，卷15、16，頁24a、18b。

〔註97〕晉・陳壽撰，南朝宋・裴松之注：〈魏書・明帝紀〉，《新校三國志注》，卷3，頁115。

〔註98〕晉・陳壽撰，南朝宋・裴松之注：〈魏書・杜畿傳〉注引《魏略》，《新校三國志注》，卷16，頁20b。

〔註99〕晉・陳壽撰，南朝宋・裴松之注：〈魏書・劉馥傳〉，《新校三國志注》，卷15，頁2b。

〔註100〕楊耀坤：《魏晉南北朝史論稿》（成都：成都出版社，1993年），頁88。

〔註101〕晉・陳壽撰，南朝宋・裴松之注：〈魏書・明帝紀〉，《新校三國志注》，卷3，頁115。

但深層的隔閡則在於儒學世族與曹魏統治者在階級出身及思想觀
念諸方面的差異。〔註102〕

如是筆者認為，此次對於都官考課論的議論，就根本來看，實為明帝時期，
對自曹魏立國長期推行名法之治，造成治國思想上存在分歧與差異的一次集
中體現。傅嘏以往雖強調循名責實，而在這場對抗中，卻顯然站在儒學大臣
的陣營，闡發以儒為本的治國思想。

進一步說，蓋以明帝、劉劭為代表者主張以法治國，觀考課之法最被質
疑，亦最為重要的兩點；一是以法考核官吏，二為將選人任官之權收歸吏部。
此一方面是針對處士橫議，相互標榜以亂選舉之浮華風氣，要制定一套選官
及考核官階升降的客觀標準；另一方面，其更深層的目的，是欲通過加強吏
部職權，奪取地方中正人事權，將選官權收歸中央，從而加強中央集權。以
崔林、杜恕、傅嘏為代表者，則深知考課法一旦施行，勢必會對上層權力的
分配造成影響，與此同時地方大族勢力將被削弱，故不論出於私心還是政局
穩定的考量，而反對考課之法。〔註103〕同時也可見出，傅嘏雖以近於刑名家
言的方法論事，但其政治思想並不等同於名法家，反而更傾向於儒家的德治
理路，更傾向於折衷儒法，而以儒學為主。

也有學者認為傅嘏此種貶低吏部，強調地方選拔人才之能力的做法，或
有其政治考量，如孔毅言：「司馬氏集團的地方勢力較為強大，這樣做是有利
於司馬氏的。」〔註104〕此以傅嘏反考課法，實出於為司馬氏經營之心，然傅
嘏明確轉向司馬氏集團，當在正始時期曹爽當權，並任命何晏為尚書之後，
考課法推出之時，兩派鬥爭應尚未真正展開，傅嘏之做法僅能顯示其與明帝
理念有所不同。但需注意的是，雖未言明，卻可推知司馬懿對考課法之態度，
應當是否定的，且與傅嘏意見暗合。《太平御覽》載：「晉宣帝除九品，州置大
中正，議曰：『案九品之狀，諸中正既未能料究人才，以為可除九制，州置大
中正。』」〔註105〕曹羲以「此為問州中正，而實決於郡人」，〔註106〕故可知在

〔註102〕 王永平：〈略論魏明帝曹叡之奢淫及其危害──兼論曹叡與儒學朝臣之間政
治思想的分歧〉，《江漢論壇》（2007 年 7 月），頁 96。

〔註103〕 吳慧蓮於此討論甚詳，參見吳慧蓮：〈曹魏的考課法與魏晉革命〉，《臺大歷
史學報》第 21 期（1997 年 12 月），頁 59～78。

〔註104〕 孔毅：〈論正始名士傅嘏〉，頁 27。

〔註105〕 宋・李昉等撰：《太平御覽》冊 2，卷 265，頁 1372。

〔註106〕 宋・李昉等撰：《太平御覽》，頁 1372。

類似的問題上，司馬懿與明帝的做法截然不同，是其非但沒有收權中央，反而在郡中正之上加置州大中正，強化地方輿論勢力。司馬懿此舉能夠保障世家大族在人事任用上的主導權，甚具拉攏地方望族勢力之效，於此吳慧蓮進而指出，考課法雖未施行，其中央集權的理念卻被貫徹在正始改制中，而後者將矛盾進一步激化，促使地方大族紛紛背魏擁晉，〔註107〕傅嘏政治轉變之端倪，或亦由此見知。

2. 治理河南府

嘉平元年（249），司馬懿父子發動高平陵事變，以謀反罪剷除了曹爽兄弟，及何晏等一批名士，司馬氏由此基本掌握曹魏大權。傅嘏即在這種情勢下，出任了河南尹這一至關重要又艱巨的職官。之所以至關重要，首先地形上，「內掌帝都，外統京畿」，〔註108〕其治亂故直接關係到統治集團安危。其次居住之民，「兼古六鄉六遂之士」、「異方雜居，多豪門大族，商賈胡貊，天下四方會利之所聚，而奸之所生。」居民來自各地，故容易有文化差異；豪門大族多，故不易使之聽服；又四方會利雲聚，故三教九流咸集於此，其不好治理明矣。

傅嘏之前歷任河南尹的治理方式，不是只有綱要沒有條目，以致過於簡略，就是精修條目，以致過於繁密。至於李勝，則索性「毀常法以收一時之聲」，蓋雖在過於繁密時給予放鬆，可解一時之急，但終究不是長久之法。傅嘏上任，首先在法度上，「立司馬氏之綱統，裁劉氏之綱目以經緯之，李氏所毀以漸補之。」兼採前人之長，而補其缺漏，故以司馬芝綱要，兼採劉氏之綱目，如此則不過簡，亦不過繁，恰到好處。其次在官制上，「嘏各舉其良而對用之，官曹分職，而後以次考核之。」是河南郡原本「俗黨五官掾功曹典選職，皆授其本國人，無用異邦人者」，在選官上有排斥異鄉人的現象。傅嘏改革舊習，舉賢良分職受官，其後再以次考核，如此不以為地域標的，更為公正合理，此以賢良為選舉標準，也與其才性同觀點相契。最後，傅嘏的整體

〔註107〕 吳慧蓮曰：「正始年間曹爽的中央集權政策，是促使地方大族背魏擁晉的主要原因。而在政權交替之際，司馬懿因提出州大中正之制，而獲得多數士人的支持，顯示東漢以來世姓大族的勢力十分龐大，使執政者不得不優先考慮他們的權益，否則即會面臨敗亡。」參見吳慧漣：〈曹魏的考課法與魏晉革命〉，頁77。

〔註108〕 晉・陳壽撰，宋・裴松之注：〈魏書・傅嘏傳〉，《新校三國志注》，卷21，頁624。治理河南郡相關皆引於此。

治理原則，則為儒、法、道的有機融合，其「治以德教為本，然持法有恆，簡而不可犯，見理識情，獄訟不加榎楚而得其實。」是在施行上儒法調和，則不過於嚴峻，亦不過於鬆脫，於理訟斷獄之事，更兼重情理，如此則不必多施刑罰。此外，更「不為小惠，有所薦達及大有益於民事，皆隱其端跡，若不由己出。故當時無赫赫之名，吏民久而後安之。」此頗與《老子》：「生而不有。為而不恃，功成而弗居。夫唯弗居，是以不去。」〔註109〕思想相合。於傅嘏治理河南郡一事，故可以見得其才性思想、名理思想，在政治上之實際應用，亦可說明傅嘏絕非名不副實，僅口談名理之人，其務實於此可知。

3. 伐吳獻策

嘉平四年四月（252），時值吳太祖孫權去世，征南大將軍王昶、征東將軍胡遵、鎮南將軍毌丘儉認為此機不可失，皆上表朝廷表示願率兵征吳，然而在征吳方略上卻產生分歧，三人給出方案各不相同，故詢問傅嘏意見。傅嘏認為不應當「釋廟勝必然之理，而行萬一不必全之路」，〔註110〕所謂「廟勝」者，《孫子兵法》中有：「夫未戰而廟算勝者，得算多也；未戰而廟算不勝者，得算少也。多算勝少算，而況無算乎？吾以此觀之，勝負見矣！」〔註111〕「算」即指籌碼，唯有出戰之前，深謀遠慮、實事求是分析比較敵我情勢，才能選出最為穩妥之計，思慮愈廣愈精，則愈多勝算在握。

因此針對這種情況，傅嘏首先指出，這三種方案皆是「取賊之常計」，無所謂對錯，然戰略選取之關鍵在於「施之當機，則功成名立，苟不應節，必貽後患」，故能否適應當下情勢為重中之重。由此觀之，第一種方案：「泛舟徑渡，橫行江表，收民略地，因糧於寇」由水路駕船直渡，是最為簡單直接，然此計講求突襲，且必得與對方直接交兵獲勝方可，但「自治兵已來，出入三載，非掩襲之軍也。賊喪元帥，利存退守，若撰飾舟楫，羅船津要，堅城清野，以防卒攻，橫行之計，殆難必施。」並非偷襲之軍，又吳國極有可能命令戰船布防在重要港口，堅固城池，盤踞險要，以防卒攻，如此計謀必定難以成功施行。第二種方案：「四道並進，臨之以武，誘間攜貳，待其崩壞」兵分四路攻其池城營壘，再使計離間吳國內部關係，此計重在離間，然「賊之為

〔註109〕三國魏‧王弼撰，樓宇烈校釋：《老子道德經注》，《王弼集校釋》（臺北：華正書局有限公司，2006年），頁4～5。

〔註110〕晉‧傅嘏：〈對詔訪征吳三計〉，《全後三國文》，卷35，頁1247～1248。

〔註111〕春秋‧孫武撰，曹操等注，楊丙安校理：〈計篇〉，《孫子兵法集解》（北京：中華書局，1999年），頁20。

寇，幾六十年，君臣偽立，吉凶同患，若恪蹈其弊，天去其疾，崩潰之應，不可卒待。」所謂吳國崩壞之時，難以預料，且「今邊壤之守，與賊相遠，賊設羅落，又特重密，間諜不行，耳目無聞。夫軍無耳目，校察未詳，而舉大眾以臨巨險，此為希幸徼功，先戰而後求勝，非全軍之長策也。」所謂離間之計，亦不易施行，況離間計未為成熟，即貿然率兵征戰，此勝算未知，而冒險行動，極有可能損傷慘重，故此計謀也不宜施行。

第三種方案：「進軍大佃，逼其項領，積穀觀釁，相時而動」傅嘏認為此計最長，並且他還分為七大項，細緻入微地辨析，使用此計的具體實施方法，及其中有利勝局之所在：

> 奪其肥壤，使還耕塉土，一也；兵出民表，寇鈔不犯，二也；招懷近路，降附日至，三也；羅落遠設，間構不來，四也；賊退其守，羅落必淺，佃作易之，五也；坐食積穀，士不運輸，六也；釁隙時聞，討襲速決，七也。凡此七者，軍事之急務也。

此既從我方與敵方兩面來論述，又從事件發展的可能作推算，就我方之利而言，戰爭打到最後往往是物資之戰，大規模屯田奪走豐饒的土壤，我軍即可自給自足，省去大量人力物力，此可很好的保障，即便戰時拉長，亦不會有戰場吃緊不得不投降的狀況，同時士兵進軍邊境，也可保護民眾，使劫掠者不敢造犯。就敵方之弊言，大佃於邊境，便於對近路實行威壓懷柔政策，在遠處防止敵軍行離間之事，時間一長，待敵軍疑慮消散，而我軍一旦聞察覺時機已到，則攻其不備，速戰速決。此即傅嘏所說：「比及三年，左提右挈，慮必冰散瓦解，安受其弊，可坐算而得也。」惜司馬師未從傅嘏之議，然觀「其年十一月，詔昶等征吳。五年正月，諸葛恪拒戰，大破眾軍於東關。」可知司馬師所採用當為第一計，而結果正如傅嘏所料，因諸葛恪拒戰而慘敗。〔註112〕

後來諸葛恪攻破東關，揚言要進軍青州、徐州之事，政府本欲為此加強防禦，傅嘏則識破其謀曰：

> 淮海非賊輕行之路，又昔孫權遣兵入海，漂浪沈溺，略無孑遺，恪

〔註112〕傅嘏論攻吳之計被司馬彪完整的收錄於其《戰略》一書中，此書雖已亡佚，然由書名及《三國志》多引其內容，可知此書當為一本兵法之書，而將傅嘏攻吳之計特意收錄其中，亦可見傅嘏此論兵法戰術之精妙，故能得到時人肯認。

> 豈敢傾根竭本，寄命洪流，以徼乾沒乎？恪不過遣偏率小將素習水
>
> 軍者，乘海泝淮，示動青、徐，恪自並兵來向淮南耳。〔註113〕

傅嘏認為淮海本身難以通行，且吳軍曾幾近覆沒於此，於主觀能力、客觀條
件二者觀之，諸葛恪皆應當不會傾盡全力於此，他應當只是派善水性小將，
略作樣子，而聲東擊西，集中兵力攻打淮南，因此政府不當將兵力用去防禦
青州、徐州，而當用以防禦新城為宜。結果正如其所料，諸葛恪果然謀攻新
城，而或因傅嘏先見之明，魏軍未入圈套，恪只得不克而返。

　　傅嘏論及作戰方略，僅見此兩處，然由此兩處我們便已可清晰窺見，傅
嘏之思維方式深見「校練名理」之長。此具體表現為傅嘏不受表面蒙蔽，不
論三位將軍所提出計謀是否為常計，諸葛恪進軍青州、徐州姿態做的如何明
顯，皆不能輕易相信，唯有依據真實情形作剖析，才能做出最適宜的決策。
又傅嘏在說明策略何以可行時，採取逐條剖析，層層逼近的方法，橫向則多
方關照，縱向則長圖遠謀，將個中細節，所當急務者一一羅列。這些實際上
皆是其名理思想之實踐，故由此可知其循名責實、智謀長算在政治上的實際
應用。

4. 助司馬氏攬權

　　正元二年（255）春正月，時魏鎮東大將軍毌丘儉、揚州刺史文欽起兵反
司馬氏政權，同年二月，二人率六萬人一舉向西至項，局勢已甚為危急。傅
嘏於此事之功體現在兩個關鍵的決策上，第一次是傅嘏促使司馬師親征，時
司馬師新割目瘤，尚未痊愈，故本不願親自平亂。然傅嘏知此情勢急不可待，
故重言曰：「淮、楚兵勁，而儉等負力遠鬥，其鋒未易當也。若諸將戰有利鈍，
大勢一失，則公事敗矣。」〔註114〕此語直戳司馬師心中最憂懼之事，故司馬
師聞之即「蹶然而起曰：『我請輿疾而東。』」史書載曰：「儉、欽破敗，嘏有
謀焉。」〔註115〕是傅嘏於此事，有先見之功，亦可知其頗能深謀遠慮。

　　第二次是司馬師於返回途中去世，傅嘏秘不發喪，假師之令召司馬昭於
許昌領軍。據裴注所引《世語》言：「景王疾甚，以朝政授傅嘏，嘏不敢受。
及薨，嘏祕不發喪，以景王命召文王於許昌，領公軍焉。」〔註116〕是此時曹

〔註113〕晉・陳壽撰，宋・裴松之注：〈魏書・傅嘏傳〉，頁625。
〔註114〕晉・陳壽撰，宋・裴松之注：〈魏書・傅嘏傳〉，頁627～628。
〔註115〕晉・陳壽撰，宋・裴松之注：〈魏書・傅嘏傳〉，頁627～628。
〔註116〕晉・陳壽撰，宋・裴松之注：〈魏書・傅嘏傳〉，頁627～628。

髦有意削弱司馬氏權力，傅嘏此舉是將司馬師軍事之權，直接交給司馬昭，於穩定司馬氏軍政大權功不可沒，由此亦可知其深諳於權謀。然關於此事之真實性頗有爭議，孫盛即評曰：「晉宣、景、文王之相魏也，權重相承，王業基矣。豈蕞爾傅嘏所宜間廁？世語所云，斯不然矣。」〔註117〕又據《晉書·景帝紀》所載：「閏月疾篤，使文帝總統諸軍。」〔註118〕當時是司馬師親令司馬昭統領軍隊。然而《三國志·鍾會傳》云：

> 時中詔勑尚書傅嘏，以東南新定，權留衛將軍屯許昌為內外之援，令嘏率諸軍還。會與嘏謀，使嘏表上，輒與衛將軍俱發，還到雒水南屯住。於是朝廷拜文王為大將軍、輔政，會遷黃門侍郎，封東武亭侯，邑三百戶。〔註119〕

此段文字頗耐人尋味，何以曹髦要下此詔令使司馬昭屯於許昌，而使傅嘏率諸軍還？或許此即暗示曹髦原本意圖，即借司馬師死之機收走司馬氏大權。傅嘏違命與司馬昭俱發，又於洛水南屯住，筆者以為這裡雖未明寫，實是一種向曹氏示威、施壓的行為，受此威迫，故曹氏亦不得不將其拜將封侯。

　　如是可知，曹髦既有此意圖，傅嘏之「秘不發喪」即有其合理的發生背景。對於傅嘏是否有此權力之疑，筆者認為觀此前傅嘏促成司馬師親征，又與司馬昭共屯洛陽，司馬氏對傅嘏應當是親信有加的。且觀其本傳在此事後載：「嘏以功進封陽鄉侯，增邑六百戶，併前千二百戶。是歲薨，時年四十七，追贈太常，諡曰元侯。」〔註120〕又晉武帝〈賜傅嘏夫人鮑葬錢詔〉中有：「故太常傅嘏者，昔以令德賢才為先帝所接。登龍之際，有翼贊盡忠之勛。早代殞歿，不終功業。每念其遺績，常存於心。」〔註121〕皆可以說明傅嘏於司馬氏政權中的功勞與地位，故《世語》所載，筆者認為難以完全否定。清·王鳴盛《十七史商榷》云：「司馬氏勢雖逼主，然師死於淮，昭方在許，亦事之至危也。嘏專心奉戴，擁眾還洛，大柄已得，魏祚傾矣。」〔註122〕亦認為傅嘏為是保證司馬氏政權未被奪去的關鍵人物。傅嘏在事情危急時刻所表現出的

〔註117〕晉·陳壽撰，宋·裴松之注：〈魏書·傅嘏傳〉，頁627～628。

〔註118〕唐·房玄齡撰：〈景帝紀〉，《晉書》，卷2，頁31。

〔註119〕晉·陳壽撰，宋·裴松之注：〈魏書·鍾會傳〉，《新校三國志注》，卷28，頁785。

〔註120〕晉·陳壽撰，宋·裴松之注：〈魏書·傅嘏傳〉，頁627。

〔註121〕晉·司馬炎：〈賜傅嘏夫人鮑葬錢詔〉，《全晉文》，卷4，頁1486。

〔註122〕清·王鳴盛：《十七史商榷》，收錄於《續修四庫全書》編纂委員會：《續編四庫全書》（上海：上海古籍出版社，2002年），卷40，頁392。

智謀機動、深圖遠慮，在在顯示出其作為一個政治家的老辣，蓋可入「校練名理」派者皆在朝高官，其務實、重事功之特性由此可見一斑。

小結

　　傅嘏實為漢魏一代名士，其無論在政治上，思想上皆有一番作為。在思想上，曹魏初年，因反漢末虛浮之風，時有儒、道、名、法結合之政治思想盛行於世，相應的故有所謂名法之士，以探討名實問題為主，而講求循名責實、辯名析義之方法，傅嘏即為當時「校練名理」之代表人物。又政治涉及分職適當，選賢或能的問題，故當時知人鑒、才性之討論盛行，傅嘏又為論才性之佼佼者，其所主張的才性同，更為魏晉清談口實「才性四本」論之一。政治上，傅嘏素與何晏、夏侯玄、鄧颺等人不合，何晏等人屬曹派，傅嘏則屬與之對立的司馬派，而與鍾會、荀家子弟最為交好。在具體政治表現上，無論難〈都官考課〉還是治理河南郡，傅嘏每能校練名理，而付之探討名實、本末的方法應用其中，在為司馬氏獻策伐吳時更不惜苛察累細，逐條剖析，盡顯名理之士風範，其為司馬氏穩定軍政大權一事，則體現名理之士近於法家之務實，注重事功的特點。

　　綜合考察傅嘏之思想與政治表現，其雖身為名理之士，而又為才性同之論者。才性論當屬玄學之範疇，而名理之士反玄學之虛浮，二者看似矛盾，然從傅嘏的政治表現可知，其一直遵循名理思想行事，在思想上也並未排斥更為抽象的玄學，反而種種跡象表明，傅嘏的主張以能超越表面而推究事理本質，故可與玄學派相通。由此筆者認為名理與玄學在思想上並非是完全對立的，甚至玄學中的一些內容，從某個角度言，如本文所談到的才性論、言意之辨可說與名理之學息息相關。是名理思想就學術理論而言，其辨名析理正是玄學之特質，就現實政治而言，其又綜核名實，循名責實，務實重查驗、考績，故所謂名理之士對玄論的反對，正如法家對儒生有「無益於治」之批判，更多是針對玄學之士，常務虛蹈空，口談恍惚飄渺之論，易導致玄虛浮華，不切實際的世風而論，傅玄在這方面將「循名責實」發展為「觀行驗實」，將反玄傾向表達的更為明顯。

　　後世對傅嘏的評價，則褒貶不一，稱許者如其後世族人傅山云：「不問蘭

石所仕何時何人，而但觀其行事，豈不居然名臣。」〔註123〕《三國志》也評之「用才達顯」，裴松之更是認為：「傅嘏識量名輩，寔當時高流。」〔註124〕其被貶抑之原因，主要由於助司馬氏篡奪政權之事，如王夫之認為他效忠司馬派的做法實為：「以全身保家為智，以隨時委順為賢，以靜言處銓為道，役於亂臣而不怍，視國之亡、君之死，漠然而不動於心，將孔子所謂賊德之鄉原，殆是乎！」〔註125〕傅嘏之效忠司馬氏，是為黨同伐異局勢下的別無選擇，抑或亂臣賊子之居心叵測，蓋因文獻真偽難以定論，實難定其褒貶。然傅嘏既為時人推崇，又被後世稱道弗絕，故不論褒貶如何，傅嘏作為漢魏一代高流名士，在政治、思想上皆具一定影響力，其重要的學術、歷史地位皆理應得到更多的重視。

〔註123〕明・傅山著、勞伯林點校：《霜紅龕文》，（長沙：嶽麓書社，1986 年），頁220。

〔註124〕晉・陳壽撰，宋・裴松之注：〈魏書・傅嘏傳〉，頁629。

〔註125〕清・王夫之撰：《讀通鑑論》（臺北：里仁書局，1985 年），卷10，頁318。

第四章　觀行驗實，貴學輕言——
論傅玄反玄務實之思想與表現

前言

　　傅玄生於漢魏之交，年少傅嘏八歲，為其從弟，然傅嘏生命結束在入晉之前，而傅玄則至入晉方逐漸聲名顯揚，二人在政治上經歷了類似的困境，即皆反對浮華交遊，與何晏對立，並因受到當權派的排擠，而逐漸向與自己思想觀念更為契合的司馬氏集團靠攏。學術上，二人的思想皆有以儒學設教，兼雜法家，而有反玄學的傾向。〔註1〕傅玄的思想主要保留在《傅子》一書中，

〔註 1〕朱伯崑言：「在魏晉南北朝時期，由於玄學的流行，也出現了一批反玄學的思想家，批判老莊思潮。他們大都屬於儒家的學者。」朱伯崑：《易學哲學史》（臺北：藍燈文化事業股份有限公司，1991 年），頁 355。莊耀郎言：「如果以何晏、王弼所倡言的正始玄學為濫觴，而貫穿魏晉兩百年間的玄學，雖居於主流思想的地位，但也相對地引發了對玄學思想的反省和批判，這種因批判玄學而產生的思想，稱之為反玄學思想。其中有代表維護兩漢傳統的經學家如傅玄、范寧等人對玄學的譴責，楊泉的《物理論》，歐陽建的〈言盡意論〉……以上所舉統稱為反玄思想。」莊耀郎〈魏晉反玄思想論〉，《國文學報》第 24 期（1995 年 6 月），頁 144。江建俊〈玄風中的反玄〉亦指出：「大抵『反玄』的特質是捨『虛』尚『實』，出『無』入『有』，具入世擔當之襟懷，對政治、社會、文化有強烈的責任感，真心在維護名教禮律，期使政治的運作能夠上軌道，國脈民命得以維繫，此即是『反玄』的宗旨。」參見江建俊：〈玄風中的反玄〉，《於有非有，於無非無——魏晉思想文化綜論》，頁 379。

其中佔很大分量的內篇,大致可推測寫於高平陵事變至司馬炎嬗代之前,其內容多能與晉代魏後,其所上疏諫言對應,故當是出於為新政權提供治國方略,及與之配套的理論而作。而在初受重用,提出其治國方略時,傅玄就明確指出其政治思想的立論基點,就在破除「近者魏武好法術,而天下貴刑名;魏文慕通達,而天下賤守節。其後綱維不攝,而虛無放誕之論盈於朝野,使天下無復清議」的流弊。具體而言,就是欲通過以儒學為本,〔註2〕禮法相濟,而德主刑輔,調和名法之治,從而重建禮教綱維,在理論上動搖玄學之根本,又順此思路,在政治與行為的層面上,對虛玄任誕之風加以批判,故其思想實可納入「反玄」之範疇,且與傅嘏之以名理反浮華一脈相承。〔註3〕

　　基於此,本章節主要從反玄的角度論述傅玄的思想,〔註4〕首先討論傅玄的思想背景,即北地傅氏中傅燮一支在漢末時的家學家風狀態,分析其可能對傅玄產生的影響;其次則從以儒為本的治國理念、刑禮兼濟的施政手段兩個層面,對傅玄思想做全面的剖析,指出其雖未明確加以駁斥,卻通過建構理論,從根本上反玄;最後則通過觀行驗實、清議實事兩條傅玄的主張,指出傅玄在理論基礎上,在政治及行為層面上的反玄。通過對傅玄之反玄務實思想的探討,希冀從中掘發傅玄之思想特徵與傾向,指出其與傅嘏之名理思

〔註2〕當時玄學雖至盛行,然儒學自漢代就為主流,擁戴者眾多,故並未衰微,只是與玄學形成兩股並駕齊驅的思想趨勢,湯用彤言這兩種趨勢:「一方面是守舊的,另一方面是趨新的。前者以漢代主要學說的中心思想為根據,後者便是魏晉新學。我們以下不妨簡稱『舊學』與『新學』的兩派。新學就是通常所謂『玄學』。當時『舊學』的人們或自稱『儒道』。」然實際上,筆者認為傅玄的儒學雖承襲漢代而來,卻亦具有「新學」博通的特色,不能說是完全的守舊。湯用彤:《魏晉思想的發展(乙編三種)》(臺北:里仁書局,1995年),頁126。

〔註3〕侯外盧曾歸納反玄的三種類型,其中第二種即是「從玄學內對分化出來,通過辨析『名理』的途徑。在某一方面(如認識論方面)得到一些清醒的結論。……他們多出身於名門大族,但在理論上轉向玄學的反對派;同時,又不同程度的在社會政治觀點上還保守著嚴格的儒家觀點,或繼承著名家的傳統。」侯外盧《中國思想史綱》(北京:中國青年出版社,1991年),頁194。

〔註4〕前人對傅玄的研究多集中在文學方面,對思想部分論述或較為簡略,或少從反玄之角度加以分析。如吳婉霞《傅玄及《傅子》研究》一書,以傅玄之文學思想與特色為研究重點,雖亦論及傅玄以儒學思想為主,對儒家觀念加以革新,及《傅子》書中有鮮明的反玄言論,但未能加以展開分析。羅世琴:〈傅玄個案研究〉,《傅氏家風及傅玄傅咸個案研究》,頁24~33。安朝暉:〈魏晉之際傅玄的學術與文學〉,對《傅子》一書思想略加析論,然屬概括式的總論。《漢晉北地傅氏家族與文學》,頁98~159。

想內在的聯繫，從而見出漢晉之際北地傅氏家族家學家風的基本樣貌。

第一節 傅玄之家學家風淵源

如前文所述，傅嘏與傅玄雖同屬北地傅氏家族，然畢竟分支不同，故雖傅玄多次在《傅子》一書中對傅嘏、傅巽表示認同，多有讚許，兩支應當還是存在一定差異，故在此僅對傅玄一支中，漢末三國時期族人之思想與行事特色，加以歸納，由此見出傅玄在家庭方面，所可能受到的影響。

傅玄祖父傅燮（143？～187），以「性剛有高義」聞名，漢末征戰南北，鎮壓黃巾之亂，頗立功勛，又因貶斥宦官弄權，遭人嫉恨，出為漢陽太守，死守孤城，後人傅山評其為「兩漢傅氏第一人」〔註5〕。傅玄父傅幹（175～219？），亦史稱知名，〔註6〕年少就顯露才智，〔註7〕後說馬騰不助袁尚，勸曹操不征孫權，評點三國人物，俱見其能，故可謂當時奇俊。以下從學術思想、處世風範兩方面對二人加以詳細論述。

一、博通眾家，存重儒學

北地傅氏家族之家學淵源由前人未詳，然至傅燮則可明確知曉，首先即是存重儒學的方面，傅燮少師事太尉劉寬，〔註8〕對經學有過系統的學習，又因慕孔子弟子南容「三復白珪」之行，而自改其字。〔註9〕南容甚得孔子欣賞，傅燮改字一事，一方面顯示其欲效南容戒己慎言，一方面也表明其對南容「尚德」的認可，〔註10〕故以此自我砥礪。由傅燮「奉寡嫂甚謹，食孤侄

〔註5〕明·傅山著、勞伯林點校：《霜紅龕文》，頁220。

〔註6〕南朝宋·范曄撰，唐·李賢等注：〈傅燮傳〉，頁10上。

〔註7〕傅幹十三歲時，就已能對當時政局加以分析，以「國家昏亂」、「天下已叛，而兵不足自守」等為由，勸父親棄守漢陽城，傅燮未從其言，然稱道：「汝有才智，勉之勉之。」南朝宋·范曄撰，唐·李賢等注：〈傅燮傳〉，頁9下。

〔註8〕南朝宋·范曄撰，唐·李賢等注：〈傅燮傳〉，頁9下。

〔註9〕本傳載其「本字幼起，慕南容，乃易字焉。」關於南容其人，《論語·先進》6：「南容三復白圭，孔子以其兄之子妻之。」孔安國曰：「《詩》云：『白圭之玷，尚可磨也。斯言之玷，不可為也。』南容讀《詩》至此，三反覆之，是其心慎言也。」宋·朱熹：〈先進〉5，《論語集注》，《四書章句集注》，頁170。

〔註10〕《論語·憲問》6載：「南宮适問於孔子曰：『羿善射，奡盪舟，俱不得其死然；禹稷躬稼，而有天下。』夫子不答，南宮适出。子曰：『君子哉若人！尚德哉若人！』」宋·朱熹：〈憲問〉6，《論語集注》，《四書章句集注》，頁208。

如赤子」、〔註11〕「再舉孝廉，聞所舉郡將喪，乃棄官行服」〔註12〕等舉，皆可見其德行的持守。至其出為漢陽太守，遭遇叛將攻城，明知棄守便能免於一死，卻仍固守孤城，曰：「世亂不能養浩然之志，食祿又欲避其難乎？」毅然進兵，臨陣戰死，謚曰「壯節侯」。〔註13〕傅燮之守志不屈、剛正死節，皆反應出儒家思想對他的影響。

傅幹雖以才智出眾知名，且遊說獻策又頗似縱橫家一類，然若細察其言，即可得知其思想受儒家影響不可謂不深，最具代表性者，即是他勸阻曹操興兵攻吳之所言：

> 治天下之大具有二，文與武也；用武則先威，用文則先德，威德足以相濟，而後王道備矣。……愚以為可且按甲寢兵，息軍養士，分土定封，論功行賞，若此則內外之心固，有功者勸，而天下知制矣。然後漸興學校，以導其善性而長其義節。公神武震於四海，若修文以濟之，則普天之下，無思不服矣。……唯明公思虞舜舞干戚之義，全威養德，以道制勝。〔註14〕

他此處所提出的王道以威德相濟，實際上就是一種強調儒法結合的政治理論。傅幹應當注意到曹操有過度興兵的問題，且其治國理念向以武、以威、以法治國之霸道偏斜，故主張「全威養德，以道制勝」，簡言之即是偃武修文，興學教化，實施仁政，以此種方式穩定民心，敦促風俗。傅幹諫言並未被採納，這可反映出君臣施政理念存在一定分歧，而這種分歧一直保留在魏朝政權中，傅玄為解決魏朝流弊，繼承其父的思想家架構，並予以發揚，使之更為具體詳細，且更符合當時形勢。

但是傅燮、傅幹所顯現之家學淵源，雖存重儒學，卻並不止於儒學，而特別重視博通，傅燮所師之劉寬，時被稱為「通儒」，〔註15〕筆者認為此一語彙不可輕易略過，「通儒」之稱在《後漢書》中尤其多見，筆者推測此現象與

〔註11〕晉·傅玄：《傅子·補遺下》，《全晉文》，卷50，頁325。本章節反引用《傅子》皆採用此版本，為免繁瑣，以下皆採用隨文注。

〔註12〕南朝宋·范曄撰，唐·李賢等注：〈傅燮傳〉，頁6下。

〔註13〕南朝宋·范曄撰，唐·李賢等注：〈傅燮傳〉，頁10上。

〔註14〕晉·陳壽撰，南朝宋·裴松之注：〈武帝紀〉注引《九州春秋》，《新校三國志注》，卷1，頁43～44。

〔註15〕《後漢書·劉寬傳》曰：「寬少學歐陽《尚書》、京氏《易》，尤明《韓詩外傳》。星官、風角、算曆，皆究極師法，稱為通儒。」南朝宋·范曄撰，唐·李賢等注：〈劉寬傳〉李賢注引謝承《後漢書》，《新校後漢書注》，卷55，頁1下。

前文提及，王莽改革失敗後，東漢學者對儒生執政之弊病的思考有關，如馬融時亦被稱為「通儒」者，《後漢書》本傳載：「俗儒世士，以為文德可興，武功宜廢。……融乃感激，以為文武之道，聖賢不墜，五才之用，無或可廢。」〔註16〕見其反對俗儒之態度。又崔寔《政論》曰：「俗人拘文牽古，不達權制，奇偉所聞，簡忽所見，烏可與論國家之大事哉！」〔註17〕徐幹《中論・治學》亦言：「然鄙儒之博學也，務於物名，詳於器械，矜於詁訓，摘其章句，而不能統其大義之所校，以獲先王之心，……故使學者勞思慮而不知道，費日月而無成功。」〔註18〕皆指斥俗儒僅立道德，空守章句，雖以通經致卿相者多，然不重武備，不善治國，不能興文武之道，故施之世務，終殆無一可。

在批判「俗儒」的同時，也開始格外推崇與之相對的「通儒」、「通人」一類學者。王充「以為俗儒守文，多失其真」，於《論衡》中多以「通人」高於「儒生」，故對儒生多加批判，而對通人則有很高的評價。《論衡・別通》曰：

> 夫富人可慕者，貨財多則饒裕，故人慕之。夫富人不如儒生，儒生
> 不如通人。通人積文，十篋以上，聖人之言，賢者之語，上自黃帝，
> 下至秦、漢，治國肥家之術，刺世譏俗之言，備矣。〔註19〕

此言通人學識之廣博遠高於儒生。然通人、通儒之定義又絕不僅限於一般博學之士，其更重要的是能會通實踐以成功業，《論衡・超奇》曰：「凡貴通者，貴其能用之也。」、「衍《傳書》之意，出膏腴之辭，非俶儻之才，不能任也。」〔註20〕又應劭《風俗通》曰：「若能納而不能出，能言而不能行，講誦而已，無能往來，此俗儒也。」相反「儒者，區也。言其區別古今，居則玩聖哲之詞，動則行典籍之道，稽先王之制，立當時之事，綱紀國體，原本要化，此通儒也。」〔註21〕是總而言之，「通儒」在學術上有「多聞博識」、「博達疏通」的特點，在行事上則能「知大體」，「立當時之事，綱紀國體」，務於事功，強

〔註16〕南朝宋・范曄撰，唐・李賢等注：〈馬融傳〉，《新校後漢書注》，卷90上，頁1下。

〔註17〕南朝宋・范曄撰，唐・李賢等注：〈崔駰傳〉，《新校後漢書注》，卷82，頁14上。

〔註18〕魏・徐幹撰，孫啟治解詁：〈治學篇〉，《中論解詁》，頁5。

〔註19〕漢・王充撰，黃暉校釋：〈別通篇〉，《論衡校釋》，卷13，頁591。

〔註20〕漢・王充撰，黃暉校釋：〈超奇篇〉，《論衡校釋》，卷13，頁606。

〔註21〕南朝宋・范曄撰，唐・李賢等注：〈杜林傳〉李賢注引應劭《風俗通》，《新校後漢書注》，卷57，頁5下。

調廣泛運用所學指導現實。〔註22〕這種特色在傅燮、傅幹的上疏、進諫中皆有體現，更在傅玄《傅子》中有更為明確的表達。

　　蓋傅玄對晉武帝雖一再強調以儒學為王教之首，但同時亦主張「通儒達道，政乃升平」，其體認各家思想的存在價值，以為「諸子之異如四時」，而真正的聖人之道，是能夠使其皆「合而通」。《傅子》一書多置入雜家，具有兼綜各家的傾向，他在《傅子》中對諸子思想加以評說，言曰：

> 見虎一毛，不知其斑。道家笑儒者之拘，儒者嗤道家之放，皆不見本也。（《傅子‧補遺上》）

> 知人之難，莫難於別真偽。設所修出於為道者，則言自然而貴玄虛；所修出於為儒者，則言分制而貴公正；所修出於為縱橫者，則言權宜而貴變常。九家殊務，各有其長，非所為難也。（《傅子‧補遺上》）

在此其分別論述儒家、道家、縱橫家所偏重，認為在實際的應用中，則可選擇各家之長，故不必相互輕詆，更好的做法是通達彼此。家學與家風是相互影響的，家學既有存重儒學，同時又不專事俗儒之學，而博通眾家之傳統，而此種思想特色所對應者，又是以「立當時之事」為目的，重在學以致用之人，故傅燮、傅幹皆務於有為，積極參與政治，進言獻策，在亂世之中故與避世隱居的「處士」，及和黨連群、相互標榜的「浮華」之徒分道揚鑣，這種對立的形成，勢必也為後來傅玄的力圖反玄帶來一定影響。

二、剛直守正，務於有為

　　傅燮、傅幹行事風範的共同特點，首先是心中有所堅守，有一個視為「正」的標準，即是儒家的思想準則，其在各方面雖有所折衷，但在基本標準上卻不會做出絲毫讓步，故若有不正之事，則決不放過，一定不避後果，以剛直的態度與之對抗。東漢時宦官亂政，傅燮素疾之，不僅在討黃巾軍前，上疏直指黃巾之亂，禍根就在「閹豎弄權，忠臣不進」。至後來宦官有意收買傅燮，燮正色拒絕，言曰：「遇與不遇，命也；有功不論，時也。傅燮豈求私

〔註22〕于迎春曰：「漢代應劭的這一定義，不僅要求對古典文化精神之義的了解、掌握、熟稔，而且尤其強調士人當能運用書本知識和學理來影響、指導當前的社會現實，有補於世事。從較為持平的角度而言，所謂『通儒』，便是以其淵博的學識，不僅區別而且打通古與今、書本與時事、理論與行動的學士儒者。」參見于迎春：〈以「通儒」、「通人」為體現的漢代經術新變〉，《中州學刊》（1996年第4期），頁123～128。

賞哉！」堅定地站在奸佞的對立面，態度剛硬，絲毫不為利益屈志。傅燮的態度非只針對宦官，遇到朝中有不正之舉，無論官階，其一律義正言辭，給與批評，如時司徒崔烈欲以「涼州兵亂不解，徵發天下役賦無已」〔註23〕為由，棄守涼州，傅燮聞此厲言道：「斬司徒，天下乃安。」傅燮郡望北地即屬涼州，其向靈帝說明涼州所處地理位置，具有重要的戰略意義，表明「若使左衽之虜得居此地，士勁甲堅，因以為亂，此天下之至慮，社稷之深憂也」，指出崔烈此舉完全未將國家社稷安危考量在內，故其所諫言不是「極蔽」就是「不忠」。傅燮不因地位、聲名、榮寵改變態度，一向以剛直守正的態度處事，糾舉奸邪，輔弼朝政，是以「朝廷重其方格，每公卿有缺，為眾議所歸」。〔註24〕

　　同時，應當指出的是，就反對宦官的表現來看，傅燮顯然與黨錮之禍中的清流，站在同一陣線，其重氣節，捨生就義之表現，即可與范滂、李膺同觀，然傅燮務於有為，建立事功，真正以實際行動捍衛漢王朝的政權，而未沾染清流相互提拂標榜的流弊，王夫之因而贊其：「非徒節義之士也，允矣其可為社稷之臣矣。」〔註25〕傅幹在事功這方面更不必多言，其輾轉至曹操陣營，多所謀劃，是一位不可多得的謀士。〔註26〕然一些人因此認為傅幹偏重權謀，為乘時之士，〔註27〕筆者不能完全認同，筆者認為這種抉擇的分歧，時代因素是很重要的變量，觀傅幹規勸曹操施行仁政禮教，評劉備以「寬仁有度」、評諸葛亮以「達治知變」、評張飛、關羽以「勇而有義」（《傅子·補遺上》）見其心中猶堅守儒家的道德標準，而至其作〈王命敘〉，更是流露出反對曹操嬗代之意，並表明自己擁戴漢室之心。

　　具體而言，〈王命敘〉首先有明顯模仿，東漢初年班彪之〈王命論〉的痕跡，而班氏之文是為規勸隗囂歸順漢朝所作，其以為「漢德承堯，有靈命之

〔註23〕宋·司馬光編：《資治通鑑》，卷58，頁15。

〔註24〕南朝宋·范曄撰，唐·李賢等注：〈傅燮傳〉，頁8下。

〔註25〕清·王夫之：《讀通鑑論》，卷8，頁261。

〔註26〕今人劉治立甚至將其與諸葛亮合論，認為傅幹對曹袁優劣、天下局勢的分析皆切中實際，又是曹操集團中最早評價諸葛亮的謀士，其生平經歷及政治智慧，與諸葛亮有諸多相似之處。劉治立：〈傅幹與諸葛亮合論〉，《安康師專學報》第17卷第4期（2005年8月），頁84～86。

〔註27〕如魏明安、趙以武言：「傅燮剛直而忠義，重在事功；傅幹機敏而乘時，偏於權謀。」參見魏明安、趙以武：《傅玄評傳》，頁31。

符,王者興祚,非詐力所致」。〔註28〕傅幹之〈王命敘〉亦有類似言語:「故雖有威力,非天命不授,雖有運命,非功烈不章。」〔註29〕強調僅僅憑藉武力不能成就帝業。此外,更大量舉證漢高祖、漢光武帝功績德業,及天命預兆,宣揚漢王受命的正統性,並指出當以王莽篡漢、公孫述僭號等為戒。關於此文的現實意義和影響,吳婉霞即評價道:「就現存史籍反映的情況看,從輿論宣傳方面反對曹操的篡代行徑,傅幹大概是最露骨的一個。」〔註30〕

總而言之,筆者認為傅燮、傅幹在學術思想上,以儒學為主,而強調博涉眾家,通達事理,應用於實際;在行為處事上,則是與學術思想之特色相應的,強調有為於世,以綱紀國體為務;在文化性格上則皆尚德,剛直守正,不與奸邪同流,此種家族文化對後代也產生一定影響,世稱傅玄「剛正少容」、〔註31〕「剛勁亮直,不能容人之短」,〔註32〕實家風之流衍。

第二節　傅玄反玄務實之思想根底

漢魏之際,針對名不副實的浮華之風,曹操主張「以刑為先」,推行名法之治加以抑制,強化君主集權,其後曹丕、曹睿皆順此政策,對浮華加以糾正,一時刑名之學蔚為風尚。此種以檢校名實、糾姦察偽之方法為主的刑名之學,亦即名理學。作為一種方法論,可以與儒、法、道諸家思想結合,其雖具有抑制浮華的意義,卻又間接促進了玄學的發展,成為玄學產生的橋樑。〔註33〕同時,名法之治於施行中,一旦循名核實過度,便易用法深重,流於苛細,使人無從措手足,引起部分士人感到理想與現實的衝突,轉以道家思想為進路,尋求更高層次的理論,發展出超脫於現實之外的玄遠之學。如王弼〈老子指略〉言:「法者尚乎齊同,而刑以檢之;名者尚乎定真,而言以正

〔註28〕南朝宋・范曄撰,唐・李賢等注:〈班彪列傳〉,《新校後漢書注》,卷70上,頁1下。

〔註29〕漢・傅幹:〈王命敘〉,唐・歐陽詢等:《藝文類聚》(上海:上海古籍出版社,1999年),卷10,符命部,頁189。

〔註30〕吳婉霞:《傅玄及《傅子》研究》,頁36。

〔註31〕明・張溥著、殷孟倫注:〈傅中丞題詞〉,《漢魏六朝百三家集題辭注》(北京:人民文學出版社,1981年),頁127。

〔註32〕唐・房玄齡撰:〈傅玄傳〉,《晉書》,頁1317。

〔註33〕此就名理學的方法論而言,如與名理學密切相關的才性論,後期脫離關於政治成分的討論,一轉成為清談主題,而「名理」一詞更由與玄遠之論對立,變為暢玄者清談的必備技能。

之。……夫刑以檢物，巧偽必生；名以定物，理恕必失。……斯皆用其子，而棄其母。」〔註34〕王弼視此為離真害性，捨本逐末。其糾善察法令滋彰、嚴刑之失，而主崇本息末，回歸自然之性。

　　齊王芳執政的正始年間，以夏侯玄、何晏、王弼為代表的正始名士「始盛玄論」，〔註35〕他們在學術上，不再停留於校練名實、任官取士等現實層面的考量，而是自《老子》、《莊子》、《周易》中獲取養分，從而進入到對「本末有無」之主題，即天地萬物存在之根本的鑽研，並且提出以「以無為本」、「體無用有」為思想基礎的理論體系。〔註36〕而在政治上，則與貴無思想相對應的，以援道入儒的方式，〔註37〕試圖將道家的自然無為，與儒家的綱常倫理加以結合，論證名教出於自然，而賢君聖人應「以自然用」、〔註38〕「因而不為」之理，〔註39〕要言之，即主張君主拱默無為，減少繁禮法綱對臣民的干涉。〔註40〕

〔註34〕三國魏・王弼撰，樓宇烈校釋：〈老子指略〉，《王弼集校釋》，頁196。

〔註35〕南朝梁・劉勰撰，范文瀾注：〈論說〉，《文心雕龍注》，卷4，頁327。

〔註36〕《晉書・王衍傳》載：「魏正始中，何晏、王弼等祖述《老》《莊》，立論以為：『天地萬物皆以無為本。無也者，開物成務，無往不存者也。陰陽恃以化生，萬物恃以成形，賢者恃以成德，不肖恃以免身。故無之為用，無爵而貴矣。』」唐・房玄齡撰：〈王衍傳〉，《晉書》，卷43，頁1236。

〔註37〕湯一介：「魏晉玄學是指魏晉時期以老莊思想為骨幹企圖調和儒道，會通『自然』與『名教』的一種特定的哲學思潮，它所討論的中心為『本末有無』問題，即用思辨的方法來討論有關天地萬物存在的根據的問題，也就是說表現為遠離『世務』和『事物』形而上學本體論的問題。」高晨陽曰：「所謂玄學，是指魏晉時期以老莊思想為骨幹，以會通儒道為主旨而研究『玄理』的一種特定的哲學思潮，它重在從本體論的高度解決『無』的心境問題，於內以安頓人的心靈，於外以安置政治人倫。」參見湯一介：《郭象與魏晉玄學》（北京：中國人民大學出版社，2015年），頁13、高晨陽：《儒道會通與正始玄學》（濟南：齊魯書社，2000年），頁14。

〔註38〕晉・張湛：〈仲尼篇〉注引夏侯玄言，《列子注》，卷4，頁5。

〔註39〕何晏在〈景福殿賦〉中對自己的政治理想加以闡述：「聖上猶孜孜靡忒，求天下之所以自悟。招忠正之士，開公直之路。想周公之昔戒，慕咎繇之典謨。除無用之官，省生事之故，絕流遁之繁禮，反民情於太素。」三國魏・何晏：〈景福殿賦〉，《全三國文》，卷39，頁555。

〔註40〕王弼《老子指略》言：「聖人不以言為主，則不違其常；不以名為常，則不離其真；不以為為事，則不敗其性；不以執為制，則不失其原矣。」又如其注《老子》49章曰：「若乃多其法網，煩其刑罰，塞其徑路，攻其幽宅，則萬物失其自然，百姓喪其手足。鳥亂於上，魚亂於下，是以聖人之於天下，歙歙焉心無所主也，為天下渾心焉，意無所適莫也。」三國魏・王弼撰，樓宇烈校釋：《老子指略》、《老子道德經注》，《王弼集校釋》，頁196、130。

　　至竹林玄學時期，司馬氏奪權後，虛偽的禮教統治愈加令人無法忍受，以阮籍、嵇康為代表的士人，故渴望衝決禮法束縛，對異化的禮教進行更為激烈的反抗與批判，他們崇尚人的自然真性，因此提出「越名教而任自然」的主張，認為「人性以從欲為歡，抑引則違其願，從欲則得自然」，〔註41〕直接否定了禮法教化的意義。然而需特別注意的是，這種希望君主「無為而治」的主張，其出發點是在反對於異化為統治工具，且過度束縛，進而違背人性的名教，從而達到緩和社會矛盾的目的，因此無論是何晏、王弼還是阮籍、嵇康，對真正的禮教都是持維護態度的，對儒家正名定分的思想之於社會穩定的意義是認可的。這種維護和反對看似矛盾，實則並不衝突，唯玄學發展至後期，則有一些人不能明白其中真意，而僅把握其反抗的一面來談，從而導致任誕虛浮之風日益盈於朝野，而儒學綱常禮教受到衝擊。

　　傅玄的政治思想不從正始玄學家溝通儒道入手，而以儒法結合的理路來立論，此繼承濫觴於荀子，而漢初由賈誼、陸賈、董仲舒等人所推崇的禮法之治，即王霸道雜用的政治理念，其言：「釋法任情，奸佞在下，多疑少決，譬執腐索以馭奔馬。專任刑名，民不聊生。通儒達道，政乃升平。」（《傅子·釋法》）又云：「經之以道德，緯之以仁義，織之以禮法，既成而後用之。」（《傅子·補遺上》）在他看來尚猛嚴法，只適合用於亂世而非治世，他心目中的理想政治，以重建儒學的倫理秩序為目的，以法家思想為達成仁政理想之手段，折衷儒法，如此一方面以君主慎於有為，反無為而天下定的論調，一方面以禮法本乎自然人性，強調刑禮兼濟對匡正風俗的意義，以下即從這兩方面加以論述。

一、以儒為本的治國方針

　　傅玄提出其政治思想的背景，即是玄學在竹林時期後的衍盛階段，玄學的政治主張因誤解而變調，從會通儒道，至僅崇尚莊老無為之道。因此傅玄欲從匡正此虛無放蕩之風，就需從政治制度層面進行思想的變革，而首當其衝就是解決最根本的問題，即是逆轉君主「無為」的觀念，而主張通過君主「有為」，但這種「有為」並非任意妄為，而是通過對自身的修持，施行德政，從而慎於有為，達到「無為」之化的效果。進一步而言，傅玄的反玄主要是為反玄風之弊，而他主要的方法是以修復催生玄學產生的腐敗土壤，就是解決

〔註41〕嵇康：〈難自然好學論〉，《全三國文》，卷50，頁616。

現有的政治危機，直面司馬氏掌權以來的問題，改變君主的主張習尚，從而
匡正整個社會的風氣，以此從根本上使玄學無從發展。傅玄所試圖重建的是
真正的禮教，是符合自然人情的名教禮法，正因此他一些主張與何晏、王弼、
夏侯玄等人是有所重疊的。

　　晉武帝初登帝位，傅玄時領諫職，針對玄風盛行，綱常禮法受到衝擊，
社會失序的局面，提出以儒為本的的政治理念，即是儒學為王教之首，認為
應「尊其道，貴其業，重其選」，並師法先王之政，「明其大教，長其節義」，
從而使「道化隆於上，清議行於下，上下相奉，人懷義心」。〔註42〕而實際上，
在尚未入晉之時，傅玄於《傅子》一書中，已提出此種政治理念，且在各個方
面加以擴充、完善，以下從君主欲治人則先修身正己，與君主對臣民的態度
兩方面進行論述。

（一）正己以安人

　　作為實施教化者，傅玄首先對君主提出道德境界提升的要求，《傅子》曰：
「治人之謂治，正己之謂正，人不能自治，故設法以一之。身不正，雖有明
法，即民或不從，故必正己以先之也。」此雖強調以法治人的意義，但又指出
法起到作用前提在於君主之正己，是君主必先正己而後方能治人。

　　傅玄此主張實承繼儒家一貫以來的政治理念，即以「為政以德」立論，
〔註43〕進而強調「人能弘道，非道弘人」〔註44〕之賢人政治。儒家自孔子即
主張「為政在人」，認為「其人存，則其政舉；其人亡，則其政息」，〔註45〕
又「政者正也，子率以正，孰敢不正」。〔註46〕其後孟子沿襲此觀點，曰：「君
仁，莫不仁；君義，莫不義；君正，莫不正。一正君而國定矣。」〔註47〕至

〔註42〕唐・房玄齡撰：〈傅玄傳〉，《晉書》，頁1317。

〔註43〕此固與法家不同，法家反對賢人政治，主張君主應以法與勢執政，《韓非子・
　　　　五蠹》曰：「魯哀公，下主也，南面君國，境內之民莫敢不臣。民者固服於勢，
　　　　勢誠易以服人。故仲尼反為臣，而哀公顧為君。仲尼非懷其義，服其勢下。
　　　　故以義，則仲尼不服於哀公；乘勢，則哀公臣仲尼。」在法家看來，君主不
　　　　必德如堯舜，而應著重於對勢的掌握，主張「人主處制人之勢，有一國之厚，
　　　　重賞嚴誅，得操其柄。」、「使中主守法術，拙匠執規矩尺寸，則萬不失矣。」
　　　　建立嚴格的刑法，使臣民迫於其威，以此維持秩序穩定。參見清・王先慎撰：
　　　　〈五蠹〉、〈用人〉，《韓非子集解》，卷19、8，頁342、346、152。

〔註44〕宋・朱熹：〈衛靈公〉28，《論語集注》，《四書章句集注》，頁233。

〔註45〕宋・朱熹：〈中庸章句〉，《四書章句集注》，頁37。

〔註46〕宋・朱熹：〈顏淵〉17，《論語集注》，《四書章句集注》，頁190。

〔註47〕宋・朱熹：〈離婁上〉20，《孟子集注》，《四書章句集注》，頁399。

荀子雖主張儒法結合亦不改此基本主張，認為：「有治人，無治法」，又曰：「法不能獨立，類不能自行，得其人則存，失其人則亡。」〔註48〕是皆認為君主應起到典範作用，成為道德楷模，從而由上至下地教化百姓，使臣民皆有道德，達到政治清明，社會安定之效果，此把統治者是否賢德，視作能否治理好國家的關鍵因素。而儒家政治的最理想狀態，是為「君子篤恭而天下平」，〔註49〕也可以說是一種「無為」的政治境界，孔子言：「無為而治者，其舜也與？夫何為哉，恭己正南面而已矣。」〔註50〕但這種「無為」是以有德者執掌政治，因應人之自然真性，推行仁義禮教為前提的，故與道家的無為有所不同。傅玄以此儒家德治為立論根本，故認為君主為治國之根本，因而強調君主自身的修養，認為君主不應當「無為」，〔註51〕取而代之的是應「恭己慎有為」〔註52〕，即修身正己，以自身德行推之於下，從而引導整體的風俗變化，達到「秉綱而目自張，執本而末自從」（《傅子·補遺上》）的效果。

順此思路而言，既為政以德，則正己的關鍵在於立德，而如何立德，傅玄在此同樣延續了傳統儒家思想，即特別標舉心的指導作用，以心為「神明之主」、「萬物之統」、「萬事主」（《傅子·正心》），〔註53〕因此若有邪心，「必有枉行，以枉行臨民，猶樹曲表，而望其影之直也」（《傅子·正心》），而正心即是要使其動而有節，動而不亂，使其動皆遵循正道。但筆者認為傅玄在此主張正心，而非盡心、養心，則已表明其是依循荀子之強調「心有徵知」，〔註54〕具有辨別、證偽的能力，故能以禮義導之向正的理路，而非孟子之以心有四善端，故即心言善的脈絡。在此基礎上，傅玄指出正心之於君主為政的意義所在，其言曰：

> 立德之本，莫尚乎正心。心正而後身正，身正而後左右正。左右正

〔註48〕清·王先謙撰：〈君道〉，《荀子集解》，卷8，頁209。
〔註49〕宋·朱熹：〈中庸章句〉，《四書章句集注》，頁53。
〔註50〕宋·朱熹：〈衛靈公〉4，《論語集注》，《四書章句集注》，頁226。
〔註51〕傅玄的理想政治境界，從對傅嘏的稱讚來看，是同於儒家之「無為」的境界，但其強調君主慎於有為，而至無為之化，故還是本之於有為。
〔註52〕晉·傅玄著，清·葉德輝輯：〈明君篇〉，《晉司隸校尉傅玄集》（長沙葉氏，1902年），頁103。
〔註53〕此用法或襲自荀子之將心稱作「形之君」、「神明之主」。清·王先謙撰：〈解蔽〉，《荀子集解》，卷15，頁367。
〔註54〕清·王先謙撰：〈正名〉，《荀子集解》，卷16，頁384。

而後朝廷正，朝廷正而後國家正，國家正而後天下正。故天下不正，

　修之國家；國家不正，修之朝廷；朝廷不正，修之左右；左右不正，

　修之身；身不正，修之心。所修彌近，而所濟彌遠。（《傅子·正心》）

這種由心正、身正至天下正的治國理路，無論從思想脈絡，還是語言表達的形式，完全本之於《大學》的內聖外王之道，是屬於「在外王的脈絡中做內聖工夫的形態」，實更接近荀子一系。〔註55〕此見傅玄將君主治理天下的根本，推至君主能否正心立德，若能心正，則有正德，從而推此心於人，由近及遠，由上及下，以濟之天下，如此以正德臨民，則民可不令而行，反之，若不行此道，傅玄即舉秦始皇「不推心以虐用天下」之例，直指此為亡秦之弊。

　　傅玄反復強調，欲正天下者先正其心之理，然而如何正心？傅玄接下來進一步指明，君主當立公心，行公道：

劉子問政。傅子曰：政在去私。私不去，則公道亡。公道亡，則禮教無所立。禮教無所立，則刑賞不用情。而下從之者，未之有也。夫去私者，所以立公道也。唯公然後可正天下。（《傅子·問政》）

又言：

夫能通天下之志者，莫大乎至公；能行至公者，莫要乎無忌心。唯至公，故近者安焉，遠者歸焉，枉直取正，而天下信之；唯無忌心，故進者自盡，而退不懷疑，其道泰然，浸潤之譖，不敢干也。……夫有公心，必有公道；有公道，必有公制。（《傅子·通志》）

以上兩段的立公，實可從兩方面來看，其一，公與私相對，明示君主應以大公無私治天下，此亦順儒家之德治仁政的思路而來，君主為有德君子，施行王道，必喻於義而非利，故君子之政以民為本，與民同心，行公義，而非私利，此即「大道之行也，天下為公」之意。〔註56〕其二，由第一層含義引申開來，即是公平、公正之意，儒家德治思想中，賢人執政甚為重要，故傅玄特

〔註55〕《大學》曰：「古之欲明明德於天下者，先治其國；欲治其國者，先齊其家；欲齊其家者，先脩其身；欲脩其身者，先正其心；欲正其心者，先誠其意；欲誠其意者，先致其知；致知在格物。物格而後知至，知至而後意誠，意誠而後心正，心正而後身脩，身脩而後家齊，家齊而後國治，國治而後天下平。」宋·朱熹：〈大學章句〉，《四書章句集注》，頁4。此是由「明明德於天下」之外王的政治目標，引申出內聖的工夫理路。參見劉又銘：〈《大學》思想的歷史變遷〉，收入於黃俊傑主編：《東亞儒者的《四書》詮釋》（上海：華東師範大學出版社，2008年），頁13。

〔註56〕清·朱彬撰：〈禮運〉，《禮記訓纂》（北京：中華書局，1996年），卷9，頁331。

別強調了，君主在任人取士上的公平、無忌心，其言：「若親貴犯罪，大者必議，小者必赦，是縱封豕於境內，放長蛇於左右也。」（《傅子·補遺上》）強調任人不公的嚴重性，此與荀子言：「公平者，職之衡也」、「正義之臣設，則朝廷不頗」立意相同。〔註57〕

更進一步落實地講立公去私的具體做法，傅玄則提出經國立功之道，在於息欲、明制，即君主應節制慾望，除去一己私慾，使國家不要因自己的私慾，被過度驅使，息欲是明制的前提，唯有將私心去除，才能建立公制，使賢者被舉薦，而不肖者見黜。其言曰：

> 天下之福，莫大於無欲，天下之禍，莫大於不知足。無欲則無求，無求者，所以成其儉也。不知足，則物莫能盈其欲矣。莫能盈其欲，則雖有天下，所求無已，所欲無極矣。海內之物不益，萬民之力有盡；縱無已之求，以減不益之物；逞無極之欲，而役有盡之力；此殷士所以倒戈干牧野，秦民所以不期而周叛，曲論之好奢而不足者，豈非天下之大禍邪？（《傅子·曲制》）

傅玄認為君主好奢而不知足，就是逞無盡之欲，役有盡之力，則民反而叛之，天下之禍莫大於此，故主張息欲知足，而尚節儉，此種觀念普遍為先秦思想家、政論家所提倡，並無新意。〔註58〕但在《傅子》一書中，傅玄屢次提及

〔註57〕清·王先謙：〈王制〉、〈臣道〉，《荀子集解》，卷5、9，頁132、230。法家也甚重公平，《商君書》：「聖人之為國也，壹賞，壹刑，壹教。」慎子言：「法以齊之」齊一是法的作用，法家是從法律制度的角度統一刑賞教化的標準，就此意義而言是利於公的。然而儒家與法家的公，又是完全不同的，即法家認為「匹夫有私便」私人之利，代表個人的利益，而「人主有公利」，則公利是人主之利，代表國家利益，《韓非子》言：「息文學而明法度，塞私便一功勞，此公利也」即是認為臣民理應服從君主統治，故需用法度，引導其壓制私欲以就公利，此完全為君主專制服務，用於加強對臣民的控制，其義與儒家看似重合，實則有本質上的不同，而在此問題上，也可以明確看到，傅玄理論的提出完全是以儒學為本的。參見戰國·商鞅等撰：〈賞刑〉，《商君書》（臺北：中華書局據西吳嚴氏校本校刊，2016年），卷4，頁5、清·王先慎：〈八說〉，《韓非子集解》，卷18，頁326。

〔註58〕孔子曰：「節用而愛民，使民以時。」墨子曰：「其財用節，其自養儉，民富國治。」老子67章言：「我有三寶，持而保之。一曰慈，二曰儉，三曰不敢為天下先。」參見宋·朱熹：〈學而〉5，《論語集注》，《四書章句集注》，頁63、清·孫詒讓：〈辭過〉，《墨子閒詁》（北京：中華書局，2001年），卷1，頁20、三國魏·王弼撰，樓宇烈校釋：《老子道德經注》，《王弼集校釋》，頁170。

君主應節制慾望一事，〔註59〕則需格外引起注意。傅玄其實是在針對當下存在的現實問題進行規勸，魏晉時期整個統治階級皆瀰漫著濃重的奢侈之風，東晉王導言：「自魏氏以來，迄於太康之際，公卿世族，豪侈相高。」〔註60〕這股奢侈之風，實因上行下效而來，此在曹丕時已有兆頭，明帝曹叡則更變本加厲，陳壽評曰：「於時百姓彫弊，四海分崩，不先聿脩顯祖，闡拓洪基，而邊追秦皇、漢武，宮館是營，格之遠猷，其殆疾乎！」〔註61〕極力批判其為政奢淫過度之失。君主奢靡，則臣民亦隨之競逐豪奢，傅玄認為其帶來諸多負面影響，故有此論。惜晉武帝在即位之初，尚能有鑒於魏氏奢侈之弊，而「厲以恭儉，敦以寡慾」，〔註62〕至平定吳國後，卻滋生驕傲自滿之心，而日益荒殆，導致西晉奢侈之風更勝前代，而傅玄之子傅咸則接替其父，對此歪風加以抨擊。

（二）崇仁而興利，開信以立下

前面一節論及君主施政，首先要通過正心，立公去私，對自己進行修養，此是正己的部分，而正己之後如何將德行推至天下，則是治人的部分。針對人與人之間的相處，傅玄進而提出，君主需「崇仁」與「立信」，其言曰：「割地利己，天下仇之；推心及物，天下歸之。以信接人，天下信之；不以信接人，妻子疑之。見疑妻子，難以事君。君子修身居位，非利名也，在乎仁義。」（《傅子‧補遺上》）傅玄在儒家眾多德目中，最強調便是仁與信，以此二者為天下歸附之道。

「仁」作為儒家思想中最為重要的精神內核，再次被傅玄重點加以強調出來，其言：

> 昔者聖人之崇仁也，將以興天下之利也。利或不興，須仁以濟天下。

〔註59〕除這裡所引用的篇章，在其他篇章中亦常見到類似的規勸之語。如《傅子‧校工》曰：「縱欲者無窮，用力者有盡，以有盡之力，逞無窮之欲，此漢靈之所以失其民也。上欲無節，眾下肆情，淫奓並興，而百姓受其殃毒矣。」又《傅子‧檢商賈》言：「是以上用足而下不匱。故一野不如一市，一市不如一朝，一朝不如一用，一用不如上息欲，上息欲而下反真矣。」晉‧傅玄：〈傅子‧校工〉、〈傅子‧檢商賈〉，《全晉文》，卷47，頁305。

〔註60〕唐‧房玄齡撰：〈王導傳〉，《晉書》，卷65，頁1746。

〔註61〕晉‧陳壽撰，南朝宋‧裴松之注：〈魏書‧明帝紀〉，《新校三國志注》，卷3，頁115。

〔註62〕唐‧房玄齡撰：〈武帝紀〉，《晉書》，卷3，頁80。

有不得其所，若己推而委之於溝壑然。夫仁者，蓋推己以及人也。故己不欲，無施於人。推己所欲，以及天下。推己心孝於父母，以及天下，則天下之為人子者，不失其事親之道矣。推己心有樂於妻子，以及天下，則天下之為人父者，不失其室家之歡矣。推己之不忍於饑寒，以及天下之心，含生無凍餒之憂矣。此三者，非難見之理，非難行之事，唯不內推其心，以恕乎人，未之思耳，夫何遠之有哉！古之仁人，推所好以訓天下，而民莫不尚德；推所惡以誡天下，而民莫不知恥。（《傅子·仁論》）

在此傅玄延續仁者愛人的解釋理路，認為「仁」即推己及人，就是「己所不欲，勿施於人」的「恕」道，將他人視同自己，傅玄主張君主不僅以仁修養自己，正心而成己善，更需以身作則，主動推行仁道，即崇尚仁恕之道，使百姓皆能內推己心於人，由此整肅風俗。此外需特別注意，傅玄論君主何以崇仁，是將「仁」與「利」結合而論，〔註63〕從事功、功利的角度言推行仁義，此與孔子有所不同，而與荀子類近，這種說法也與傅玄的人性論有關，此留待下一節再做詳細論述。傅玄認為聖人崇仁，或治亂，或治平，其目的均在勿使不仁加諸天下，從而「立善防惡」。〔註64〕君主推行仁義，則百姓間亦興仁恕之道，故行善舉，而推至天下人皆有「事親之道」、「室家之歡」，無「凍餒之憂」，此即君主崇仁為百姓所興之利。君主以仁恕為百姓興利，百姓反之亦以仁恕利君主，此故仁人能為天下所歸附的原因。

傅玄的做法，與玄學本乎道家之「無為」，即認為君主不應有所崇尚的觀點截然相反。然而傅玄雖認為君主應有所為，有所尚，但一再強調其應當建立在為政以德，具體而言即公心與仁心的基礎之上，為百姓而非為自身的政權，此實針對當時名教政治過於苛刻之弊的批判，與玄學家的批判性是一致的。傅玄從立的角度批判，認為應振興真正的儒道，玄學家則從破的角度，認為虛偽的名教禮法不可依循，故認為其本身就是不合自然人性的，

〔註63〕《傅子·無名章》亦言曰：「利天下者，天下亦利之；害天下者，天下亦害之。利則利，害則害，無有幽深隱微，無不報也。仁人在位，常為天下所歸者，無他也。善為天下興利而已矣。」晉·傅玄：〈傅子·無名章〉《全晉文》，卷48，頁311。

〔註64〕所謂「立善防惡」即如《傅子·補遺上》所言：「聞一善言，見一善事，行之唯恐不及；聞一惡言，見一惡事，遠之唯恐不遠。」晉·傅玄：〈傅子·補遺上〉，《全晉文》，卷49，頁315。

應當直接摒除。

在推行崇仁而利天下的同時，傅玄主張君主開信以立下，強調君主以信接人，對化世美俗、安上治民的重要性，其有言：

> 蓋天地著信，而四時不悖；日月著信，而昏明有常；王者体信，而万國以安；諸侯秉信，而境內以和；君子履信，而厥身以立。……講信修義，而人道定矣。若君不信以御臣，臣不信以奉君，父不信以教子，子不信以事父，夫不信以遇婦，婦不信以承夫；則君臣相疑於朝，父子相聚於家，夫婦相疑於室矣。小大混然而懷好心，上下紛然而競相欺，人倫於是亡矣。夫信由上而結者也。故君以信訓其臣，則臣以信忠其君，父以信誨其子，則子以信孝其父。夫以信先其婦，則婦以信其夫，上秉常以化下，下服常而應上，其不化者，百未有一也。夫為人上，竭至誠，開信以待下，則懷信者歡然而樂進，不信者赧然而回意矣。（《傅子·義信》）

在此傅玄首先從天道角度來論述人之信德，由天行有常，即自然事物有信德，使四時、昏明常行不悖，「信」乃天地運行之規律，是禮教得以維繫之大本。推向君主應當具備信德，並以之與臣民相處，如此也可使天下安寧，此亦順荀子之基於天道成就人道的論述脈絡。〔註65〕「信」在孔子時即被強調出來，其一方面作為君子的必備修養，是「仁」的重要構成部分；一方面則在政治層面，以「信」為立民之根本。〔註66〕當其作為君子的內在修養之意時，也

〔註65〕如荀子〈天論〉言：「天職既立，天功既成，形具而神生，好惡喜怒哀樂臧焉，夫是之謂天情。耳目鼻口形能各有接而不相能也，夫是之謂天官。心居中虛，以治五官，夫是之謂天君。財非其類以養其類，夫是之謂天養。……其行曲治，其養曲適，其生不傷，夫是之謂知天。」董仲舒於〈陰陽義〉中，進一步闡發這種思考理路，則有：「故為人主之道，莫明於在身之與天同者而用之。」，又〈王道通三〉曰：「人生於天而取化於天」等論。參見清·王先謙撰：《荀子集解》，卷11，頁286、漢·董仲舒著，周桂鈿譯注：《春秋繁露》（北京：中華書局，2011年），頁154、151。

〔註66〕如孔子〈陽貨〉6曰：「能行五者於天下，為仁矣。」請問之。曰：「恭、寬、信、敏、惠。恭則不侮，寬則得眾，信則人任焉，敏則有功，惠則足以使人。」、〈顏淵〉7曰：「民無信不立」，荀子更是對「信」的政治意義加以擴充，如其〈議兵〉言：「政令信者強，政令不信者弱。」又〈疆國〉曰：「假今之世，益地不如益信之務也。」參見宋·朱熹：《論語集注》，《四書章句集注》，頁237～238、186、清·王先謙撰：《荀子集解》，卷10、11，頁250、280。

可被稱作「誠」，《大學》云：「養心莫善於誠」，是儒家主張內誠於心，而外信於人，故傅玄也極強調「竭至誠」，而後開信以立下，此符合儒家的基本觀點，即「信」必以「誠」為基礎。因此這裡傅玄實際上是在規勸君主，以「誠」心，及「信」行，與臣民相接，在此基礎上，臣民則亦不欺於上，如此上下相安則人倫定矣。此重信誠，正反映當時由上至下缺乏誠信也。荀子也特別強調「信」，其言：「用國者，義立而王，信立而霸，權謀立而亡」，此處由王道至霸道再到亡國，水平依次遞減，而把「信立」作為分水嶺，即是將「信」德作為君主的基本素養。

另外需特別注意，在對「忠」這一敏感話題的討論上，傅玄將其與「信」作關聯，趙以武、魏明安認為：「從現存文字考察，傅玄討論的問題，多涉及臣民關係，關乎治亂興衰之道，不應該忽略『忠』、『義』之理；不見『忠』、『義』之理，而以『信』取而代之，大論特論，其中另有原因。」〔註67〕筆者不能完全認同此說法，「忠」、「義」多用於形容臣的品質，而傅玄所論為治體之事，其對象為君主，故目前未見單獨論「忠」、「義」的篇章，然而這並不代表傅玄不主張臣忠，事實上《傅子》中有頗多地方論及忠，並未顯示出傅玄特別為司馬氏避諱言此。

傅玄曰：「故君以信訓其臣，則臣以信忠其君」（《傅子‧義信》），是以「忠」須建立在相互信任的基礎上，認為若君主不信，就會導致臣不敢盡其忠，如此必造成奸臣競進，忠臣隱沒的後果，其言：「故禍莫大於無信，無信則不知所親，不知所親，則左右盡己之所疑，況天下乎！信者亦疑，不信亦疑，則忠誠者喪心而結舌，懷奸者飾邪以自納。此無信之禍也。」（《傅子‧義信》）筆者認為這裡雖未明示，然傅玄所主張的應為儒家傳統的君臣觀，即臣忠君，而尊君乃建立在君明、君有道的前提上，孔子嘗言：「君使臣以禮，臣事君以忠。」〔註68〕孟子亦云：「君之視臣如手足，則臣視君如腹心；君之視臣如犬馬，則臣視君如國人；君之視臣如土芥，則臣視君如寇仇。」〔註69〕荀子更是直言：「從道不從君」，〔註70〕皆顯示出君臣之間，是一種相對的倫理關係，知識分子具有獨立的精神人格，其並不是如同法家一味地尊君，強調君權至上，臣

〔註67〕趙以武、魏明安：《傅玄評傳》，頁151。
〔註68〕宋‧朱熹：〈八佾〉19，《論語集注》，《四書章句集注》，頁88。
〔註69〕宋‧朱熹：〈離婁下〉3，《孟子集注》，《四書章句集注》，頁406。
〔註70〕清‧王先謙撰：〈臣道〉，《荀子集解》，卷9，頁230。

子愚忠，無條件的服從，傅玄故格外推舉直臣。〔註71〕傅玄特別強調君主自身的修養，即是用力於使君能夠最大限度合乎道，發揮仁義、誠信，從而令臣民真正的忠於君。

二、刑禮兼濟的施政手段

大抵而言，傅玄的政治思想架構，是以先秦儒家的思想立論，雖在後面提到其人性論，與對刑法的觀念均有受到法家思想影響，但其根本上還是以德治、人治反法術之治；以以民為本，反以君為本，故其主張君主一方面推愛人之心於民，一方面以誠心開信於民，此二者為君主推行禮法的精神內核，君主唯有正心立公，而後秉此二道，方能因順人之本性推行禮法作為具體的施政手段。換言之，所謂正心、立公、崇仁、開信，皆為君主必備之德行，而在君主正己之後，下一步則是通過具體方法，將德行推至百姓，在此方面，傅玄以「因物制宜」為原則，依據所觀察到的人之自然本性，以為人性如水，並因應於此，認為應推行禮法兼濟的治國方法，以「推所好以訓天下，而民莫不尚德；推所惡以誡天下，而民莫不知恥」（《傅子·仁論》），刑禮兩盡其用，終可收匡正風俗之效。

（一）「人性如水」之論

傅玄對君主之施政手段的主張，實立基於其人性觀，即「人性如水」之論：

> 人之性如水焉，置之圓則圓，置之方則方，澄之則淳而清，動之則流而濁。先王知中流之易擾亂，故隨而教之，謂其偏好者，故立一定之法。（《傅子·補遺上》）

此乍看之下，與告子以水喻人性的觀點相似，即「性猶湍水也，決諸東方則東流，決諸西方則西流。人性之無分於善與不善，猶水之無分於東西也。」〔註72〕告子是以「生之謂性」為出發點，故「食色性也」，「性」是生而即有的慾望，

〔註71〕在這方面與儒家對立的是法家，法家主張君主集權，故特別強調尊君卑臣，申子即以應「以名責實，尊君卑臣，崇上抑下」，又《管子·明法》曰：「明主在上位，有必治之勢，則群臣不敢為非。是故群臣之不敢欺主者，非以愛主也，以畏主之威勢也；百姓之爭用，非以愛主也，以畏主之法令也。……故令行禁止，主尊而臣卑。」君主與臣民間的關係，不是出於仁、信，而是出於法令，故二者間完全是壓制與被壓制的關係，以此確立君主的絕對支配地位。參見唐·杜佑：〈刑法八·寬恕〉注引劉向《別錄》，《通典》（北京：中華書局，1988年），卷170，頁4408。清·戴望：〈明法解〉，《管子校正》，卷21，頁343。

〔註72〕宋·朱熹：〈告子上〉2，《孟子集注》，《四書章句集注》，頁455。

而這種慾望本身，無所謂善與不善。然而依循告子的人性脈絡，則其不認可人之「性」具有超越性，人性具備善的可能，此終則推至楊朱之學，以「貴己」、「重生」為主，而輕仁義、賊德性，又與道家相通，魏晉玄學之士肆情縱慾的主張實基於此。傅玄此處雖以人性如水，然其後所言，又明確指出通過引導，水有圓、方、清、濁之別，筆者認為此處之圓與方，應就氣質之性而言，〔註73〕清、濁則就善、惡而言，傅玄在論水可清、可濁後，故順言人性易受擾亂，故對應之以立教與立法兩方面加以引導。

由此觀之，傅玄言性句式與比喻雖與告子略同，就本義而言則反而與孟子反駁告子之義類近，孟子云：「今夫水，搏而躍之，可使過顙；激而行之，可使在山。是豈水之性哉？其勢則然也。人之可使為不善，其性亦猶是也。」〔註74〕此聯繫孟子性善說，即在強調人性中具有善之可能，猶水可搏、可激，按傅玄之說即可方、可澄，然此「善」尚處於「端」的狀態，故人與禽獸之異「幾希」，因此人性之「善」並不是必然，若不留意存養，就易受環境影響而為不善。

孟子重視人性本有的善的可能，傅玄亦認為「人有好善尚德之性」（《傅子‧戒言》），若「懷好利之心，則善端沒矣」（《傅子‧貴教》），批評「商韓孫吳，知人性之貪得樂進，而不知兼濟其善」，認為「不濟其善，而唯力是恃，其不大亂幾希耳。」（《傅子‧貴教》）他認為役力無禮義之教，是為亂源。而所謂「達治」，更在於能使「天下履正，而咸保其性」（《傅子‧正心》）。據此而言，傅玄既以人有善端，而當保性，是已表明其認可人性中具有先驗的善，此故與荀子以善為後天「積偽」所得不同，因此筆者認為傅玄的人性論，並非完全屬於荀子的理路。〔註75〕但傅玄之強調人性中有惡的部分，認為「夫貪榮重利，常人之性也」（《傅子‧戒言》）、「人之性，避害從利」（《傅子‧貴教》），則與荀子類近。〔註76〕此乃就自然義立言。

〔註73〕所謂氣質之性，即如傅玄言：「蒯躬字叔孝，性方嚴有容儀」、「邴原性剛直」等。參見晉‧傅玄：〈傅子‧補遺下〉，《全晉文》，卷50，頁320。

〔註74〕宋‧朱熹：〈告子上〉2，《孟子集注》，《四書章句集注》，頁455～456。

〔註75〕段宜廷認為「傅玄的人性論，是屬於荀學一路的」，筆者以為不全然如此。參見〈正始儒者──傅玄的荀學思想闡微〉，《東吳中文線上學術論文》第30期（2015年6月），頁38。

〔註76〕荀子之「性惡」又有吸收法家之處。法家主性惡說，以「人性惡」、「民性善亂」、「吏欲為奸」，故認為需利用民眾趨利避害之心理，因其好惡施以賞罰，而「禮」中所包含的人之善性，在法家看來則無法確保，故法家不依靠道德教化，而採用一種以刑去刑的思考模式。

　　總而言之，傅玄的人性論基本上與儒家思想是一脈相承的，即強調人性的可塑性，[註77] 認為人性中雖有善惡的不同可能，然人可以為善，且人應當向善，此為人與禽獸之別，更是人性與天命的融合。但其特別處在於，傅玄綜合孟子與荀子人性觀點，[註78] 認為人「有善可因，有惡可改」（《傅子·貴教》），主張通過使用禮教、刑法，一方面存養人性之善，一方面改變人性之惡，使歸於中正。

（二）隆禮貴學

　　漢魏以來，儒家禮法日漸衰微，名士主張情感解放，稱情任自然，擺脫禮教束縛。[註79] 但實際上此種變化的產生，很大程度上源於當時禮教本身存在問題，王弼言：

> 夫敦樸之德不著，而名行之美顯尚。則修其所尚而望其譽，修其所道而冀其利，望譽冀利以勸其行，名彌美而誠愈外，利彌重而心愈競。父子兄弟，懷情失直，孝不任誠，慈不任實，蓋顯名行之所招也。患俗薄而名行興，崇仁義，愈致斯偽。[註80]

直指禮教之虛偽，是其已喪失真情，而流於表演，成為競逐名利的工具。至司馬氏當權，其行篡位弒君之事，本身即不仁不義之人，卻以各種道德禮法約束他人，且以之作為打擊、宰制與自身利益相衝突之人的武器。同時，當時又有如賈充、王沈之人，賣主求榮，加官進爵；王祥、何曾之徒，沽名釣譽，坐享榮寵。他們明明背棄禮法，卻到處宣揚禮法，這些禮法之士所奉行的，實為一種異化的禮教體制，是以經學為統治工具，形成封閉的意識形態，

〔註77〕自孔子就有言：「性相近也，習相遠也」、「富與貴是人之所欲也，不以其道得之，不處也。貧與賤，人之所惡也，不以其道得之，不去也。」認為人的本性相近，其中固然有貪圖富貴的自然欲求，然通過學與習，以是否有道為標準，則在眾人中可見出君子小人之別。宋·朱熹：〈陽貨〉2、〈里仁〉5，《論語集注》，《四書章句集注》，頁246、93。

〔註78〕謝繡治認為傅玄人性觀為孟子與荀子的綜合，筆者以為然，而這實際上就是其學術思想以儒法兼綜為特點的體現。參見謝繡治：〈傅玄的儒家思想發微〉，《國文學報》第2期（2005年6月），頁255。

〔註79〕魏晉士人重情、崇尚任情而動，向秀之言：「有生則有情，稱情則自然，若絕而外之，則與無生同，何貴於有生哉？」即甚具代表性。順此觀點而言，竹林七賢之放達行徑，如劉伶脫衣裸體、阮籍居喪飲酒、阮咸居母喪越禮，皆為其時任自然而輕禮法的具體表現。三國魏·向秀：〈難嵇叔夜養生論〉，《全晉文》，卷72，頁449。

〔註80〕三國魏·王弼撰，樓宇烈校釋：《老子指略》，《王弼集校釋》，頁199。

以忠、孝、廉、潔等儒家思想控制社會、打擊異己。

　　禮教被玄學之擁戴者視為糟粕，然而傅玄卻指出禮教喪失之弊，即當經學衰微，儒家之倫理道德，失去原有約束力之時，人性之善端得不到保護引導，則從善者少，故人盡以縱慾為主，趨利避害，好逸惡勞，最終就會造成「士樹奸於朝，賈窮偽於市，臣挾邪以罔君主，子懷利以詐其父。」（《傅子・檢商賈》）之亂局。基於此，傅玄對君王提出「宣德教者，莫明乎學。」（《傅子・補遺上》），以貴學為重新建立禮教的方法，〔註81〕傅玄認為「學以道達榮，不以位顯」（《傅子・補遺上》），「學」非為爭奪名利，其意義應為洗滌人心，〔註82〕此強調在「學」的過程中修養善性，故「學」以達道為高，甚有別於那些為開榮利之途，「計而後學」的禮法之士。〔註83〕

　　傅玄既以匡正風俗為目的，其貴學中故特別強調「因善教義」、「因義立禮」的禮義之學，其言：

> 人之所重，莫重乎身。貴教之道行，士有仗節成義死而不顧者矣。此先王因善教義，因義而立得也。因善教義，故義成而教行；因義立禮，故禮設而義通。……人之性，避害從利，故利出於禮讓，即修禮讓；利出於力爭。則任力爭。修禮讓，則上安下順而無侵奪；任力爭，則父子幾乎相危，而況於悠悠者乎！（《傅子・貴教》）

此一方面可以見出，傅玄認為人性中，雖有好善尚德的一面，卻並不肯定人之道德，可以完全自主地由內發出，故主張隆禮貴教，從而以「利出於禮讓」的方式，由外在的禮義教化，引導百姓向善，修禮讓而不以力爭，使天下得治。此處傅玄與荀子一致，均有將禮義外化之意，強調「禮」具有維持社會秩序的意義，使「禮」之作用類同於「法」，〔註84〕突出其可正名定分，使上下、

〔註81〕此非僅傅玄一人之見，魏晉之際多有儒學支持者提出類似觀點，如王昶言：「欲崇道篤學，抑絕浮華，使國子入太學而修庠序。」晉・陳壽撰，南朝宋・裴松之注：〈魏書・王昶傳〉，《新校三國志注》，卷27，頁749。

〔註82〕傅玄言：「人皆知滌其器，而莫知洗其心。」晉・傅玄：〈傅子・補遺上〉，《全晉文》，卷49，頁317。

〔註83〕嵇康〈難自然好學論〉：「故六經紛錯，百家繁熾，開榮利之塗，故奔騖而不覺。」、「以此言之，則今之學者，豈不先計而後學？苟計而後動，則非自然之應也。」嵇康反對這種為開榮利之途而學的人，因其人性觀採類似告子之說，故認為此違反自然，然傅玄之說以人性中本有善端，故禮學亦無違於自然。三國魏・嵇康：〈難自然好學論〉，《全三國文》，卷50，頁616。

〔註84〕禮與法之界限本身就「細微難於驟定」，蕭公權曰：「法有廣狹二義，與禮相似。狹義為聽訟斷獄之律文，廣義為治政整民之制度。就其狹義言之，禮法

內外、貴賤、親疏各居其位的作用。蓋傅玄非常重視正名定分，認為「懸千金於市，市人不敢取者，分定也。委一錢於路，童兒爭之者，分未定也。」(《傅子・補遺上》)是以「辨上下者，莫正乎位」、「統內外者，莫齊乎分」(《傅子・補遺上》)，以正名定分為治國安民的必備因素。而在傅玄看來，施行禮儀之教，即是實現正名定分的最佳方式：

> 先王之制禮也，使疏戚有倫，貴賤有等，上下九代，別為五族。骨肉者，天屬也，正服之所經也。義立者，人紀也，名服之所緯也。正服者本於親親，名服者成於尊尊。親尊者服重，親殺者轉輕，此遠近之理也。尊崇者服厚，尊降者轉薄，此高下之敘也。(《傅子・補遺上》)

通過禮義之教，在君主與臣民間，形成一套固定的價值規範體系，按傅玄的話講便是使「三本」得以立，〔註85〕在此體系下，人們各居其位，各守其分，則尊卑上下有序，此乃崇本則末從也。

　　而另一方面也可見出，傅玄以人有善端，故亦強調禮本於人性，且認為「由近以知遠，推己以況人，此禮之情也」(《傅子・禮樂》)，而「推己及人」在傅玄看來就是「仁」，故亦可言「仁」為「禮」之根本，此實與孔子將「禮」之精神內化於仁的脈絡無二。〔註86〕傅玄認為「禮」的目的在於，使人們的

之區別顯然。若就其廣義言之，則二者易於相混。」是儒法兩家，皆從周禮中吸收思想養分，予以發揮，而周之禮制中，同時含有道統與政統的成分，法家言禮則偏向規章制度，即法的角度，儒家言禮偏向禮樂文化的角度。荀子常合稱禮法，其以禮為「治之始」，法為「治之端」，以「非禮是無法也」，又言：「禮者法之大分，類之綱紀也。」又將禮視作檢視群臣之方式，《荀子・儒效》曰：「禮者，人主之所以為群臣寸尺尋丈檢式也。」且《荀子・議兵》曰：「禮者，治辨之極也，強固之本也，威行之道也，功名之總也。」，認為禮具有治辨、強固、威行、功名之意義，是知在荀子思想中禮的本質實更近於法。參見蕭公權：《中國政治思想史》(北京：商務印書館，2011 年)，頁79、清・王先謙撰：〈王制〉、〈君道〉、〈修身〉、〈勸學〉、〈儒效〉、〈議兵〉，《荀子集解》，卷 5、8、1、4、10，頁 142、209、27、9、126、259。

〔註85〕《傅子・禮樂》曰：「能以禮教與天下者，其知大本之所立乎！夫大本者，與天地並存，與人道俱設，雖蔽天地，不可以質文損益變也。大本有三，一曰君臣，以立邦國；二曰父子，以定家室；三曰夫婦，以別內外。三本者立，則天下正；三本不立，則天下不可得而正。天下不可得而正，則有國有家者亟亡，而立人之道廢矣。」此應本於荀子之「禮有三本」說。晉・傅玄：《傅子・禮樂》，《全晉文》，卷 47，頁 307。

〔註86〕孔子〈八佾〉3 言：「人而不仁，如禮何？人而不仁，如樂何？」是以「仁」為「禮」之精神內核，仁禮互濟。宋・朱熹：《論語集注》，《四書章句集注》，頁 82。

善性得到發揮，因此禮需因義而立，絕非僅為外在強行的規範。傳玄在書中多次強調禮當由情而出，如其因為禮不合情，故不認同俗儒所設之禮：「《禮》云：『繼父服齊衰。』傳子曰：『母捨己父，更嫁他人，與己父甚於兩絕天也。又制服，恐非周孔所制，亡秦焚書以後，俗儒造之。』」（《傳子·補遺上》）又如其言：「大孝養志，其次養形。養志者盡其和，養形者不失其敬。」（《傳子·補遺上》）是以「志」為「孝」之先行，若不得已「養形」，也要以「敬」為基本的持守。是前言君主立公去私，崇仁立信，實為施行禮教，隆禮貴學的前提，唯有在持此精神內核的前提之下，所推行之禮教才不會僵化，也才能不會造成士人的苦悶與反抗。傳玄以此化解曹魏以名法、司馬氏以名教為治以來，禮法所帶來的束縛感、壓迫感，避免使禮教完全外化為法，變為強制性的統治工具，將禮與仁的關係重新建立起來，而保留禮的真正精神。

（三）刑禮相濟，而先禮後刑

前述傳玄之人性論時已有提及，傳玄是以人性中一方面有善可因，一方面則有惡可改，故其在注重禮教的同時，也強調刑罰的應用。傳玄父傳幹言：「蓋禮樂所以導民，刑罰所以威之，是故君子忌禮，而小人畏刑，雖湯武之隆，成康之盛，不專用禮樂，亦陳肉刑之法。」〔註87〕傳玄繼承並發揚其父觀點，同樣認為若完全不用刑、法加以約束，使人民縱慾、縱情而為，則奸佞必生於下，此實如「執腐索以御奔馬」（《傳子·釋法》），勢必無法使社會穩定。故君主不能僅以仁德治民，同時還需立威於眾，傳玄言：「夫威德者，相須而濟者也。故獨任威刑而無惠，則民不樂生；獨任德惠而無威刑，則民不畏死。民不樂生，不可得而教也；民不畏死，不可得而制也。」（《傳子·治體》）這裡所謂的威與德，具體而言就是賞與罰、〔註88〕禮與法。因此傳玄相應地提出「禮法殊塗而同歸，賞刑遞用而相濟」（《傳子·法刑》）之主張，即施政治民應以「刑禮兼濟」為原則，蓋「禮」以稱仁，「法」以立威，君主欲同時樹立「德」

〔註87〕漢·傳幹：〈肉刑議〉，《全後漢文》，卷81，頁207。

〔註88〕傳玄曰：「治國有二柄：一曰賞，二曰罰。賞者，政之大德也。罰者，政之大威也。」此與韓非子「二柄」說論同，《韓非子·二柄》曰：「明主之所導制其臣者，二柄而已矣。二柄者，刑德也。何謂刑德？曰：殺戮之謂刑，慶賞之謂德。」然而二者只是手段相同，出發點卻截然不同，韓非子的目的是在於集權，是以君為主，傳玄之目的則在於導人向善，是以民為本，傳玄實確立儒家的政治理想，而輔以法家之治道。參見晉·傳玄：《傳子·治體》，《全晉文》，卷47，頁304。

與「威」，就必採取「禮」、「刑」並施的手段。其認為「立善防惡謂之禮，禁非立是謂之法。法者，所以正不法也。」(《傅子・法刑》) 是以「刑」與「禮」的作用各自不同，所針對人群和情況亦不同，禮是針對惡尚未發出之時，引導人善性的萌發，防止惡行的出現；法則用於惡行既已產生，立法律刑條加以懲治，使人畏懼而不敢為非，從外力的壓迫，使其不可不向善。

　　事實上，關於刑法、德禮並濟的理論，自先秦就已存在，《尚書・康誥》有言：「惟乃丕顯考文王，克明德慎罰」，〔註89〕明言德政並非不用刑罰，而是慎用。《左傳》中亦有許多德刑並論的例子，如《左傳・僖公十五年》載：「德莫厚焉，刑莫威焉；服者懷德，貳者畏刑」、《左傳・僖公二十五年》載：「德以柔中國，刑以威四夷」、《左傳・宣公十二年》載：「叛而伐之，服而捨之，德刑成矣」，〔註90〕凡此皆見春秋時期，諸侯即多以德與刑的均衡使用，作為保持秩序的手段。

　　孔子對西周禮樂文化加以反思與重構，使禮樂不僅停留在儀節的層面，而賦予其「一以貫之」的仁道，並提出仁政、德治的主張。同時，孔子也未完全拋棄刑的作用，仍以為政需「寬猛並濟」。〔註91〕孔子雖以「齊之以禮」為優，〔註92〕但觀「禮樂不興，則刑罰不中」、〔註93〕「君子懷德，小人懷土；君子懷刑，小人懷惠」〔註94〕等語，又可見出其「德刑兼濟」的思想傾向。荀子批評當時儒家學者，片面地繼承孔子思想，過分強調禮治，專恃德治，誇大道德作用的做法，同時繼承孔子「德刑相濟」，以禮治為主的理念，並以儒家思想為根基，對當時各家思想，尤其是法家思想加以吸收，提出「隆禮重法」的主張：「古者聖人以人之性惡，以為偏險而不正，悖亂而不治，故為之立君上之埶以臨之，明禮義以化之，起法正以治之，重刑罰以禁之，使天

〔註89〕漢・孔安國傳，唐・陸德明釋文，唐・孔穎達正義：〈康誥第十一〉，《尚書注疏》第七冊 (北京國子監明萬曆十五年刊本，1587年)，卷14，頁4。

〔註90〕楊伯峻：〈僖公十五年〉、〈僖公二十五年〉、〈左傳・宣公十二年〉，《春秋左傳注》(新北：漢京文化事業股份有限公司，1987年)，頁236、434、722。

〔註91〕孔子嘗評子大叔鎮壓盜賊之事曰：「善哉，政寬則民慢，慢則糾之以猛，猛則民殘，殘則施之以寬，寬以濟猛，猛以濟寬，政是以和。」實亦刑禮兼濟之論調。楊伯峻：〈昭公二十年〉、《春秋左傳注》，頁1421。

〔註92〕孔子云：「道之以政，齊之以刑，民免而無恥；道之以德，齊之以禮，有恥且格。」宋・朱熹：〈為政〉3，《論語集注》，《四書章句集注》，頁70。

〔註93〕宋・朱熹：〈子路〉3，《論語集注》，《四書章句集注》，頁196。

〔註94〕宋・朱熹：〈里仁〉11，《論語集注》，《四書章句集注》，頁96。

下皆出於治，合於善也。」〔註95〕除在人性論理解上存在差異，傅玄與荀子之禮法、刑德並濟的觀點則基本一致。

在禮法之治的具體施行中，有關於刑禮先後、輕重的問題，傅玄也與荀子觀點相同，即是皆以先禮後刑，德主刑輔為原則，荀子以「聖人化性而起偽，偽起而生禮義，禮義生而制法度」，〔註96〕禮相較於法，更接近根本的目的，故禮先於法。傅玄亦認為：

> 天地成歲也，先春而後秋；人君之治也，先禮而後刑。治世之民，從善者多，上立德而下服其化，故先禮而後刑也。亂世之民，從善者少，上不能以德化之，故先刑而後禮者。……剛猛之主，聞先王之以五刑糾萬民，舜誅四凶而天下服也。於是峻法酷刑以侮天下，罪連三族，戮及善民，無辜而死者過半矣。下民怨而思叛，諸侯乘其弊而起，萬乘之主死於人手者，失其道也。齊秦之君，所以威制天下，而或不能自保其身，何也？法峻而教不設也。末儒見峻法之生叛，則去法而純仁，偏法見弱法之失政，則去仁而法刑，此法所以世輕世重，而恒失其中也。（《傅子·法刑》）

傅玄心中的理想狀態應為先禮後刑，但在不同處境之下，即亂世與治世時，又可相應地權衡輕重，總而言之，即認為無論何時，刑禮皆不可偏廢，不能「去法而純仁」，亦不可「去仁而法刑」，二者的施用關鍵在於「用其中」，即符合當時的實際情況。但此處還應結合傅玄所處之時代，來看其處於治世或亂世，筆者認為傅玄此書的主要目的，在於制定一系列使國家長治久安之策，且就書中花了頗大篇幅，論證君主應施德政，故應當是以治世為背景立論。蓋漢末三國時期，曹魏面對漢末亂政，主張法術之治，頗收成效，然這種偏重於法的治國手段，在國家安定後繼續，就造成頗多人的反對，認為過於嚴苛，〔註97〕故當時有很多關於刑禮先後的論辯。〔註98〕司馬氏當權後的一系列排除異黨的行為，實過曹氏而無不及，嚴刑峻法雖能立馬見得成效，卻過分強調壓抑個人為集體利益服務，極度壓榨個人權利，從而致使「人而不人」，引發反抗，玄學名士違禮背教的放達之舉即是此後果的體現。傅玄在上疏中，

〔註95〕清·王先謙撰：〈性惡〉，《荀子集解》，卷17，頁404～405。
〔註96〕清·王先謙撰：〈性惡〉，頁404～405。
〔註97〕時人以「魏法嚴苛」。參見唐·房玄齡撰：〈衛瓘傳〉，《晉書》，卷36，頁1055。
〔註98〕於此《傅玄評傳》有頗詳細的討論，可以參看。趙以武、魏明安：《傅玄評傳》，頁164～165。

提及「亡秦之病復發於今」，所謂亡秦之病，傅玄在書中一再論及，即殘禮樂、賊九族、破五教、競留意於刑書、獨任威刑酷暴之政所引發的亡國之禍，簡言之，就是偏重刑法之治，而不興禮教。基於此，傅玄的主張更應是立論於治世，而主張先禮後刑，以禮治、德治為主。

在刑禮關係的論辯之下，當時關於肉刑是否應當恢復，〔註99〕引發廣泛的討論。肉刑在漢文帝時即已被廢止，而改以他刑代之，〔註100〕然至漢末三國時期，在戰亂憑仍，綱紀廢弛之局面下，曹操提出「撥亂之政，以刑為先」，〔註101〕主張以法治國，並曾兩次詔令群臣，重提恢復肉刑之事，時如荀彧、鍾繇、陳群皆表示讚同，傅玄父傅幹亦作〈肉刑議〉，表明認同荀子之觀點，指出肉刑作為古制，具有懲惡揚善的作用，固不當除。〔註102〕傅玄繼承傅幹的論點，並且著重針對當時反肉刑論者，以「下愚不移」，故「殺人可也」的論調，〔註103〕進行批駁，其言曰：

> 或曰：「漢太宗除肉刑，可謂仁乎？」傅子曰：「匹夫之仁也。非王天下之仁也，夫王天下者，大有濟者也，非小不忍之謂也。先王之制，殺人者死，故生者懼；傷人者殘其體，故終身懲。所刑者寡，而所濟者眾，故天下稱仁焉。今不忍殘人之體，而忍殺之，既不類

〔註99〕 所謂肉刑，《尚書·呂刑》言：「苗民弗用靈，制以刑，惟作五虐之刑曰法。殺戮無辜，爰始淫為劓、刵、椓、黥。」劓為割鼻，刵為割耳，椓即後來的宮刑、腐刑，黥為刺面，凡此不直接剝奪人的性命，而以傷殘部分肢體作為懲罰的刑罰稱為肉刑。漢·孔安國傳，唐·陸德明釋文，唐·孔穎達正義：〈呂刑第二十九〉，《尚書注疏》第 10 冊，卷 19，頁 25。

〔註100〕 漢文帝之去除肉刑，在兩漢時期實已遭到反對，此主要針對兩點：其一，認為如改斬右趾為死刑，斬左趾為笞五百，其看似是仁政，實則加重了刑罰，使罪不當死者率多死。其二，則認為肉刑作為死刑與生刑之間的中間刑，其被廢止實際上造成了「死刑既重，而生刑又輕」的局面，使輕重無品。綜合以上兩點，故時人有謂去除肉刑是：「外有輕刑之名，內實殺人。」魏晉議復肉刑者，實亦不出此兩種基本論點。漢·班固撰，唐·顏師古注：〈刑法志〉，《漢書》，卷 3，頁 240。

〔註101〕 三國魏·曹操：〈以高柔為理曹掾令〉，《全三國文》，卷 2，頁 354。

〔註102〕 傅幹〈肉刑議〉：「肉刑不當除有五驗，請言其理，荀卿論之備矣。」《荀子·正論》曰：「以為人或觸罪矣，而直輕其刑，然則是殺人者不死，傷人者不刑也。罪至重而刑至輕，庸人不知惡矣，亂莫大焉。凡刑人之本，禁暴惡惡，且懲其未也。殺人者不死，而傷人者不刑，是謂惠暴而寬賊也，非惡惡也。」漢·傅幹：〈肉刑議〉，《全後漢文》，卷 81，頁 207、清·王先謙撰：〈正論〉，《荀子集解》，卷 12，頁 303。

〔註103〕 三國魏·夏侯玄：〈肉刑論〉，《全三國文》，卷 21，頁 453。

> 傷人刑輕，是失其所以懲也。失其所以懲，則易傷人；人易相傷，
>
> 亂之漸也。猶有不忍之心，故曰匹夫之仁也。」(《傅子・問刑》)

傅玄指出立刑之初，本以殺人者處死刑，傷人者處肉刑，然若去除肉刑，則一方面，意味著一部分本可處肉刑，保全性命的人，變為處死刑，失去性命，實剝奪其向善的機會；另一方面，一部分本應處肉刑，予以重罰之人，變為處輕罰，實不足以達到使其畏懼而促其向善的目的。是無論從哪方面觀之，廢止肉刑皆失其「所以懲」，即違背施行刑法的本意，故傅玄以此作法為「匹夫之仁」，而非「王天下之仁」。傅玄還補充舉例道：「今有弱子，當陷大辟，問其慈父，必乞以肉刑代之，苟可以生易死也。有道之君，能不以此加百姓乎？蛇螫在手，壯夫斷其腕，謂其雖斷不死也。」(《傅子・補遺上》)傅玄強調君主應崇仁，將「己所不欲，勿施於人」之仁推至天下，這裡以父子關係作比擬，即順此邏輯，蓋父親選擇肉刑以保子性命，是慈愛的表現，是人之所欲，君主亦為慈父，故應能體會此種慈愛之心，而推之眾人。由以上可以見出，傅玄主張恢復肉刑，看似是重刑而先刑後禮的主張，實則其重點，全在施行肉刑是否符合人性，是否有利於推行仁義之道，是否可輔助禮義教化導人向善，故傅玄之恢復肉刑的主張，正是其禮法兼濟，而先禮後刑，以儒家仁義為理想，以法家刑罰為手段之思想的集中體現。

總而言之，即如賀麟言：「有所謂法家的法治，亦有所謂儒家的法治。前者即申韓式的法治，主張由政府或統治者頒布苛虐的法令，厲行嚴刑峻法，以滿足霸王武力征服野心，是刻薄寡恩、急功好利，是無情無義的。……而儒家的法治……則與之不同。它是法治與禮治、法律與道德、法律與人情相輔相行、兼顧並包的。法律是實現道德的工具，是人自由本性的發揮，絕不是違反道德、桎梏自由的。」〔註104〕由傅玄所提出的施政手段來看，其在要求君主為政以德的同時，在德治仁政的基礎上，講求法治，是以德為本，以法為用，法令之施行目的在於道德的實現，所推崇並非申韓之法治，實為支持「儒家的法治」者，故其一方面反對玄風對秩序的破壞，一方面直面問題，從符合人性的角度，對衰敗而異化的名教禮法加以改造，試圖使秩序得到重建。

〔註104〕 賀麟：〈儒家思想的新開展〉，《文化與人生》(北京：商務印書館，1999 年)，頁 20。

第三節 傅玄反玄務實思想之具體表現

前一章節主要談及，傅玄主張治國應以儒學之德治為主，君主需先正己，正心立公修養自身，進而崇仁開信以至天下；而在施政手段上，則沿著荀子之思考脈絡，兼雜儒法，強調禮法並用，德主刑輔，如此以慎於有為，反玄學之士的無為而治。〔註105〕此是從政治理論、治國理念之根本來反玄，本章節則從傅玄的兩個最明顯的主張，來看傅玄針對玄風所帶來的不良影響，在其政治理念之下，所作出反玄的具體行動。

一、推崇清議，反「虛無放誕」之論

傅玄直面表示對玄風之反對，是在其上書晉武帝之諫言中：

> 臣聞先王之臨天下也，明其大教，長其義節。道化隆於上，清議行於下，上下相奉，人懷義心。亡秦蕩滅先王之制，以法術相御，而義心亡矣。近者魏武好法術，而天下貴刑名；魏文慕通達，而天下賤守節。其後綱維不攝，而虛無放誕之論盈於朝野，使天下無復清議，而亡秦之病復發於今。〔註106〕

此實暗諷曹操及曹丕政治失策，過於嚴峻與過於寬鬆，都不利於綱紀之維繫，由上一節所論，已清楚可知，傅玄所崇尚為以儒學為本的政治模式，主張為政以德，故隆禮貴學，然亦不失法治，在此基礎上，傅玄又特別反對「虛無放誕之論」，同時支持恢復「清議」，以「清議行於下」，作為理想政權的表現。這裡的「虛無放誕之論」，聯繫時代背景，當指始盛於齊王芳正始年間的清談之風，〔註107〕然而「清談」作為一種討論學術方式，何以對朝堂風氣產生影響？傅玄又為何反對「清談」，而支持「清議」？二者區別何在？本節即以這些問題為主，加以討論。

傅玄上疏的時間，是為西晉初立，此時的玄學相較於何晏、王弼時期，發生了一些變化。是在魏晉易代之際，目睹有為之士死於司馬氏與曹氏的血腥鬥爭中，以竹林七賢為代表的一部分士人，雖有濟世志，但選擇佯狂自晦，任誕縱酒，以避禍遠害，全身護志，同時也是對司馬氏為奪取政權，以異化

〔註105〕如王弼之「順而不施」、「因任自然」、「無為無造」即玄學家所講求之無為而治。

〔註106〕唐・房玄齡撰：〈傅玄傳〉，《晉書》，頁1317～1318。

〔註107〕在傅嘏一章節中，已論及清談之源起，故此處不再詳述。何晏、王弼吸收荀粲等玄論派之觀點，舉辦談辯會，大暢玄風。

之名教禮法為羅織人入罪之工具的反抗。是時如阮籍、嵇康，即喊出「越名教而任自然」、「禮豈為吾輩設」等論調，標榜老莊之學，以自然為宗，其目的則是表達自己，不願與司馬氏政權合作的政治立場，其行為放蕩的現象之下，實裏藏著內心的憤懣痛苦，及對現實政治的不滿，他們表面抨擊禮法，實際上他們對禮法的追求，並不亞於那些尊尚儒學禮法之士。此時這種任自然，脫略禮法的做法，於是在士人間蔚然成風，一些名士簡單地模仿魏晉名士任放誕達的舉動，言必稱以正始、竹林名士為標的。〔註108〕

　　阮籍、嵇康實為「有疾而顰」，其清談玄理、放誕越禮皆為避世遠害，同時表達立場。至魏末晉初向秀、郭象《莊子注》出，〔註109〕主張自然與名教統一，則使士人可集達官與名士身份於一身，所謂身在朝堂，而心在山林，如此一來，在士人間流行的玄風，更影響於政風，執政者用之入世，朝隱之風漸興。一些名士在門閥及選舉制度的護航下，輕而易舉獲居高位，其在學術上以老莊為尊，在行為上遺落世事，不拘禮教，在政治上以口談玄遠，不以世務為懷，不屑綜理事務為高明，徒有其名，卻無有相應的實際作為。

　　在上位者既服膺此風尚，則下效者愈多，〔註110〕此故為導致士風淫靡，政治名實不符，漸趨腐敗的關鍵因素所在，亦為傅玄反對「虛無放蕩之論」的主要原因，傅玄〈戒言〉一文，論及好言不好德之危害即言：

　　　　上好德則下修行，上好言則下飾辯。修行則仁義興焉，飾辯則大偽
　　　　起焉，此必然之徵也。德者，難成而難見者也；言者，易撰而易悅

〔註108〕葛洪即言：「世人聞戴叔鸞阮嗣宗傲俗自放，見謂大度，而不量其材力非傲生之匹，而慕學之。或亂項科頭，或裸袒蹲夷，或濯腳於稠眾，或溲便於人前，或停客而獨食，或行酒而止所親，此蓋左衽之所為，非諸夏之快事也。夫以戴阮之才學，猶以耽踽自病，得失財不相補，向使二生敬蹕檢括，恂恂以接物，兢兢以御用，其至到何適但儞哉！況不及之遠者，而遵修其業，其速禍危身，將不移陰，何徒不以清德見待而已乎！……今世人無戴阮之自然，而效其倨慢，亦是醜女暗於自量之類也。」指出放蕩之士未能體察其中精神內蘊，故只是單純對外在的模仿。晉·葛洪撰，何淑真校注：〈刺驕第二十七〉，《新編抱朴子》，頁152。

〔註109〕傅玄之此論或在郭象《莊子注》前，但此種自然與名教為一的觀念，實在魏末即已產生，如向秀之答司馬昭言，又如王戎居高位而無為等。

〔註110〕《晉書·儒林傳序》：「有晉始自中朝，迄於江左，莫不崇飾華競，祖述虛玄，擯闕里之典經，習正始之餘論，指禮法為流俗，目縱誕以清高，遂使憲章弛廢，名教頹毀，五胡乘間以竟逐，二京繼踵以淪胥，運極道消，可為長歎息者矣。」唐·房玄齡撰：〈儒林傳序〉，《晉書》，卷91，頁2346。

者也。先王知言之易，而悅之者眾，故不尚焉。不尊賢尚德，舉善

以教，而以一言之悅取人，則天下之棄德飾辯以要其上者不鮮矣。

何者？德難為而言易飾也。(《傅子·戒言》)

此處所謂「棄德飾辯」者，直指當時脫略禮法道德，而巧於談辯之人，故此傅
玄將善言者與有德者對立而論。在尊儒尚學，主張德治，以禮義教化為主的基
本理念下，傅玄認為有德者，唯有當其實際行為與德目對應，方可成立，果若
其行既符合道德，故可達到教化百姓的作用。進言之，即認為以正德臨民，不
令而行，而立德之本即是「正心」，而「正心」在於去私立公，見賢思齊，能做
到如是無欲，內外兼修，身心並行，則可化民成俗。至於善言者以易於飾偽的
口說論辯為務，輕視道德行修，故對禮義教化難有裨益。此實從言與德，進一
步談到言與行，而認為務於言者，易流於乘虛蹈空，無所作為，或無所不為，
不知節制；而修其德者，重在有為，又能慎於有為，此故最理想之狀態。

　　然而傅玄並未完全否定言語的價值，是其雖反對「虛無放蕩之論盈於朝
野」，但相應地則推崇「清議行於下」。「清議」一詞的含義，一般認為有兩種：
〔註111〕其一是指「鄉論清議」，此為漢晉間的普遍用法，如劉毅言：「置州都
者，取州里清議，咸所歸服，將以鎮異同，一言議。」〔註112〕衛瓘云：「其
始造也，鄉邑清議，不拘爵位，褒貶所加，足為勸勵，猶有鄉論餘風。」〔註
113〕皆此義，傅玄既強調選舉應尚德行，而以飾辯者棄德，是主張延續漢代
的選舉標準，將道德行為作為評品的主要依據，〔註114〕故這裡「清議行於
下」，應可包涵使「鄉論」、「鄉議」、時論、素論等充分發揮功用之意。其二，
「清議」於時亦可指稱「品覈公卿，裁量執政」的批評朝政之舉，〔註115〕如

〔註111〕唐翼明：〈「清議」詞義考〉，《魏晉清談》(臺北：東大圖書股份有限公司，
　　　　2018 年)，頁 46～52。

〔註112〕唐‧房玄齡撰：〈劉毅傳〉，《晉書》，卷 45，頁 1274。

〔註113〕唐‧房玄齡撰：〈衛瓘傳〉，《晉書》，頁 1058。

〔註114〕唐長孺曰：「東漢的選舉是以道德行為作為評量標準的，而這種道德行為乃
　　　　是儒家理論的實踐，即所謂『經明行修』。儒家所提倡的倫理秩序為由內向
　　　　外、由親及疏的擴展，將起點放在一個家族成員的道德行為上，然後推及鄉
　　　　黨。」唐長孺：《魏晉南北朝史論集》，頁 84。

〔註115〕唐翼明認為：「『清議』一詞雖然在黨錮前後產生，卻並不指黨錮前後士大夫
　　　　批評朝政之風，與我們今天在『漢末清議』一詞中的用法相當不同。」並且
　　　　唐翼明認為傅玄上疏中的「清議」，「還是指讓士人敦品勵行的鄉里清議，而
　　　　決非『品覈公卿』的『處世橫議』。」筆者於此持不同看法。參見唐翼明：
　　　　〈「清議」詞義考〉，《魏晉清談》，頁 47、50。

《三國志‧吳書‧吳主傳》載：「（沈友）正色立朝，清議峻厲，為庸臣所譖，誣以謀反。」〔註116〕又《三國志‧吳書‧張溫傳》載：「（暨豔）性狷厲，好為清議，見時郎署混濁淆雜，多非其人，欲臧否區別，賢愚異貫。」〔註117〕其中「清議」皆具糾察百官執政，考覈名實之意，而非僅指鄉舉里選之品覈。傅玄除在上疏中使用「清議」一詞，另有一處使用「清議」曰：「邴原性剛直，清議以格物」（《傅子‧補遺下》），此處「格物」非指格物致知，乃糾正他人行為之意，〔註118〕傅玄既將「清議」與「格物」相聯結，又以此為「性剛直」之表現，則此處「清議」非止「鄉論」而已，知傅玄之推崇「清議行於下」中之「清議」，亦當包涵此種品覈朝臣，糾除邪佞，監督執政之意。

筆者認為「清議」的兩種含義並不矛盾，前者用於選舉，後者用以監察，而究其根本目的，則無論從根源還是結果，皆保障任官名實相符，使君有道於上，而臣亦各居其位，各司其職於下。故傅玄提出崇尚「清議」之下，所表現出對循名責實，正名定分的重視，實與其從兄傅嘏一致。〔註119〕是傅玄同樣注重名理思想，認為：「國典之墜，猶位喪也。位之不建，名理廢也。」（《傅子‧補遺上》）強調「名理」的重要性，並認為其真正意義在於綱紀朝典，建立秩序，而名理思想所使用之刑名學的方法，亦當用於實際法制的分析，而非言語上的詭辯，故傅玄批評「樹上懸瓠，非本實也。背上披裘，非脊毛也」（《傅子‧補遺上》）一類談辯，為「似而非」之論，甚不可取。

蓋在傅嘏與荀粲談時，「清談」尚未真正確立，時談論尚分玄遠與名理兩派，然兩派在觀念上已有抵觸，〔註120〕至後來「清談」確立，而其內容偏向

〔註116〕晉‧陳壽撰，南朝宋‧裴松之注：〈吳書‧吳主權傳〉，《新校三國志注》，卷47，頁1117。

〔註117〕晉‧陳壽撰，南朝宋‧裴松之注：〈吳書‧張溫傳〉，《新校三國志注》，卷57，頁1330。

〔註118〕如《三國志‧魏書‧和洽傳》載洽言曰：「天下大器，在位與人，不可以一節儉也。儉素過中，自以處身則可，以此節格物，所失或多。」此處「以節格物」即意指以自身之嚴格操守，評判、糾正他人之非，此「格」乃「正」之意。晉‧陳壽撰，南朝宋‧裴松之注：〈魏書‧和洽傳〉，《新校三國志注》，卷23，頁655。

〔註119〕傅玄頗認同其從兄，《傅子》中論及傅嘏處，多有讚許之意，以之「清理識要」、「見理識情」，因在第三章已皆有引用，此處便不贅述。

〔註120〕劉大杰言：「清談一開始，就分成了兩派。這兩派人的思想行為以及談論的

玄遠，以探討哲理而非具體事務為主，故無濟世成俗之用，而其蔚為風尚之
結果，即導致「虛無放誕之論，盈於朝野」，尚言不尚德行、實幹才能之局面，
並造成任官名實不符的問題。傅嘏對何晏、夏侯玄等人加以批評，雖即「清
議以格物」之表現，卻未真正提出反「虛無放蕩之論」的政治主張。傅玄之崇
尚清議，實較傅嘏更進一步，然實則還是延續名理思想的脈絡，從人才選任
的現實政治角度進行反玄。

二、觀行驗實，反「懸言物理」之人

　　關於玄風盛行，對西晉朝政與社會所產生之負面影響，傅玄所言較籠統，
裴頠〈崇有論〉對此記載更為詳細：

> 雖頗有異此心者，辭不獲濟，屈於所狃，因謂虛無之理，誠不可蓋。
> 唱而有和，多往弗反，遂薄綜世之務，賤功烈之用，高浮游之業，
> 埤經實之賢。人情所殉，篤夫名利。於是文者衍其辭，訥者贊其旨，
> 染其眾也。是以立言藉於虛無，謂之玄妙；處官不親所司，謂之雅
> 遠；奉身散其廉操，謂之曠達。〔註121〕

干寶《晉紀‧總論》亦有言曰：

> 朝寡純德之士，鄉乏不二之老，風俗淫僻，恥尚失所，學者以莊老
> 為宗而黜六經，談者以虛薄為辯而賤名檢，行身者以放濁為通而狹
> 節信，進仕者以苟得為貴而鄙居正，當官者以望空為高而笑勤恪。
> 是以目三公以蕭杌之稱，標上議以虛談之名，……其倚杖虛曠，依
> 阿無心者，皆名重海內。〔註122〕

是時善於玄虛之談者，往往被目為高雅，從而備受推崇，甚至獲得晉升之階。
但其不過藉放蕩誕達之行，矜高虛浮，沽名釣譽罷了，取向、郭《莊子注》
「適性逍遙」思想，然不加檢別，隨意效仿，故僅以眼前享樂為計，以致頹靡
虛誕之風起，又以身在廟堂之上，心無異山林之間，以致「居官無官官之事，

內容，都有不相同的地方。名理派雖也有老莊的思想，但以刑名家為豐，談
論的內容，較為切近實際。在處事行政方面，保持法家的精神，也不反對儒
家。所以他們的行為並不浪漫，生活謹嚴，辦事極有規律，因此這一般人對
於當日士大夫的過於虛浮放誕，表示反對。如傅嘏、劉邵、鍾會、裴頠、孫
盛之流，可稱為這派的代表。」劉大杰：《魏晉思想論》（上海古籍出版社，
1998年），頁166。

〔註121〕晉‧裴頠：〈崇有論〉，《全晉文》，卷33，頁225。
〔註122〕晉‧干寶：〈晉紀總論〉，《全晉文》，卷127，頁2192。

處事無事事之心」，〔註123〕從而朝隱之風興盛。清談浮華之風，所影響下的人才觀，造成選舉不實不公等諸多問題，尚玄虛者在取士任人上造成的混亂，蓋以才辯為標榜的對象，以言論取勝，以言辯為能，重言輕實，重才輕德。傅玄針對這種情況，於推崇「清議」的同時，提出使「清議行於下」的關鍵在於：「舉清遠有禮之臣，以敦風節」，從而「退虛鄙，以懲不恪」。具體而言則是在其崇儒貴學的基本主張下，重新強調才德並重的才性觀，一方面以選賢尚德，扭轉「當官者以望空為高」、「標上議以虛談之名」的局面，另一方面，主張「用人得其要」，在有德的基礎上，考驗其才能，再依不同才能分配官職，務使「無曠庶官」，力求根除居官而不務庶事之行為發生的可能。

首先傅玄選人尚德，不僅強調君主的道德修養，更是注重臣下之道德操守，此亦沿襲儒家所主張之「為政在於得人」，〔註124〕即賢人主政的思路，是君主為官員之典範，官員為百姓之典範，故「舉直錯諸枉，則民服；舉枉錯諸直，則民不服」，〔註125〕舉正直，而廢邪枉，方能使民信服。這種傳統的選舉觀念，因魏武帝重刑名法家思想，而文帝崇通達無為之治皆不重德，又經歷玄學興盛，而以老莊為尊的思潮衝擊，故早已遭到破壞，〔註126〕時雖有多位朝臣試圖恢復任人以德的觀念，但收效甚微。傅玄作《傅子》，及晉初上疏，皆延續這種觀點，提出「興國家者，莫貴乎人」（《傅子‧補遺上》）的主張，認為：「不修行崇德，則不得此名，不居此位，不食此祿，不獲此賞，此先王立教之大體也。」（《傅子‧戒言》）以「修行崇德」作為任官的根本。

傅玄在具體人物品評中，也以是否有「德行」為重要標準，如其與傅嘏一樣，同何晏勢同水火，不能兩立。何晏官至尚書，作為在上位者，卻行為不檢，好服婦人之服，傅玄對此就批評道：

> 此妖服也。夫衣裳之製，所以定上下殊內外也。……若內外不殊，
> 王制失敘，服妖既作，身隨之亡。妹嬉冠男子之冠，桀亡天下；何
> 晏服婦人之服，亦亡其家，其咎均也。〔註127〕

〔註123〕唐‧房玄齡撰：〈劉惔傳〉，《晉書》，卷75，頁1992。

〔註124〕魏‧王肅著：〈哀公問政〉，《孔子家語》收錄於《文淵閣四庫全書》第695冊（臺北：臺灣商務印書館，1983年），卷4，頁17a。

〔註125〕宋‧朱熹：〈為政〉19，《論語集注》，《四書章句集注》，頁76。

〔註126〕何夔曾向曹操進諫曰：「自軍興以來，制度草創，用人未詳其本，是以各引其類，時忘道德。」晉‧陳壽撰，南朝宋‧裴松之注：〈魏書‧何夔傳〉，《新校三國志注》，卷12，頁381。

〔註127〕唐‧房玄齡撰：〈五行志〉，《晉書》，卷27，頁822～823。

此明衣裳之製有「定上下殊內外」的內在意義，「服妖」即服飾不合禮法，是為不慎德修、變節易度的表現，傅玄以此譏之，與傅嘏之斥其「敗德」並無二致。又如其評劉曄以「巧詐不如拙誠」，認為：「以曄之明智權計，若居之以德義，行之以忠信，古之上賢，何以加諸？獨任才智，不與世士相經緯，內不推心事上，外困於俗，卒不能自安於天下，豈不惜哉！」（《傅子‧補遺下》）亦以無德作為失敗原因的重要考量。

傅玄在用人尚德的主張中，特別強調「忠直」之臣，其特點是：「不敢隱君之過，故有過者知所以改，其或不改，以死繼之，不亦至直乎！」（《傅子‧信直》）此類大臣能被君主接受，實為批評朝政，糾舉奸佞之「清議」能夠真正施行的基礎，且能夠「設誹謗之木，容狂狷之人」（《傅子‧通志》），亦為君主「任公而去私，內恕而無忌」（《傅子‧通志》）的表現，其言：

> 明主患諫己者眾，而無由聞失也。故開敢諫之路，納逆己之言，敬所言出於忠誠，雖事不盡，是猶歡然受之，所以通直言之塗，引而致之，非為名也。以為直言不聞，則己之耳目塞，耳目塞於內，諫者順之於外，此三季所以至亡而不自知也。（《傅子‧通志》）

筆者認為傅玄舉忠直敢諫之臣，希冀君能納逆耳之言的做法，一則出於對口談玄虛，無益政事之人的批判而發；一則也可視為針對過度使用法術御下，以名教禮法為武器清掃異己，造成士人清議之路被禁絕的後果而言，[註128]即君若不能捨私慾，容忠直之臣，恐使人人自危，從而促使士人對現實政治

〔註128〕如王夫之言：「嵇康死而清議絕。」早期的玄學之士與漢末清流，實可比而同觀，是皆清議時政，不願與肉食者同流合污者。蓋清議朝政最為儒家所主張，在儒家觀點中，認為士人為官應當保持獨立人格，故面對君主之失，應直言規諫，如《論語‧季氏》2載：「天下有道，則庶人不議。」言外之意，天下無道時，議政批評是應當的，又《論語‧先進》23載：「以道事君，不可則止。」《孟子‧萬章下》7載：「以位，則子君也，我臣也，何敢與君友也；以德，則子事我者也。」《孟子‧公孫丑下》2載：「故將大有為之君，必有所不召之臣，欲有謀焉則就之。其尊德樂道不如是，不足以有為也。」在此方面，法家與儒家是對立的，法家非常不認同這種做法，如韓非子即認為：「疾爭強諫以勝其君。言聽事行，則如師徒之勢；……如此臣者，先古聖王皆不能忍也，當今之時，將安用之？」，傅玄於此亦完全傾向儒家觀點。清‧王夫之撰：《讀通鑑論》，卷12，頁364。宋‧朱熹：〈季氏〉2、〈先進〉23，《論語集注》；〈萬章下〉7、〈公孫丑下〉2，《孟子集注》，《四書章句集注》，頁239、177、450、337。清‧王先慎：〈說疑〉，《韓非子集解》，卷17，頁308。

採取迴避的態度，援引老莊學說，以尋求精神寄託，此故矯枉過正，反而使士人更傾向關注抽象之理，導致更多人向慕玄風，以虛浮放誕，自晦保志。雖然法家的尊君思想，有利於君主集權統治，但過於尊君卑臣，則使君臣關係僵化，易產生矛盾，這裡傅玄實為站在儒家君臣觀的基礎上，對法家的尊君思想作折衷處理，以此達到緩解魏末晉初，緊張的政治氛圍之目的。

綜上所述，傅玄認為德行是為官的基本，故在量才分九品中，將「德行」列於各類人材之首，以其「立道本」之用，統御眾才。又以丞相乃「帝王之佐，經國之任」，更需用「大德」（《傅子‧授職》）。是唯有選取有德行之人，才能做到以道矯正人之私慾，從而正上下名位，建立秩序，敦化風俗，使人的義心善性得到發揮。此與盧毓「先舉性行，而後言才」的主張一致，同時其論述中，實有將德與才相提並論，如其言：「以功取士，則有德者未必授，而凡下之材或見任也。」（《傅子‧補遺上》）即將材之上下與德之有無相對應，實有才性同之傾向，故雖未明言，然由此觀其以傅嘏論才性「精微」，則應傾向認同傅嘏之才性理論。此尚德輕言的理念提出，亦與其以儒為本的治國理念相吻合。但需注意的是，傅玄亦有言曰：「謂有孝廉秀才之貢，或千里望風，承聲而舉，故任實者漸消，積虛者日長。」（《傅子‧補遺上》）即認為專任德行亦並不可取，還應務於實際，有相應的作為，故需觀行驗實。

玄學之風對選舉的影響，除造成尚言而輕德外，因玄學重清談論辯，而清談在後期已發展為對抽象事物的談辯，所論皆玄理，又在政治上，善清談者，容易受到青睞，故有重視言語辯才多過重視實務，則無其能，而居其位，居其位而無所為的現象屢見不鮮，劉頌即指出時「官司無高能」、「不軌之徒得引名自方，以惑眾聽，因名可亂，假力取直」[註129] 形成以虛獲實、名實不符的歪風。然此歪風在曹魏時期即已見端倪，《三國志‧王肅傳》注引《魏略》載：「正始中，有詔議圜丘，普延學士。時郎官及司徒領吏二萬餘人，雖復分布，見在京師者尚且萬人，而應書與議者略無幾人。又是時朝堂公卿以下四百餘人，其能操筆者未有十人，多皆相從飽食而退。」[註130] 直指朝中雖官員眾多，卻少有能者，傅玄亦言：「世質則官少，時文則官多。」（《傅子‧官人》）冗官也是一種虛浮的表現，冗餘之官，坐食百姓，無實行而空有其職。

〔註129〕唐‧房玄齡撰：〈劉頌傳〉，《晉書》，卷46，頁1304～1305。
〔註130〕晉‧陳壽撰，南朝宋‧裴松之注：〈魏書‧王肅傳〉注引《魏略》，《新校三國志注》，卷13，頁421。

　　基於此，傅玄在尚德的基礎上，亦特別看重實幹能力，結合法家用人思想，〔註131〕在選舉人才尚德的同時，亦循名責實，重視實際的才能，其將人才划為九類：

> 一曰德行，以立道本；二曰理才，以研事機；三曰政才，以經治體；
> 四曰學才，以綜典文；五曰武才，以御軍旅；六曰農才，以教耕稼；
> 七曰工才，以作器用；八曰商才，以興國利；九曰辨才，以長諷議：
> 此量才者也。（《傅子‧補遺上》）

以德行為首，而以辯才為末，以農才在上，以商才在下，此亦反應出其貴德輕言，重農輕商的觀念，但同時觀所列出的才能，農、商、工一類皆屬社會經濟方面的人才，而理才、政才、武才亦與國政興衰息息相關，這些皆是能夠切實有利於現實的才能，即便是辯才，傅玄亦以之當用於「諷議」，而非清談玄言。同時這裡傅玄強調因才授職，根據人的能力大小授予職位，務使人盡其材，此涉及名理學循名責實，以形檢實之方法，是在選人方面考究人才的名實關係，強調真才實學，選人不要以言取勝，而當以實幹性為主。

　　至於已形成冗官者，傅玄將「循名責實」進一步發展為「觀行驗實」，即以：「聽言不如觀事，觀事不如觀行，聽言必審其本，觀事必校其實，觀行必考其跡。」（《傅子‧通志》）以此反對那些空有虛名而無實能，務於空談之在位者。傅玄認為「空言易設，但責其實事之效，則是非之驗，立可見也」（《傅子‧補遺上》），語言容易修飾和偽裝，而「知人之難，莫難於別真偽」（《傅子‧補遺上》），故主張不可僅聽其言，更需觀其行、驗其實。〔註132〕此種主張在他為馬鈞所作傳記中，論述的最為明確，蓋馬鈞為「天下之名巧」，其欲創製指南車，而時人空談物理，未驗其能、試其效，即以「古無指南車，計言之虛

〔註131〕法家注重功績，故其銓選人才，強調智力才能，《韓非子‧外儲說》曰：「主賣官爵，臣賣智力。」又《韓非子‧定法》云：「今治官者，智能也。」、〈八經〉言：「上君盡人之智」。清‧王先慎：〈外儲說右下〉、〈定法〉、〈八經〉，《韓非子集解》，卷14、17、18，頁255、306、331。

〔註132〕傅玄主張「觀行驗實」，本身亦極務實者，其嘗於詩中感慨：「健兒實可慕，腐儒安足數。」表達奮發有為的價值觀，當其任職，則積極進言，強調崇本息末，注重實業，提出重農輕商，此皆與先秦法家的主張一致，又於當時政治的具體問題，發表安民七策，及上疏言務農四事。渡邊秀方故論曰：「傅玄以為經國政治之道，為在抑制資本階級的私慾，及在增加保護生活必需品的生產者的主張，可以說是拔時流的卓見。」參見晉‧傅玄著，葉德輝輯：〈惟漢行〉，《晉司隸校尉傅玄集》，頁108、渡邊秀方：〈中世哲學〉，《中國哲學史概論》（臺北：商務印書館，1979年7月），頁62。

也」(《傅子・補遺下・馬先生傳》),輕易駁斥其想法,馬鈞最終卻將自己的想法付諸實踐。裴秀時為善言談,而「精通見理」之代表,亦聞而哂之,不見實物已成,猶欲以言語論辯勝之。傅玄藉此事指出當時朝政間的問題,即是時人受玄學清談之影響,喜「懸言物理」,多「輕以言抑人異能」(《傅子・補遺下・馬先生傳》),又因過於注重言語,不能真正查驗人的才能,造成一方面「用人不當其才」,不能使人充分發揮其真正的才幹,另一方面「聞賢不試其事」,即任官僅以其所聽聞為準,不驗以實事,此造成名實不符,而朝中充斥「懸言物理」之人的現象更為嚴重。故唯有在選官任人中,摒棄對言語的偏信,不再務虛,取而代之以行為、實踐作為驗證,方能打破此種惡性循環。至於經濟方面,因務實故重農抑商,蓋民富家足,則仁義之教,可不令而行,此所謂「衣食足而知榮辱」也。

小結

　　本章節溯傅玄之家學家風淵源,先敘其祖傅燮、其父傅幹之為學、立身、處世之要,為推究傅玄之學思、為官、行事張本,從其「經綸政體,存重儒教」的《傅子》中,得見傅玄之思想根底、及傅玄反玄務實之表現,且對其思想作全面的考察,從而分析其思想脈絡與取向。筆者認為傅玄的思想,乃對傅燮、傅幹之以儒為主、博通眾家,及剛直守正、務於有為的家族淵源有所繼承,此表現為其同樣貴儒尚學,並於治國思想中,以儒家之仁政作為最根本的政治理想,選人尚德行,於處事中亦以剛直著稱,並對儒生批判社會之職能加以強調。另一方面,傅玄也兼綜各家思想,尤其在儒家理想的主導下,施以法家之霸道,在注重禮教的同時,重視刑法的重要性,以法家之有為抑制道家之無為,從兼綜儒法的理路,以強調事功、務實,反一些玄學之士的口談虛無、不以事役。

　　張純、王曉波論漢政之「陽儒陰法」曾曰:「一為儒家的理論提出,而實踐上為法家的主張,其中有『儒家化』的法家,也有『法家化』的儒家。二為在政治上以儒家掌『教化』,而法家掌『吏治』。故儒家『言』而法家『行』。三在意識形態上,提倡儒家的理想,而在現實政治上實行法家的制度。」〔註133〕傅玄政治思想的設立理路,實類近於此,遙承荀子之儒法兼綜,上承東漢

〔註133〕張純、王曉波:《韓非思想的歷史研究》(北京:中華書局,1986年),頁249。

之儒法合流。而傅玄與傅嘏在此兼綜儒法的層面達成一致，傅玄將傅嘏之「循名責實」發展為「觀行驗實」，實際上也是從名理而來，但相較之下，顯得更加落實。至於其講「正心」，以心為「神明之主，萬物之統」，心正於內，則動靜不變，故「有正心，必有正德」。而「正心」修己的工夫即在無欲知足，且在上謙下，君安思危，此有受於道家的影響。傅玄抗辭正色以斥流遁，殆如孟子之塞楊朱、墨翟，特見其謇諤嚴正，宜其諡曰「剛」。其奏劾彈擊，是以震懾冥頑，實諍臣之典範，然也「乏弘雅之度」，而遭譏於物議，此史臣之所惜者！

第五章　傅咸、傅祗對家學家風之繼承

前言

　　竹林名士集團在司馬氏掌權後，一番對擁戴曹魏者的清洗局面下隱居避世，然當其以莫須有之罪名殺名士嵇康、呂安，逼迫他們表明態度之時，又不得不面臨解體，如劉伶者則一世縱酒昏酣，僅為小吏，阮咸、向秀雖出仕，然與時浮沉，阮籍出任東平相、步兵校尉，皆非顯職，唯王戎、山濤則選擇出任要職，明顯投靠。至此，玄風中反抗不合理政權的一面被剝除，而任誕、追求精神自由的一面被凸顯，並且因其突出自我價值而被貴族所接受，於時流行「吏非吏，隱非隱」、名教同於自然的論調，更助長「居官無官官之事，處事無事事之心」的歪風。此實際已對朝政造成負面的影響，故雖在晉武帝建國之初，在傅玄等一眾大臣進諫之下，頗能貴儒重學，然至其平吳後，天下一統的局面下，武帝以穩坐皇位，漸尚侈靡，在誇飾太平中，漸疏於對玄虛浮華之風的反制，玄學清談重又興起，此時的玄學清談之主體，與竹林七賢多為小族之後不同，儼然變為名門貴族延譽的方式，時故許多儒學家族轉向玄儒兼綜，而在朝為官者，因應於此，更是多有名不副實，因名譽入仕，卻無所作為之徒。

　　傅祗、傅咸則未嘗入玄，是不僅未見其參與清談的任何記載，亦幾乎不見與玄學名士有所交往，甚至反而是與之有矛盾的，並且二人皆以政事為務，於時皆國之重臣，由二人身上頗能見出對傅嘏、傅玄之風範的繼承，二人已經不是對具體玄學玄風的批評，而是對玄風與貴族政治結合後，形成的頹風

進行批判。本章節先對玄學思潮經晉室打壓，後又復甦衍盛的過程，及其與貴族政治結合，對時代風氣產生的影響加以論述，次則通過分析傅祗、傅咸在此時代背景中做出的反應，從其言行事跡，得見二人對家學家風的繼承。

第一節　西晉玄學思潮衍盛之過程與影響

明・張溥於《漢魏六朝百三家集題辭注》中云：

> 傅休奕剛正少容，貴顯當世，老而不折。時晉運方興，天子虛己，老成喉舌，可以無恙。若長虞所處，國艱甫殷，懲楊氏執政之萌，睹汝南輔相之失，劾案驚人，榮終司隸，直道而行，若是多福，鮑子都諸葛少季無其遇也。〔註1〕

其中即指出兩代人所處環境之異。蓋傅嘏建功於魏明帝時期及魏末，傅玄在魏末晉初受到重用，而傅祗、傅咸則分別在晉武帝咸寧年間遷尚書右丞，及晉武帝崩後，方於史書中見到對二人臨朝處事的集中記載，見出二人開始獲得重視，在朝廷議事中，擁有較多的話語權。晉朝政局由前期至中後期，實可以平吳之役作為分界點，而就史傳來看，二人活躍於政壇之時間，正處於西晉中後期，此時他們所面對的政治、社會環境，較之父輩已發生了一些變化，為更準確的分析二人之思想取向、為政特色之異同，及所反映出對家學家風之繼承，本節即先從傅咸、傅祗所處時代之思想、政治背景，即西晉玄學思潮衍盛過程，及其對政治、社會風俗之影響談起。

泰始元年（265），晉武帝迫使魏元帝曹奐禪讓，即位為帝，作為開國之君，司馬炎初期頗能勵精圖治，力求有所作為，展現開國氣象。因其出身為儒學大族之後，又是在眾多家世儒學之大族的擁戴下即位，其立國之初，為避免重蹈曹魏覆轍，欲改易名法之治的苛碎之弊，與道家無為之治的寬弛失度，故採納禮法之士，如傅玄等人的建議，強化以儒學綱常為基礎的治國模式，奉儒學為正統，此時禮法之士似乎處於上風，言官可據實議政。而玄學因在經歷高平陵事變後，司馬氏又以名教之名義，對玄學名士進行大規模的打壓，其聲勢似乎有所減弱。然至武帝即位，情況又有所改變，即相較之前，其對玄學名士的策略，由撻伐變為籠絡、安撫招徠，如大赦天下，尤其對玄

〔註1〕明・張溥著、殷孟倫注：〈傅中丞集題辭〉，《漢魏六朝百三家集題辭注》，頁127。

學名士之後代予以善待,〔註2〕此表面上出於政治理念的改變,而更多則出於現實考量。

　　蓋西晉初年政局構成,輔翼司馬氏的人中,不僅有王沈、傅玄、何曾、賈充、荀顗等禮法之士,都支持自漢代以來,儒法兼綜的傳統治國思想,同時也有很多受正始玄學思潮影響的士人,以及向現實妥協,投靠司馬氏的玄學名士,傾向於玄學儒道結合理路下的政治模式,這些人以山濤、王戎、裴楷、裴秀為代表。實際上,正始玄學思潮依照對名教的態度可分為兩派:其一如何晏、王弼一類玄學家,基於兩漢儒學為主的政治模式,難以維繫現實政治的局面,依循綜合儒道的思考理路,在現實禮法秩序之上,尋求更高層次的依據,提出自然為本、為體,名教為末、為用,以名教本於自然,從而合理化名教,此種玄學理念基本符合統治者的需求,皆是建立在此種觀念的基礎上。

　　與之相應的政治思想,則強調名教的施行應符合自然,進而主張君主無為而治,即「以不治治之」,「治之由乎不治」,然而君主若垂拱無為,則實質上削弱了中央對世家大族的控制,而有利於世家大族勢力的發展,閻步克言:「那些玄遠的論說,其實也包含著非常切近的政治訴求。在經歷了漢末清議和黨錮後,士人們在尋求一種更寬鬆、更自然的文化環境秩序。而玄學名士又是當朝貴族,他們是為士族尋求寬鬆的文化環境的。士族也是官僚,要依靠帝國體制來保持權勢,因此他們不會全盤否定君臣名教;但同時他們又是士人,渴望擺脫政治束縛,嚮往養尊處優、自由放任的精神貴族生活,不甘心只做君主的專制工具、法制工具、教化工具。」〔註3〕正因於此,玄學易為門閥士族所接受,後期郭象《莊子注》的「內聖外王」之學,更是在無形之中,為門閥保有政治特權,提供了理論支持。

　　其二則為嵇康、阮籍一類,激烈的反對名教,以「君子之禮法,誠天下殘賊、亂危、死亡之術」,〔註4〕將名教與自然對立起來,提出「越名教而任自然」,非毀仁義禮法,摒棄六經。然而他們實際並非果真不認同禮教道德、

〔註2〕晉武帝嘗詔曰:「除舊嫌,解禁錮,亡官失爵者悉復之。」如其妥善安排許允、王凌、嵇康等當初反司馬氏政權之人的後代。唐‧房玄齡撰:〈武帝紀〉,《晉書》,卷3,頁51。

〔註3〕閻步克:《波峰與波谷:秦漢魏晉南北朝的政治文明》(北京:北京大學出版社,2017年),頁144~145。

〔註4〕三國魏‧阮籍:〈大人先生傳〉,《全三國文》,卷46,頁597。

倫理秩序,究其根本,則是在反對統治者,將禮法變異為黨同伐異的工具,當時司馬氏打著名教的旗號行事,嵇阮之反名教的放誕言行,實可看作對司馬氏政權的抗議。因此基本上二者的訴求並不矛盾,皆是以儒道結合的思考理路,試圖找到一種使皇權與士族權益,皆能得到伸展的統治思想,只是後者在士族互相傾軋的情況下,表達方式較前者更為激烈。

玄學名士的勢力,看似在政權鬥爭中,被不斷削弱,實則不然,因為司馬氏的篡權成功,實建立在高門貴族,及士林領袖的支持上。而當時玄學對道家思想的推崇,對更高層次之本體的探索研究,及對超越現實達到理想境界的追求,尤其契合「天下多故,名士少有全者」的時代氛圍,故士人多能接受玄風,竹林七賢在當時名望之高即可作為例證。此表明玄學已然不限於學術理論範疇,更作為一種社會風尚,在貴遊子弟間流行,時已有部分家世儒學,而向玄儒雙修轉變者,即便武帝司馬炎自身,雖出身儒學大族,也難免受到玄學思潮的影響,此從其與羊琇、何劭、王濟等玄學名士交好,又雅好清談等皆可看出。於此王曉毅指出:

> 由於魏末以來禮教治天下的基本國策影響,禮法派明顯占主導地位,過於強大。為了政治平衡的需要,必須扭轉這種局面,因此,司馬炎一上臺,便採取了使玄學名士「合法化」的大赦措施。放眼晉前期全過程,則不難看到,這不過是由司馬炎一手導演的儒、玄力量平衡歷史活劇的前奏而已。

玄學既為部分高門貴族、士林領袖所習,晉武帝欲獲取其支持,便不得不對玄學之士的態度發生轉變,此實在禮法之士與玄學名士的矛盾中尋求平衡,[註5] 使二者相互牽制,從而防止任何一派勢力過度擴張,侵害皇權,同時也獲得雙方的支持,穩定政局。[註6] 然而儘管晉武帝有意維持平衡,甚至為鉗制玄學對社會的影響,採取一系列措施,強調以儒學為本,用儒法兼綜的統治術,恢復名教秩序。但如上所述,玄學在竹林七賢後已經形成風尚,故即便西晉初年官方以儒學為主,玄學還是潛伏於貴遊子弟之間,[註7] 而至太康

〔註5〕詳可參王曉毅:〈司馬炎與西晉前期玄、儒的升降〉,《儒釋道與魏晉玄學形成》(北京:中華書局,2003 年),頁 209～230。

〔註6〕詳可參王曉毅:〈司馬炎與西晉前期玄、儒的升降〉,頁 215。

〔註7〕如劉伶於武帝初立時,於朝堂對策間,「盛言無為之化」,又向秀之《莊子注》亦大約於晉初完成,於時頗有暢玄之效,《世說新語・文學》言:「向秀於舊注外為解義,妙析奇致,大暢玄風」,又《晉書・向秀傳》載:「秀乃為之隱

之後，在政局變化、經濟狀態、選舉制度等條件的共同作用下，玄學逐漸衍盛，不斷衝擊作為官方思想的儒學，並在元康時期形成自正始以後，第二個玄學發展的高潮。

　　玄學在西晉衍盛的過程中，太康實為一個重要的轉折時期，因就整體而言，自太康平吳統一全國後，西晉政治的指導思想，逐漸由禮法結合，向道家之「清靜無為」靠攏。劉弘言：「太康已來天下無虞，遂共尚無為，貴談莊老，少有說事，外托論公務，內但共談笑。」〔註8〕蓋太康之後，國家進入大一統之安樂局面，干寶言：「太康之中，天下書同文，車同軌，牛車被野，餘糧棲畝，行旅草舍，外閭不閉，民相遇者如親，其匱乏者取資於道路。」〔註9〕武帝為政態度，亦隨之發生轉變，《晉書・武帝紀》載：「平吳之後，天下又安，遂怠於政術，耽於遊宴，寵愛后黨，親貴當權，舊臣不得專任，彝章寥廢，請謁行矣。」〔註10〕又如解散地方武力，示天下太平，山濤反對之，認為須以備不虞。由是可知，司馬炎之無為，並非清心寡慾，頤身清簡，而是日漸驕矜自大，縱慾享樂，耽於酒色，不務政事。所謂上行而下效，在錯誤的引導下，再加上佔田制與蔭族制的頒布，社會的奢靡風氣日盛，而這正為玄學貴無派思想提供發展的溫床，貴無思想從「崇本息末」，到「越名教而任自然」，至西晉其落入下乘者，則更流於形式，不識嵇阮任達真意，而僅學其作達之態，終日放蕩恣情，逃避現實政務，口談玄虛，大暢虛無放誕、不遵禮法之風。〔註11〕

　　與此同時，由於晉初禮法派雖多居於高位，但關鍵的選任官吏之職，卻常由玄學名士佔據，〔註12〕在推舉人才時，其難免傾向推舉與自己思想更為

解，發明奇趣，振起玄風，讀之者超然心悟，莫不自足一時也。」唐・房玄齡撰：〈劉伶傳〉、〈向秀傳〉，《晉書》，卷49，頁1376、1374、南朝宋・劉義慶著，南朝梁・劉孝標注，余嘉錫箋疏：〈文學〉17，《世說新語箋疏》，頁206。

〔註8〕晉・劉弘：〈下荊部教〉，《全晉文》，卷73，頁1259。

〔註9〕晉・干寶：〈晉紀總論〉，《全晉文》，卷127，頁2192。

〔註10〕又《晉書・后妃傳》曰：「時帝多內寵，平吳之後復納孫皓宮人數千，自此掖庭殆將萬人。而並寵者甚眾，帝莫知所適，常乘羊車，恣其所之，至便宴寢。宮人乃取竹葉插戶，以鹽汁灑地，而引帝車。」唐・房玄齡撰：〈武帝紀〉、〈后妃傳〉，《晉書》，卷3、32，頁80、962。

〔註11〕戴逵〈放達為非道論〉曰：「竹林之為放，有疾而顰者也；元康之為放，無德而折巾者也。」又〈竹林七賢論〉亦言：「竹林諸賢之風雖高，而禮教尚峻；迨元康中，茲至放蕩越禮。」晉・戴逵：〈放達為非道論〉、〈竹林七賢論〉，《全晉文》，卷137，頁4500、4504。

〔註12〕如山濤、裴秀、王戎等，其在任中皆多進玄學之士。

契合之人，此故使玄學之士獲得更多仕進的機會，〔註13〕其中王衍被推舉重用即可視為一個典型。在王衍得勢的過程中，山濤、王戎無疑起到重要的作用，王衍十三歲時，時任尚書的山濤即甚奇之，盛歎道：「生兒不當如王夷甫邪？」〔註14〕王戎亦為之造論，當武帝問起：「夷甫當世誰比？」直答道：「未見其比，當從古人中求。」〔註15〕王衍務於何晏、王弼「以無為用」之論，唯談《老》、《莊》為事，其既以「妙善玄言」、「宅心事外」〔註16〕而見重用，據《晉書‧王衍傳》載：「朝野翕然，謂之『一世龍門』矣。累居顯職，後進之士，莫不景慕放效。選舉登朝，皆以為稱首。矜高浮誕，遂成風俗焉。」〔註17〕此見在王衍的帶領下，欲求仕進之徒多效法其行，以任放誕達自我標榜，亦促進「貴無」之玄學思潮在西晉的發展。

另外因西晉建立在社會危機之上，士族出於把持朝政，與繼續發展勢力之需求，亦會傾向於發展改易後的莊子逍遙說，而由儒入玄，以玄學改造儒學，〔註18〕如荀勖作〈省吏議〉、劉寔著〈崇讓論〉、潘尼有〈安身論〉等，至郭象之《莊子注》，更為莊子哲學帶入濃厚的政治色彩，其以適性逍遙，性分由天所定，不能改易，使人率性而動，安於各自位置，而在上位者則是因性而治，故無為逍遙。細察之，則此種逍遙無為論，實際建立在嚴格的等級概念之上，故所謂人人自得，實即掌權者盡情於奢侈淫靡中享樂，而貧賤者卻只能忍受饑寒，使人民安守本分，接受現實，這種思想與士族階層的政治慾望實在不謀而合，此故使玄學與門閥政治緊密結合，而相互支持。

〔註13〕詳可參徐高阮：〈山濤論〉，《歷史語言研究所集刊》第 41 本第 1 分冊（1969年 3 月），頁 87～125。

〔註14〕南朝‧劉義慶注，南朝‧劉孝標注，余嘉錫箋疏：〈識鑒〉5，《世說新語箋疏》，頁 389。

〔註15〕唐‧房玄齡撰：〈王衍傳〉，《晉書》，頁 1236。

〔註16〕《漢晉春秋》載：「元康七年，以王戎為司徒，是時王夷甫為尚書令，樂廣為河南尹。王衍、樂廣俱以宅心事外，名重於時，故天下之言風流者稱王、樂焉。」參見晉‧習鑿齒：《漢晉春秋》，收錄於清‧湯球輯：《漢晉春秋輯本》（上海：商務印書館，1937 年），卷 3，頁 38～39。

〔註17〕唐‧房玄齡撰：〈王衍傳〉，《晉書》，頁 1236。

〔註18〕李書吉言：「世族階層政治、經濟地位的提高同皇權政體發生了尖銳的對立並引發了一系列社會矛盾，為了進一步發展自己的政治勢力，在理論上竭力探求一種新的封建等級思想，新的封建政體，從而把玄學改造成一種體系更加完善，對社會政治滲透力更強的統治學說。」參見李書吉：〈西晉政治與玄學〉，《山西大學學報（哲學社會科學版）》（1990 年），頁 33～37。

傅咸、傅祗在西晉中後期登上政治舞臺，所面臨的正是此玄學經過高平陵事變稍作退潮後，再次衍盛的局面，此時朝堂上的勢力佈局，正如王曉毅所言：

> 隨著西晉開國元勛自然生命的結束，西晉前期的禮法派逐漸退出歷史舞臺，他們的子弟開始了玄學化的過程，其價值觀與玄學家族的後代相比，已無本質差異，構成了新一代西晉士族社會的主體，即「元康名士」。〔註19〕

玄學的陣營無形中不斷擴大，而禮法之士則逐漸後繼乏人。然而在驕奢淫逸、任性放達之風氣中成長的這批中朝名士，只學到正始名士之「跡」，缺乏足以支撐這些行為的精神內核，故其對不合理的社會現實，既不能積極有為，加以改造，又不能消極對抗，予以批判，只是聽之任之，合理化現實。其既無相應的能力，卻享受戶調門選帶來的特權，終日以望空為高而笑勤恪，應詹曰：「元康以來，賤經尚道，以玄虛宏放為夷達，以儒術清儉為鄙俗，永嘉之弊未必不由此也。」〔註20〕與之相對的，傅祗、傅玄作為魏末晉初兩位禮法之士的後代，在玄風正熾，大批儒學大族向儒玄雙修轉變的情況下，卻並未入玄，而選擇延續兼綜儒法之家學、家風，繼承父輩之思想與處世作風，抵禦玄虛放誕，站在敗壞禮俗、縱情自肆之徒的對立面，以下即分別論述之。

第二節　傅祗之「才識明練」

傅祗為傅嘏之子，傅嘏雖未入晉，然甚有功於司馬氏奪權，祗以父輩官蔭，起家即授太子舍人，為太子身邊近侍，同時期傅咸作為傅玄之子，則起家拜太子洗馬，是二人皆為獲封五等爵者後代，其「起家官」，實屬所謂「清

〔註19〕王曉毅：〈王戎與魏晉玄學〉，《東嶽論叢》第 32 卷 12 期（2011 年 12 月），頁 59。而王曉毅在另一篇文中言：「太康後期，隨著西晉的考過元勛——曹魏正始依賴玄、儒人物自然生命的結束，原來意義上的玄學派與禮法派已不復存在，他們的子弟已經變成無根本差異的玄學名士，而不論父輩的文化性格如何。」筆者認為此種說法太過絕對，本文認為如禮法之士傅嘏、傅玄後代，傅祗、傅咸即在這種玄學衍盛的文化環境中，保有家族文化的傳承，並未被完全同化為玄學名士，由他們的抉擇、作為、及旁人評價中，皆見出二人與當時那些玄學名士的不同。參見王曉毅：〈司馬炎與西晉前期玄、儒的升降〉，頁 226。

〔註20〕唐·房玄齡撰：〈應詹傳〉，《晉書》，卷 70，頁 1858。

官」，即「職閒廩重」，且具升遷優越性的清要之職，〔註21〕由此可見出當時北地傅氏家族，當具有較高的社會地位。當時玄學特為高門子弟所接受，士族的文化特徵由漢代的經學變為玄學與清談，大多士族皆選擇由儒入玄，玄儒雙修，以求「名士」之譽，提高聲價。然而與這些「名士化」的高門子弟不同的是，傅祗與傅咸雖同樣以清官入仕，卻皆繼承父輩，將儒法兼綜的家學家風延續下去，其勤於政事，務於建立事功，而皆不參與玄學清談，且對「名士化」高門子弟交遊間，所形成之浮泛淫靡、不拘禮法的風尚不以為然，以至於此多有駁斥、非議。

傅祗於《晉書》有傳，雖未有名論傳世，亦無著作流傳，然則以政治功績出眾，位列三公，是為漢晉之際北地傅氏族人中，權位最高之人。史稱傅祗「名父之子，早樹風猷」，〔註22〕此處「風猷」指風教道德，〔註23〕此見傅祗在父輩影響之下，自少即重儒學道德修養，故能早立君子之風，又其以「性至孝」知名，則可作為「早樹風猷」之旁證，蓋「孝」在儒家傳統文化中，為「仁」之道德實踐最根本的一環，是其他德行之本，〔註24〕而「仁」又為「禮」之精神內核，荀子故以孝為禮的組成部分：「孝子之道，禮義之文理」，而「禮也者，貴者敬焉，老者孝焉，長者弟焉，幼者慈焉，賤者惠焉。」〔註25〕故由此可反應出傅祗自少，即受到儒學教育的深刻影響。傅氏的儒學教育在傅

〔註21〕閻步克指出，魏晉時期隨著中正制度的確立，門閥士族的形成，一些特定的起家官被視為「清官」，為高門子弟所壟斷，這些所謂「清官」：「一是『清要』，即近侍或要職；二是『清閒』，很少或沒有日常職事；三是『清華』，也就是文翰之職。五品的黃門侍郎、散騎侍郎，並稱『黃散』，即屬『清官』。『清官』還有給事中、奉朝請、中書郎、尚書郎、著作郎、秘書郎等官，東宮的太子庶子、太子舍人、太子先馬等等。」參見閻步克：《波峰與波谷：秦漢魏晉南北朝的政治文明》，頁131。

〔註22〕唐·房玄齡撰：〈傅祗傳〉史臣評，《晉書》，頁1333。

〔註23〕南朝梁·任昉：〈為范始興作求立太宰碑表〉有言：「原夫存樹風猷，沒著徽烈，既絕故老之口，必資不刊之書。」注引呂向注曰：「言風教道德，死當著其美業，故老既沒必資於銘記。」南朝梁·蕭統編，唐·李善等注：〈為范始興作求立太宰碑表〉，《六臣注文選》，卷38，頁721。

〔註24〕孔子將「仁」與「孝」關聯起來，其言曰：「孝弟也者，其為仁之本與！」以「孝弟」為踐行仁愛之具體根本的方法，確立了「行仁自孝悌始」的觀念。徐復觀說道：「以儒家為正統的中國文化，其最高的理念是仁，而最有社會實踐意義的確是孝（包括悌）。」徐復觀：〈中國孝道思想的形成、演變及其在歷史中的諸問題〉，《中國思想史論集》（上海：上海書店，2004年），頁131。

〔註25〕清·王先謙：〈大略〉、〈性惡〉，《荀子集解》，卷19、17，頁447、402。

祗之子身上也可見出,《晉書・傅祗傳附傅宣傳》載祗子傅宣:「年六歲喪繼母,哭泣如成人,中表異之。」言其年少就有超乎常人的「孝舉」,又祗子傅暢在沒於石氏之朝,領經學祭酒一職,從中皆可見傅氏的家學淵源。同時傅祗不僅以「德」延攬虛名,更在處理朝政中,以「才識明練」著稱,此故於事功的建立中,進一步體現出其儒法兼綜的家學風貌。

一、面折廷諍,多所維正

傅祗對北地傅氏家族家學家風的繼承,首先表現在,其於朝廷之上,以剛直守正之態度,直言敢諫。一方面糾覈有違禮法之徒,不畏權貴,凡有為非者,皆不姑息養奸,如晉惠帝初繼位,太后之父楊駿時任太傅,受命輔政,卻於朝中多樹親黨,獨攬大權,極有野心,因其知自己素無美名,故欲效仿魏明帝大行封賞,以討好眾臣,然其時武帝尚未下葬,此舉於情於禮皆不合宜,時多有反對之聲,如孫楚就勸其:「當仰思古人至公至誠謙順之道。」〔註26〕傅祗更是強烈批評此種做法,認為:「未有帝王始崩,臣下論功者也。」〔註27〕是一言中的,站在維護宗室國家的立場之上,不顧楊駿權傾朝野,直指此舉包裹不臣之心。然楊駿剛愎自用,皆不以為然,傅祗與楊駿實屬兩個對立陣營明矣,後更參與討伐楊駿。

又傅祗任司隸校尉,行監察之職時,還曾糾舉石崇、王愷違法犯禁之事。〔註28〕是時石崇於南方獲鴆鳥之雛,欲贈與王愷,鴆鳥以毒蛇為食,相傳將其糞、羽置於酒中,可作殺人之用,依照當時制度,此種物品不得過江,故被傅祗發現後檢舉。然二人出身皆巨賈權門,石崇為開國功臣司徒石苞之子,王愷更是世族國戚,傅祗雖欲以重罪處罰,終因惠帝有所忌憚而受特詔免刑。傅祗此次糾檢雖非完全成功,然觀其不因有罪者之身份而噤聲,勇糾二人過失中,所表現出的重視法制,強調公正,賞罰分明的處事態度,頗有法家之風範。

另一方面,傅祗亦反對用法過於嚴苛,故若有此種情況,則不顧自身安危,力排眾議予以制止,於此最具代表性者,即傅祗幾次論爭於朝,仗義執言,救人危難之事。其一即楊駿伏誅後,又「誅駿親黨,皆夷三族,死者數千

〔註26〕唐・房玄齡撰:〈楊駿傳〉,《晉書》,頁1178。
〔註27〕唐・房玄齡撰:〈傅祗傳〉,《晉書》,頁1331。
〔註28〕唐・房玄齡撰:〈石崇傳〉,《晉書》,卷33,頁1006。

人」，〔註29〕因涉罪責重大，故用刑殘酷，而受牽連者眾多，其中裴楷亦因與楊駿有婚親關係而被收付廷尉，將加刑法，遭受連坐，〔註30〕是其子為楊駿女婿，已被亂兵所害，且裴楷雖與楊駿有婚親，然其素輕楊駿，而與之不平，實非楊駿同黨，〔註31〕傅祗有鑒於此，故為裴楷作證，使其免於一死。

　　或有人以裴楷為名士，且其父裴徽與傅嘏素有交情解讀傅祗之舉，然在懲處楊駿親黨一事上，傅祗實非僅解救裴楷一人，更進言赦免楊駿僚佐，《晉書‧傅祗傳》載：「時又收駿官屬，祗復啟曰：『昔魯芝為曹爽司馬，斬關出赴爽，宣帝義之，尚遷青州刺史。駿之僚佐不可加罰。』詔又赦之。」〔註32〕此以司馬懿赦免曹爽屬下魯芝之事，申言為君崇仁信義之道，從而避免苛政，導致更多的殺伐之事發生。又永康元年，趙王倫殺賈后及張華、裴頠等人，為阻止趙王倫僭位篡權之行，司馬晏與司馬允共討趙王倫，然以戰敗告終，司馬倫將司馬晏收押，並欲藉此機會將其處死，此意圖卻遭到傅祗強烈反對，以致「於朝堂正色而爭」，〔註33〕不僅如此，在傅祗的領頭作用下，更形成群官並諫的局面，迫使趙王倫作罷。此見出傅祗在於一眾朝臣中，當頗具威望，而其即便知道趙王倫時已清除黨異，大權在握，亦毫不畏懼，而能據理力爭於朝，不使刑罰濫加於人。是傅祗之諫舉剛直，而多所維正皆若此。

二、為物所倚信，匡救君臣於危難

　　傅祗在西晉為官，能忠於職守，時多有建樹功業，觀行驗實，皆能名實相符，故甚為君主、朝臣及百姓所倚信，此與當時玄風之下，玄學名士以名延攬聲譽，而任官多求冊役於事的態度，正可作一對比。

　　傅祗早年出任滎陽太守時，即已表現出不凡的實幹能力，《晉書‧傅祗傳》載其為當地百姓，造沈萊堰抵禦水患一事曰：「自魏黃初大水之後，河濟汎溢，鄧艾嘗著〈濟河論〉，開石門而通之，至是復浸壞。祗乃造沈萊堰，至今兗、豫無水患，百姓為立碑頌焉。」〔註34〕觀傅祗不務於清談玄理，為自己造勢，

〔註29〕唐‧房玄齡撰：〈楊駿傳〉，《晉書》，頁1179。

〔註30〕唐‧房玄齡撰：〈裴楷傳〉，《晉書》，卷35，頁1049。

〔註31〕據《晉書‧傅祗傳》載：「尚書左僕射荀愷與楷不平，因奏楷是駿親，收付廷尉。」知裴楷當是受到荀愷之陷害。唐‧房玄齡撰：〈傅祗傳〉，《晉書》，頁1331。

〔註32〕唐‧房玄齡撰：〈傅祗傳〉，《晉書》，頁1331。

〔註33〕唐‧房玄齡撰：〈吳敬王晏傳〉，《晉書》，頁1724。

〔註34〕唐‧房玄齡撰：〈傅祗傳〉，《晉書》，頁1331。

而用切實作為，使百姓受惠，知其能節私慾，立公心於眾人。

當傅祗任侍中之時，楊駿以外戚身份專政擅權，多樹親黨，又「為政嚴碎，剛愎自用」，〔註35〕實禍亂朝綱之徒，傅祗與之並非同路，此前已稍作說明，時更參與討伐楊駿之事，《晉書・傅祗傳》載：「時將誅駿，而駿不之知。祗侍駿坐，而雲龍門閉，內外不通。祗請與尚書武茂聽國家消息，揖而下階。茂猶坐，祗顧曰：『君非天子臣邪！今內外隔絕，不知國家所在，何得安坐！』茂乃驚起。」〔註36〕蓋楊駿聚眾臣欲謀逆，傅祗或已知將誅楊駿事，其在楊駿處佯作歸順，實則裡應外合，促使討伐計劃順利施行，〔註37〕而由傅祗提醒武茂之語中亦可見出，其是將國家、天子安危置於前，拳拳之忠溢於言表。

傅祗為人有道德風教，任官盡忠盡責，此皆有功可驗，有行可察，又「明達國體，朝廷制度多所經綜」，〔註38〕其有德才若此，以致王戎、陳準相與言：「傅公在事，吾屬無憂矣」。〔註39〕西晉後期，政局混亂，然傅祗始終被委以重任，如「趙王倫輔政，以為中書監，常侍如故，以鎮眾心」〔註40〕是以傅祗既為眾臣所倚信，故於穩定人心、匡正朝綱皆有重要意義，筆者以為此亦惠帝還宮，而未追究傅祗受偽職之咎的原因。及懷帝即位時，傅祗猶甚見推崇，〔註41〕可說幾乎絲毫未受此事影響。永嘉之亂中，傅祗先以病軀奉命出詣河陰，主掌修理舟楫之事，為日後「水行」作準備；而當洛陽淪陷，則與苟晞共建行臺，又以司徒、持節、大都督諸軍事傳檄四方，並遣己子宣向方鎮

〔註35〕唐・房玄齡撰：〈楊駿傳〉，《晉書》，頁1178。

〔註36〕唐・房玄齡撰：〈傅祗傳〉，《晉書》，頁1331。

〔註37〕《晉書・楊駿傳》：「侍中傅祗夜白駿，請與武茂俱入雲龍門觀察事勢。祗因謂群僚『宮中不宜空』，便起揖，於是皆走。」通過對不同傳記，關於此事件記載之對照觀看，更可明顯得知，傅祗當是假意為楊駿謀事，而實參與誅伐之事。若非如此，而認為傅祗並未參與謀劃，將其走僅視為以計謀脫死，則何以此後其能「以討楊駿勳，當封郡公八千戶」，並於朝廷之中，仗義執言，使裴楷及楊駿僚佐免於一死？故筆者認為傅祗的行為看似脫罪，實應有切實參與到謀誅楊駿之事中，並為計劃施行的重要一環，而安朝暉將此歸結於其「臨危求變的能力」，筆者以為不妥。參見唐・房玄齡撰：〈楊駿傳〉，《晉書》，頁1179、安朝暉：《漢晉北地傅氏家族與文學》，頁70。

〔註38〕唐・房玄齡撰：〈傅祗傳〉，《晉書》，頁1332。

〔註39〕王戎高居官位卻無作為，此處傅祗的有為，與名士王戎之無為自晦正可形成對比，同時期傅咸與王戎則更是不協。唐・房玄齡撰：〈傅祗傳〉，《晉書》，頁1332。

〔註40〕唐・房玄齡撰：〈傅祗傳〉，《晉書》，頁1332。

〔註41〕《晉書・高光傳》載：「及懷帝即位，加光祿大夫金章紫綬，與傅祗並見推崇。」唐・房玄齡撰：〈高光傳〉，《晉書》，卷41，頁1199。

徵集義兵,而使另一子暢為河陰縣令,待與傅宣會和,自己則親自屯守盟津小城,抵禦前趙之侵掠。

然傅祗未等到與敵寇一戰,即因病薨,臨終前以「義誠不終」,未能以死盡忠而遺憾,故「力疾手筆敕屬其二子宣、暢」,竭盡全身氣力遺書勉勵二子,雖未知所寫具體為何,但據史書記載,其「辭旨深切」,使「覽者莫不感激慷慨」,〔註42〕由此推知,則其內容大抵濟世救民,興復晉室之語。《晉書》史臣傳贊曰:「子莊才識,爰膺哀職。忠績未申,泉途遽逼」,良有以也。《晉書‧閻鼎傳》載:「河陽令傅暢遺鼎書,勸奉秦王過洛陽,謁拜山陵,徑據長安,綏合夷晉,興起義眾,剋復宗廟,雪社稷之恥。」〔註43〕知傅暢時亦遺書閻鼎,力勸其擁戴秦王司馬鄴,合眾義兵,一雪前恥,恢復政權。至後來傅暢雖在石氏政權中受到重用,卻「恒以為辱」,此種種舉措多少受到傅祗的影響。是其父臨崎嶇危亂之朝,而始終懷有匡救君臣之心,其在西晉後期實乃國之肱骨,故被眾人倚信若此,而與王衍戰敗後「自說少不豫事,欲求自免」,且勸石勒即位,卑屈以求免死,〔註44〕「祖尚浮虛」的誤國之輩,固不可同日而語。

第三節　傅咸之「剛簡凝峻」

傅玄之思想兼綜儒法,又臨朝處事峻直不苟,致使「臺閣生風,貴戚斂手」〔註45〕聞名於世,其子傅咸則「弗墜家聲」,幾乎完全繼承其父之思想與處事風格,史書載:「(傅咸)剛簡有大節。風格峻整,識性明悟,疾惡如仇,推賢樂善。」〔註46〕其中所謂「風格峻整」、「嫉惡如仇」即指向法家一貫地,「不別親疏,不殊貴賤,一斷於法」〔註47〕的行事態度,而其「推賢樂善」則表現出儒家推行仁義,選賢尚德的特色。本傳中還特別提及傅咸慕「季文子、仲山甫之志」,〔註48〕是季文子克勤克儉,「以德榮為國華」〔註49〕,仲

〔註42〕唐‧房玄齡撰:〈傅祗傳〉,《晉書》,頁1332。
〔註43〕唐‧房玄齡撰:〈閻鼎傳〉,《晉書》,卷60,頁1647。
〔註44〕唐‧房玄齡撰:〈王衍傳〉,《晉書》,頁1238。
〔註45〕唐‧房玄齡撰:〈傅玄傳〉,《晉書》,頁1333。
〔註46〕唐‧房玄齡撰:〈傅咸傳〉史臣評語,《晉書》,頁1333。
〔註47〕漢‧司馬談:〈論六家要指〉,《全漢文》,卷26,頁540。
〔註48〕唐‧房玄齡撰:〈傅咸傳〉,《晉書》,頁1323。
〔註49〕春秋‧左丘明撰,鮑思陶點校:〈魯語上〉,《國語》(鄭州:中州古籍出版社,2010年),頁122。

山甫補袞陳善，鋤強扶弱，〔註50〕二人在執政中皆力革時弊，甚有作為，實廉忠直能臣之代表。傅咸不同於時人效仿名士，而懷東山隱逸之志，卻獨以此二人為心中典範，由是可窺見其以勤儉修德立身，以輔弼君王，匡濟天下為己任的自我期許。

　　若進一步從作品分析，傅咸亦好文論，雖未有著述《傅子》一類書籍傳世，然從其詩文風格與內容中，也可見出其思想取向。傅咸文論的風格，與其處事特點對應，歷來被認為是「綺麗不足，而言成規鑒」，〔註51〕劉勰將其與傅玄並論曰：「傅玄篇章，義多規鏡；長虞筆奏，世執剛中。並楨幹之實才，非群華之韡萼也。」〔註52〕又張溥言：「長虞短篇，時見正性，〈治獄明意賦〉曰：『吏砥身以存公，古有死而無柔。』一生骨鯁，風尚顯白。」〔註53〕具顯示出其在「結藻清英，流韻綺靡」〔註54〕的西晉文風中，別樹一幟，往往強調在儒學傳統下，文學創作的諷喻教化功能，表現出政治實幹家的情懷與追求。〔註55〕

　　而從傅咸詩文的內容中，也清晰反應出，其所受儒家思想影響之深。他在詩中反復提及君子之德，認為「君子行身，而可以有玷乎？」〔註56〕並作〈鏡賦〉曰：「君子知貌之不可以不飾，則內省而自箴。既見前而慮後，則祗畏於幽深。察明明之待瑩，則以此而洗心。睹日觀之有瑕，則稽訓於儒紳。」〔註57〕以鏡並非僅正衣冠，更重要在正心，由此對君子反躬自省、敬慎持守之修養工夫的重視觀之，其顯然是以儒家式的君子為人格典範。又在時人以老莊為宗而黜六經的氛圍中，傅咸則作《七經詩》明志，其以儒家經典為題材，並用《詩經》之四言詩的形式寫成，集中表達出傅咸的宗經思想，〔註58〕從中盡見其對

〔註50〕《詩經·大雅·烝民》中頌揚仲山甫之德行政績曰：「肅肅王命，仲山甫將之。……既明且哲，以保其身。夙夜匪解，以事一人。……不侮矜寡，不畏強禦。……袞職有闕，維仲山甫補之。」參見漢·毛亨傳，漢·鄭玄箋，唐·陸德明音義：《毛詩傳箋》（北京：中華書局，2018年），卷18，頁432。
〔註51〕唐·房玄齡撰：〈傅咸傳〉，《晉書》，頁1323。
〔註52〕南朝梁·劉勰撰，范文瀾注：〈才略〉，《文心雕龍注》，卷10，頁864。
〔註53〕張溥：《傅中丞集題辭》，頁127。
〔註54〕南朝梁·劉勰撰，范文瀾注：〈時序〉，《文心雕龍注》，卷9，頁816。
〔註55〕張愛美：〈論傅咸詠物賦的諷教傳統〉，《臨沂大學學報》第34卷第4期（2012年8月），頁95～98。
〔註56〕晉·傅咸：〈污卮賦〉，《全晉文》，卷51，頁330。
〔註57〕晉·傅咸：〈鏡賦〉，《全晉文》，卷51，頁329。
〔註58〕張明華：〈傅咸的《七經詩》及其對後世集句詩的影響〉，《阜陽師範學院學報》第118期（2007年第4期），頁20～23。

以儒學為本之立身處世原則,及傳統儒家式政治理想的推崇。〔註59〕

同時於傅咸詩文中,也透露出儒法兼綜的思想理念,此主要於整頓吏治之政治實踐的層面而言。傅咸為治獄至長安,觀阿房宮遺跡而作〈弔秦始皇賦〉曰:「傷秦政之為暴,棄仁義以自亡」、「政虐刑酷,如火之揚」〔註60〕秦以法家思想治國,傅咸實有藉此宣揚仁政之意,然而傅咸又與其父觀點一致,同樣並非完全否定法治之重要,而是認同法家部分思想在現實應用中的作用,如其在《七經詩》中的〈周官詩〉所言:「惟王建國,設官分職。進賢興功,取諸易直」、「辨其可任,以告於正。掌其戒禁,治其政令。各修乃職,以聽王命。」〔註61〕此即強調治國需嚴整法令,使賞罰分明,任人得當,上下各司其職,故傅咸實以法家思想、政治手段,作為儒家政治理想能夠更好實現之方法。以上從傅咸之詩文和後人的評價中,對其以儒為本,而禮法並用之兼綜儒法思想作一說明,而傅咸於臨朝處事中,具體如何施行其思想,與同輩之傅祗相較如何,二人如何對家學家風加以繼承,及禮法之士在西晉中後期的政治處境,這些皆是下文所需進一步梳理的問題。

一、提出「並官省事,靜事息役」之主張

晉武帝初頗能勤政,注重廣開言路,以革時弊,嘗於咸寧年間,請眾臣對其施政得失提出意見,時傅咸任司徒左長史,即上言直諫,指出自開國以來,雖武帝勵精圖治,甚有作為,但「軍國未豐,百姓不贍」的問題卻不能忽視。傅咸以為究其根本,實由「官眾事殷,復除猥濫,蠶食者多而親農者少」引起,進而具體分析道:

〔註59〕如傅咸繼承傅玄的基本理念,主張德治,認為選賢任人,當以德行為基本,故其〈周易詩〉曰:「卑以自牧,謙而益光。進德修業,既有典常。暉光日新,照於四方。小人勿用,君子道長。」因君子能進德而後踐行,並將有德之風推至他人,君子主政為施行王道之根本,故君主應進君子而黜小人。其次,主張隆禮貴學,推行仁義、孝道,其〈論語詩〉曰:「克己復禮,學優則仕。富貴在天,為仁由己。」又〈孝經詩〉言:「立身行道,始於事親。上下無怨,不惡於人。孝無始終,不離於身。三者備矣,以臨其民。」至於臨朝處事,則既以儒學立身,故應以道事君,且與傅玄相同,皆強調為臣子應忠直的特性,〈論語詩〉曰:「守死善道,磨而不磷。直哉史魚,可謂大臣。」唐·歐陽詢等:〈雜文部一·經典〉,《藝文類聚》,卷55,頁984。
〔註60〕晉·傅咸:〈弔秦始皇賦〉,《全晉文》,卷51,頁328。
〔註61〕唐·歐陽詢等:〈雜文部一·經典〉引傅咸〈周官詩〉,《藝文類聚》,卷55,頁984。

舊都督有四，今並監軍，乃盈於十。夏禹敷土，分為九州，今之刺
史，幾向一倍。戶口比漢十分之一，而置郡縣更多。空校牙門，無
益宿衛，而虛立軍府，動有百數。五等諸侯，復坐置官屬。諸所寵
給，皆生於百姓，一夫不農，有受其饑，今之不農，不可勝計，縱
使五稼普收，僅足相接；暫有災患，便不繼贍。〔註62〕

此以地方長官為例，點出由州至郡縣，無論都督監軍，還是刺史，皆存在職位
多於實際需求的冗官現象，而行政機構過於龐大，官冗事繁，許多軍門的設立
實際並無意義，只是徒增開支。另外傅咸還提到晉書為封賞功臣，所實行之五
等爵制度，其實不僅如此，武帝還有保留漢室和魏室宗王，未廢其職，而貶為
諸侯，又封晉宗室十七人為王，建八公制，這些諸侯、宗王之下再置官署，更
是加劇了西晉官僚機構的膨脹，而官員變多相對的卻是務農者的減少，這使原
本務農者的負擔又更加重，故造成百姓飢饉，國庫未豐的結果，若不能妥善處
理，問題會不斷擴大，甚至威脅統治。於是他提出解決之方曰：「當今之急，
先並官省事，靜事息役，上下用心，惟農是務也。」〔註63〕即欲解決百姓溫飽，
當先制其本，裁汰冗餘之職官，減少事役，使人民盡可歸於土地。傅咸此番諫
言能夠站在國家、百姓的立場上，對閑曹之吏，「或怠傲而廢功，或舞文以牟
利」、「費農夫之粟，空國家之幣」〔註64〕的行為加以指正，實屬難得，且知其
為政能夠落在實處，與空談玄理，贏取虛譽之輩固不同道。

於時亦有反對者，如荀勖認為省吏在施行上，環節繁複，中間一旦出錯，
反而易惑人聽，從而「須臾輒復」、「激而滋繁」，故提出當務之急不在省吏而
在省事：「省吏不如省官，省官不如省事，省事不如清心。」〔註65〕具體而言，
即：

凡居位者，使務思蕭曹之心，以翼佐大化。篤義行，崇敦睦，使昧
寵忘本者不得容，而偽行自息，浮華者懼矣。重敬讓，尚止足，令
賤不妨貴，少不陵長，遠不間親，新不間舊，小不加大，淫不破義，
則上下相安，遠近相信矣。〔註66〕

〔註62〕唐・房玄齡撰：〈傅咸傳〉，《晉書》，頁1324。

〔註63〕唐・房玄齡撰：〈傅咸傳〉，《晉書》，頁1324。

〔註64〕清・王夫之撰：《讀通鑑論》，卷11，頁356。

〔註65〕唐・房玄齡撰：〈荀勖傳〉，《晉書》，卷39，頁1154～1155。

〔註66〕唐・房玄齡撰：〈荀勖傳〉，《晉書》，頁1154～1155。

此欲使為官者效仿蕭何、曹參，貫徹道家清靜無為的政治思想，故不裁汰官員，而使在職任官者端己自守，從而自上而下，自然而然地影響風俗，各自簡化政令，略去細苛，而「吏竭其誠，下悅上命」，〔註67〕如此就能無為而無所不為，即以無省官達到省官的效果。

究其根本，筆者認為在這場省官還是省事的議論背後，實為二人思想傾向存在著差異，傅咸之改易制度，修改法規，主用外在手段加以干涉，是從功利的角度出發，看重解決問題的效率，傾向於法家的施政邏輯，而其以解決人民疾苦，剷除坐食百姓，邪僻無能之官吏為最終目的，則又可視為儒家民本思想的具體表現。而荀勖此處認為應垂拱無為，但又強調道德教化，君子表率作用的政治主張，與同樣反浮華，而主張名教自然合一的，崇有派玄學名士極為類似，由此見其雖出身儒學大族，然受到玄學衍盛的影響，而有由儒入玄，儒玄兼綜之傾向。因此二人的立場，實可看作在當時時代背景下，儒法結合與玄同儒道兩種思想傾向，對特定政治議題之反應的縮影。〔註68〕兩相比較而言，傅咸更加務實，其以省吏為百姓減負，緩解百姓飢饉，國庫未豐的情況，雖不易施行，卻是針對當下問題切實提出了解決之方案。荀勖則實際上只有反駁傅咸，而未能拿出一個可作替代的方案，其所謂使官員清心省事的做法，過於信任個人的道德自覺，而忽視外在約束的意義，無疑更似一番不切時務的高談闊論，且易被居位者利用，成為無心處順，隨波逐流，放任弊病繼續存在的合理解釋。

接續省官之議，傅咸又有在官人選舉的問題上，以同樣務實的態度反對浮華，直接與玄學名士王戎形成對立。此事需由「甲午制」的施行說起，蓋甲午制之主要內容為：「凡選舉皆先治百姓，然後授用」，〔註69〕規定士人先做地方官員，而後才能選調內官。〔註70〕此制度設立的前身，是晉武帝

〔註67〕唐・房玄齡撰：〈荀勖傳〉，《晉書》，頁1154～1155。

〔註68〕有學者因傅咸主張省事息役，即認為其受玄學影響，然而道法兩家雖有本質區別，但在先秦時期即已相互借鑒的現象，因此不能因某一措施類似即下定論，筆者經過具體分析其思考脈絡，即與荀勖進行對比後，認為傅咸更傾向儒法結合，而與玄學儒道結合有本質的區別。

〔註69〕唐・房玄齡撰：〈王戎傳〉，《晉書》，卷43，頁1233。

〔註70〕閻步克指出：「晉武帝這一詔書的要點，在於使士大夫『皆先外郡』治民，這與王戎所定『甲午制』之『選舉皆先治百姓』的內容，完全一致。可以斷定，晉武帝太康八年詔，與『甲午制』實為一事，這一詔書的發佈，就是為了『甲午制』的公佈實施。」閻步克：《察舉制度變遷史稿》，頁158。

太康八年詔曰:「今欲皆先外郡,治民著績,然後入為常伯、納言及典兵、宿衛、黃門散騎、中書郎。」〔註71〕是其直接目的在於解決,士大夫以內官資位利於遷升,〔註72〕而「多不樂出宰牧而好內官」,〔註73〕造成內外官失衡、外官銓選出現困難的問題。出外治民強調切實的政績,相較之下,內官中有一些特定的閒散清要之職,確是更為輕鬆的晉升之階,西晉李重即奏議曰:「漢魏以來,內官之貴,於今最崇,而百官等級遂多,遷補轉徙如流,能否無以著,黜陟不得彰,此為理之大弊也。」〔註74〕指斥世家貴族子弟以內官入仕,雖無政績,卻能輕易遷轉至於高位的現象。門閥貴族皆欲長期佔有這些職位,以保證世居高位,鞏固家族勢力,因此甲午制更深層的意義,即是壓制門閥勢力,從而改善官場腐敗,浮華交會的現象,收匡正風俗之效。

　　惠帝繼位,王戎出任吏部行甲午制,傅咸於時亦對「競內薄外」現象大加批駁,認為此弊宜亟革之,〔註75〕也是甲午制的擁護者之一,二人在制度本身並無衝突,問題的關鍵出在甲午制的具體施行上,傅咸奏戎曰:

　　今內外群官,居職未期而戎奏還,既未定其優劣,且送故迎新,相望道路,巧詐由生,傷農害政。戎不仰依堯舜典謨,而驅動浮華,虧敗風俗,非徒無益,乃有大損。宜免戎官,以敦風俗。〔註76〕

由此觀之,傅咸直接針對的,是王戎在施行甲午制的過程中,未依照規定使官員在外任職期年以上,就將之召回一事。在傅咸看來,士人既可以在尚未完成對其為政能力的考察,未知其人優劣的情況下,在朝中被授予官職,此實際上意味著,所謂的外放治民已經淪為一種形式,甲午制已然形同虛設,其抑制政治腐敗,糾正虛浮的意義亦隨之蕩然無存,正基於此,傅咸痛斥王

〔註71〕宋‧李昉等撰:〈職官部五十七‧太守〉引《晉起居注》,《太平御覽》,頁4b。

〔註72〕「資位」即職官的資格與資歷等級,周文俊認為:「西晉官僚升遷秩序,是以由內官重要官職構成的階序等級為中心展開的」、「由於內官構成了官資階序主軸,造成外官地位低落,導致職官內重外輕格局的不斷深化。」周文俊:〈西晉職官升遷與資位秩序〉,《學術研究》(2013年第5期),頁122。

〔註73〕宋‧李昉等撰:〈職官部十八‧中書侍郎〉引《晉起居注》,《太平御覽》,頁7a。

〔註74〕唐‧杜佑:〈選舉四〉李重奏議,《通典》,卷16,頁387。

〔註75〕《晉書‧傅咸傳》載:「內外之任,出處隨宜,中間選用,惟內是隆;外舉既頹,復多節目,競內薄外,遂成風俗。此弊誠宜亟革之,當內外通塞無所偏耳。」唐‧房玄齡撰:〈傅咸傳〉,《晉書》,頁1327。

〔註76〕唐‧房玄齡撰:〈王戎傳〉,《晉書》,卷43,頁1233。

戎「驅動浮華，虧敗風俗」。

在此事中體現出王戎與傅咸截然不同的處世風格，王戎作為竹林七賢之一，在魏末政爭中本與嵇康、阮籍在同一陣營，後卻因魏末對名士的血腥鎮壓，為保全身家，不得已轉向與司馬氏合作。在西晉詭譎多變的政局中，王戎出於避禍遠害，而與時俯仰，持老莊「無心順有」的處世思想，常有自晦之舉，而面對貪腐盛行，門閥貴族以虛譽進仕，擾亂選舉的浮華現象，非但未加禁止，更因「不欲為異」而視而不見，無謇諤之節。〔註77〕至於傅咸，則是無論從議省官，還是彈劾王戎之事看來，皆是以樹立儒家道德規範為標的，守正不移，勤恪有為，同時因應時代亂象，用法家糾覈名實的手段，匡正綱紀，整肅風俗，以兼綜儒法而剛直峻切的處世風格，堅定地站在苟媚取容者的對立面。

二、詰奢尚儉，以正世風

傅咸之反浮華，不僅體現在人事任用方面，其還嘗以世俗奢侈，上書陳奢侈之害曰：

> 臣以為穀帛難生，而用之不節，無緣不匱。故先王之化天下，食肉衣帛，皆有其制。竊謂奢侈之費，甚於天災。古者堯有茅茨，今之百姓競豐其屋。古者臣無玉食，今之賈豎皆厭粱肉。古者後妃乃有殊飾，今之婢妾被服綾羅。古者大夫乃不徒行，今之賤隸乘輕驅肥。古者人稠地狹而有儲蓄，由於節也；今者土廣人稀而患不足，由於奢也。欲時之儉，當詰其奢；奢不見詰，轉相高尚。昔毛玠為吏部尚書，時無敢好衣美食者。魏武帝嘆曰：「孤之法不如毛尚書。」今使諸部用心，各如毛玠，風俗之移，在不難矣。〔註78〕

傅咸於此直言：「奢侈之費，甚於天災」，他認為穀帛之類生活必需品，並非用之不竭之物，為保證資源充足，使人人皆有其用，是古聖王教化百姓，對此特別制定標準。他進而指出雖然在當下，人們於衣食住行各方面，皆遠超古代，但制度禮法一旦遭到破壞，沒有了限制，掌權者勢必不斷擴充其勢力，

〔註77〕王戎嘗受劉肇貨賂，時被司隸所糾，雖得武帝為其說情，免於受罰，卻為清慎者所鄙。至經八王之亂，更是「與時舒卷，無謇諤之節。自經典選，未嘗進寒素，退虛名，但與世浮沉，戶調門選而已。」唐·房玄齡撰：〈王戎傳〉，《晉書》，頁1234。

〔註78〕唐·房玄齡撰：〈傅咸傳〉，《晉書》，頁1324～1325。

集中資源於自身，以填補其源源不斷的慾望，從而壟斷資源，致使分配不均，長此以往，終將造成「土廣人稀而患不足」的局面，為社會帶來極大的不穩定因素。傅咸以為詰奢是為當務之急，而他認為改易風俗的最好辦法，是為任人得當，實即強調儒家舉賢人執政的觀念，以有德君子為官，風行草偃，即能達到目的，傅咸此種解決方案的提出，筆者認為具有一定針對性，因為當時奢侈之風的流行，雖有客觀條件的支持，但更多的卻是一種上行下效的結果，即當時許多貴戚子弟務於奢侈，而這些貴族又常盤踞要職，同時晉武帝亦沒能及時抑制其發展。

按此次上疏的時間，大致被認定在晉武帝太康年間，〔註79〕蓋晉武帝即位後，一度力主抑制浮華，革除曹魏奢侈之弊，欲「制奢俗以變儉約，止澆風而反淳樸」，〔註80〕且頗能以身作則，《晉書・武帝紀》載：「有司嘗奏御牛青絲紖斷，詔以青麻代之。臨朝寬裕，法度有恒。」〔註81〕後國家統一，政治局勢穩定，經濟得到充分發展，太康年間甚至呈現出幾分盛世之象。但隨著晉武帝荒於朝政，自己便已不再尚儉，而是耽於享樂，常有奢侈淫靡之舉。同時，這種環境亦有利於豪門大族積累財資，擴大勢力，有一些大族甚至達到富可敵國的程度，而晉武帝針對這些違禮亂制的情況，卻不能嚴格予以懲罰，常優容過度，放任其行。

晉初自視位高權重，而豪奢過當者即不乏其人，如何曾史書載其：「性奢豪，務在華侈。帷帳車服，窮極綺麗，廚膳滋味，過於王者」，〔註82〕時劉毅等人數次劾奏其侈汰無度，但晉武帝礙於其開國重臣之身份，竟「一無所問」，就此放過。這種做法無形中，更是助長士族間奢侈之風的形成，此後何曾之子何劭，即承乃父之風，驕奢簡貴，「食必盡四方珍異，一日之供以錢二萬為限，時論以為太官御膳，無以加之。」〔註83〕

太康統一之後，情況變本加厲，時人如王濬恃其平吳有功，「勳高位重，不復素業自居，乃玉食錦服，縱奢侈以自逸」，〔註84〕此時風俗，觀《世說

〔註79〕陸侃如繫於太康五年，俞士玲繫於太康八年，雖稍有差異，然大抵普遍認定在太康年間。參見陸侃如：《中古文學繫年》，頁709～710、俞士玲：《西晉文學考論》（南京：南京大學出版社，2008年），頁202。

〔註80〕唐・房玄齡撰：〈武帝紀〉，《晉書》，卷3，頁81。

〔註81〕唐・房玄齡撰：〈武帝紀〉，《晉書》，頁80。

〔註82〕唐・房玄齡撰：〈何曾傳〉，《晉書》，卷33，頁998。

〔註83〕唐・房玄齡撰：〈何劭傳〉，《晉書》，卷33，頁999。

〔註84〕唐・房玄齡撰：〈王濬傳〉，《晉書》，卷42，頁1216。

新語》專門立有〈汰侈〉一篇，記錄豪門奢侈現象，且其中大半為西晉間事，足可證明侈靡之風。世族間追求奢侈、豪富，而競相標榜，互相鬥勝的行為，在西晉業已蔚然成風，其中石崇、王愷、王濟常為豪族鬥富的主角，而細察相關的記載，則不能不忽視晉武帝對此類活動的態度。〈汰侈〉8 記石崇、王愷爭豪之事，其中卻有「武帝，愷之甥也，每助愷」〔註85〕之語，可見至朝野之間，瀰漫著驕奢淫逸之風氣時，武帝非但不加阻止，甚至時而作為助戰者參與其中，這種旁觀而無作為的應對方式，只會使爭豪競奢的現象愈演愈烈。

另外，此時玄學思潮的衍盛，也會起到推波助瀾的作用，首先即是玄學無為而治的思想，會對君主產生影響，使其不斷放任事態發展；其次，西晉主張玄學貴無派思想的一部分人，錯誤地理解竹林七賢的思想內涵，而一味地效仿其放任誕達之行，去除拘束，以率性自然為高，此發展到後來卻極易變相成為縱慾享樂的辯白。總而言之，君主的放任、門閥大族勢力自身的發展、玄學衍盛三者相互影響，又共同作用，助使奢侈淫靡之風在西晉大規模蔓延開來。事實上，傅玄就已有在《傅子》中，論及「天下之害，莫甚於女飾」、〔註86〕「天下之福，莫大於無欲」，〔註87〕警示君主應鑒於前朝之失，注意節制慾望，至傅咸更是繼承父輩思想，故面對奢侈之風的流行，表現出絕不同流合污的態度，並敢於站在那些豪門大族的對立面，義正辭嚴地予以批判。此見傅咸在朝，務於簡約而倡有為，善糾世俗之弊，內容上是維護禮教秩序，臨朝處事卻甚有法家之威嚴。

三、摧奸斥佞，時為忠直領袖

正如上引論詰奢一文中所看到的，傅咸認為在改易世俗的過程中，上位者的表現與態度起到至關重要的作用，因此在選官任人方面，必須給予高度的重視。在這方面，晉初其父傅玄就已提出，「舉清遠有禮之臣」，乃國之大本，是為當務之急，並提出「品才有九」，強調尚德行的同時，重官職與才能相符，及綜核名實，以事功考驗其能，反虛譽空談種種觀點。傅咸對此亦有繼承，故其於上疏中，特別表示對毛玠的推崇，有以其為居官典範之

〔註85〕南朝‧劉義慶注，南朝‧劉孝標注，余嘉錫箋疏：〈汰侈〉8，《世說新語箋疏》，頁882。

〔註86〕晉‧傅玄：《傅子‧校工》，《全晉文》，卷47，頁305。

〔註87〕晉‧傅玄：《傅子‧曲制》，《全晉文》，卷48，頁311。

意。而據《三國志》注引《先賢形狀》載：「玠雅亮公正，在官清恪。其典選舉，拔貞實，斥華偽，進遜行，抑阿黨。諸宰官治民功績不著而私財豐足者，皆免黜停廢，久不選用。於時四海翕然，莫不勵行。」〔註88〕知其不僅勤儉理政，移風易俗，在選官任人方面，更有務實黜虛，看重功績德行的特點。

西晉中後期在貴無思想的影響下，玄風衍盛，趙翼《廿二史札記》引干寶《晉紀》言：

> 後進莫不競為浮誕，遂成風俗。學者以老莊為宗而黜六經；談者以
> 虛蕩為辨而賤名檢；行身者以放濁為通而狹節信，仕進者以苟得為
> 貴而鄙居正，當官者以望空為高而笑勤恪。其時未嘗無斥其非者，
> 如劉頌屢言治道，傅咸每糾邪正，世反謂之俗吏。〔註89〕

此將傅咸與玄學之士之貴無尚玄虛者區別開來，面對浮偽更盛前朝的景象，傅咸就採取了與毛玠類似的態度，以尚修德勤政抑制浮華。其嘗作〈櫛賦〉，以梳理亂髮與官吏理政相比，認為「理髮不可以無櫛，治世不可以無才」，〔註90〕官吏沒有才能，不能有所作為，即相當於臨亂髮而無櫛，則國不能治，由此表達對任官施政之事的重視，進而言曰：「我嘉茲櫛，惡亂好理。一髮不順，實以為恥。雖日用而匪懈，不告勞而自己。苟以理而委任，斯竭力而沒齒」，〔註91〕則又以梳子自比，以成為治亂匡正之臣自我期許，並表達既委任為官，必擔負其責，勤於政事，竭力整治亂局之信念。

傅咸居官宜勤勉務實的理念，絕非紙上空談，而是皆有切實踐行。在朝期間，傅咸最具代表性之政績，是其處御史中丞、司隸校尉一類，清議褒貶，督察百官之任時，〔註92〕凡遇行為不端、有違禮法、而邪僻亂政者，終日清談、功績不著、而虛浮亂俗者，必彈糾之，且不顧門閥高低，一律應對亢直，務使遠近清肅，威風得伸。西晉中後期，官場賄賂腐敗問題甚為嚴重，此在

〔註88〕晉・陳壽撰，南朝宋・裴松之注：〈魏書・毛玠傳〉，《新校三國志注》，卷12，頁375。

〔註89〕清・趙翼：〈六朝清談之習〉，《廿二史札記》，卷8，頁148。

〔註90〕晉・傅咸：〈櫛賦〉，《全晉文》，卷51，頁329。

〔註91〕晉・傅咸：〈櫛賦〉，頁329。

〔註92〕杜佑《通典》曰：「晉亦因漢，以（御史）中丞為臺主，與司隸分督百僚。自黃天子以下，無所不糾。初不得糾尚書，後亦糾之。中丞專糾行馬內，司隸專糾行馬外，雖制如是，然亦更奏眾官，實無其限。」唐・杜佑：〈職官六〉，《通典》，卷24，頁663。

晉武帝時，豪門貴族多見寬容，就已見端倪，〔註93〕及惠帝居大位，因其才不堪政事，門閥大族勢力又太過強盛，形成「權非帝出」、「政出群下」的局面，並進而導致「貨賂公行，勢位之家，以貴陵物，忠賢路絕，讒邪得志，更相薦舉，天下謂之互市焉。」〔註94〕權錢交易利用了九品中正制的漏洞，朝中多有並無實際才德，僅因虛名得進的虛浮之士。故傅咸時任司隸校尉，即上表曰：「以貨賂流行，所宜深絕，切敕都官，以此為先」，誓以杜絕此風為首要目標，而據《晉書》本傳載：「時朝廷寬弛，豪右放恣，交私請託，朝野渾淆。咸奏免河南尹澹、左將軍倩、廷尉高光、兼河南尹何攀等，京都肅然，貴戚懾伏」，〔註95〕知其確將之付諸行動。

　　傅咸之任司隸校尉、御史中丞，可謂承先君之蹤，子承父業，傅玄任此類監察之職時，便「彈擊是司，遂能使臺閣生風，貴戚斂手」，〔註96〕甚見成效。傅咸大抵耳濡目染，深有體會，當其被任命，因懼己失職，垂翼無為，故特別作文，申明所任官職之職責與意義，及需秉承之精神，用以自勉。其作〈司隸校尉教〉曰：「司隸校尉舊號臥虎，誠以舉綱而萬目理，提領而眾毛順」，〔註97〕強調其具有綱舉目張的重要作用。〈御史中丞箴〉更是轉變原本「箴」作為一種文體，「官箴王闕」勸說人君之意，而用以自箴，〔註98〕其言御史中丞的主要職責，在於「執憲之綱，秉國之憲。鷹揚虎視，肅清違慢」，〔註99〕執法監督，以肅清朝中違法抗令，怠慢職守之徒為己任，並且強調「憂責有在，繩必以直」、「既直其道，奚顧其身」、「無禮是逐，安惜翅翼？」、「怨及朋友，無慚於色」之公正剛直、匪躬盡己的執法原則。

〔註93〕《晉書·良吏傳》載：「而帝寬厚足以君人，明威未能屬俗，政刑以之私謁，賄賂於此公行，結綬者以放濁為通，彈冠者以苟得為貴，流遁忘反，浸以為常。」前所論及何曾、王濟、石崇、王愷皆因身份地位備受寬容，雖貪腐奢侈亦不受懲罰之例，時山濤號稱「清慎」，猶難免俗，《晉書·山濤傳》載：「初，陳郡袁毅嘗為鬲令，貪濁而賂遺公卿，以求虛譽，亦遺濤絲百斤，濤不欲異於時，受而藏於閣上。」觀「不欲異於時」一語，可窺當時行賄受賂之風。唐·房玄齡撰：〈良吏傳〉、〈山濤傳〉，《晉書》，卷90、43，頁2327～2328、1228。

〔註94〕唐·房玄齡撰：〈惠帝紀〉，《晉書》，卷4，頁108。

〔註95〕唐·房玄齡撰：〈傅咸傳〉，《晉書》，頁1329。

〔註96〕唐·房玄齡撰：〈傅玄傳〉，《晉書》，頁1333。

〔註97〕晉·傅咸：〈司隸校尉教〉，《全晉文》，卷52，頁336。

〔註98〕錢鍾書：〈《全漢文》卷52·官箴變為箴官〉，《管錐編》第三冊（北京：中華書局，1979年），卷28，頁1528。

〔註99〕晉·傅咸：〈御史中丞箴〉，《全晉文》，卷52，頁338。

事實上，縱觀傅咸的政治生涯，此種剛直守正的精神原則，已然成為其標誌性的為官之道，將之貫徹始終，故無論是否處於監察職上，皆以彈劾諫止之舉最為突出。當其任司徒左長史，以豫州大中正夏侯駿「與奪惟意」應予以奏免，然時司徒魏舒卻因與駿有姻親關係，欲為其掩蓋，固不從之，傅咸認為不當徇私，故其雖因此與上位者對立，面臨被貶的局面，仍毅然選擇依法據正，獨自上書，見其對法治精神的高度重視。

又惠帝即位之初，楊駿輔政，獨攬大權，且驕奢淫逸，行多不恭，傅咸時任尚書左丞，與傅祇同朝為官，且與之站在同一陣營，針對楊駿樹立同黨、攬政專權的行徑予以諫止，其中「聖上欲委政於公，諒闇自居，此雖謙讓之心，而天下未以為善」、「山陵之事既畢，明公當思隆替之宜」、「周公之任既未易而處，況聖上春秋非成王之年」等句，雖有以周公輔政為比，卻戒以莫自專，以杜悠悠之口。相較於傅祇，及更多緘默任其所為的人，顯然是以更加剛直的態度，表達出對楊駿專權的批駁。〔註100〕正因於此，楊駿未對傅祇動怒，當其聽傅咸諷切之言，卻「意稍折，漸以不平」，〔註101〕欲外放咸，幸楊駿甥李斌以「不宜斥出正人」說乃得免。

傅咸還以荀愷自表赴從兄之喪，詔未下便以行造楊駿為由，奏之：「急諂媚之敬，無友於之情。宜加顯貶，以隆風教。」〔註102〕又以累因疾病辭不上朝，舉奏故將郭弈，以殿火而燕然在外，不赴緊急，奏免宗室東平王楙，〔註103〕見其糾舉失職，不論親貴。傅咸堅守禮法，直道而行，摧奸觸佞，以匡正綱紀為務，雖禍及其身，亦不避之皆若此。又傅咸曾在回楊濟之信中力辯直正忠允，不營名則不畏招嫉致禍，不以苟且為明哲，皆見其嚴正骨鯁。這種處世精神在政局動蕩，人多傾向道家無為，而與時舒卷、不役於事的氛圍中，實難能可貴，是以時論曰：「（傅咸）勁直忠果，劾按驚人。雖非周才，偏亮可貴」，後世如王夫之亦稱其「公忠端亮」、「忠直為當時之領

〔註100〕其中寫到：「得意忘言，言未易盡」，有似玄學家語，然就上下文觀之，則並未上溯本體，旨在使用字面意思，即重點不在言語，更在言語所難以窮盡之意，但這個「意」並非事物的終極根據，在這裡是最終落在，傅咸對楊駿還政於君之建議上。晉·傅咸：〈御史中丞箴〉，頁338。
〔註101〕據《晉書》本傳記載：「咸復與駿箋諷切之，駿意稍折，漸以不平。」知傅咸當不僅一次進諫。唐·房玄齡撰：〈傅咸傳〉，《晉書》，頁1325。
〔註102〕唐·房玄齡撰：〈傅咸傳〉，頁1325。
〔註103〕晉·王隱：〈傅咸傳〉，《晉書》，收錄於清·湯球輯：《九家舊晉書輯本》，卷8，頁71。

袖」，〔註104〕多有嘉許之意。

　　然也應注意到，王夫之同時也有指出：「傅咸、劉毅諫諍之士，可任以耳目，而未可任以心膂，非能持大體者也」、「傅咸、劉毅能危言以規武帝之失矣，賈充之姦，與同朝而不能發其惡。」認為傅咸、劉毅等人，雖以世務為心，力圖恢復風俗教化，與「崇尚虛浮，逃於得失之外以免害」的王戎、王衍、樂廣之流對立，然亦不過「毛舉庶務以博忠貞幹理之譽」，於經國體民方面仍有不足，故非真正能夠「立國之大體、植身之大節」的維繫朝綱之臣。〔註105〕

小結

　　本章節主要試圖藉由分析，傅祗、傅咸雖與父輩處在不同之社會環境中，在面對類似情況時，所表現之行事方式與思考脈絡，指出二人與傅嘏、傅玄在黜虛務實，糾嚴浮華上的一貫性，由此見出二人對家族前人文化積累中，所形成之家學家風的繼承。

　　傅嘏的主要經歷在曹魏之朝，就學術背景而言，其與人論爭時是為玄學的形成期；傅玄主要活動在魏末晉初，於時玄學經歷風靡海內的興盛期，又落入受到政治打壓的局面，二人對待玄學理論本身的態度，並未直接反對，甚至有的比較曖昧，但對與玄學同時流行起來的虛無、任誕、侈靡之歪風，卻是堅決直接表示反對，甚至有與其中代表人物站在對立面。傅祗與傅咸分別作為名父之子，皆在西晉中後期登上政治舞臺，同朝為官，而時「元康以來，賤經尚道，以玄虛宏放為夷達，以儒術清儉為鄙俗」，〔註106〕玄學非僅復甦，且較此前在士人間流行更廣，同時因對前代玄學思想存在錯誤的理解，流衍於士習民風，伴隨著政治腐敗，造成士風不競，名教頹毀之隱憂。

　　王夫之《讀通鑑論》言：「孟德、琰、玠並其名而掩之，而後詭出於玄虛，橫流於奔競，莫能禁也。以傅咸、卞壺、陶侃之公忠端亮，折之而不勝，董昭欲以區區之辨論，使曹叡持法以禁之，其將能手？聖王不作，禮崩樂壞，政暴法煩，祗以增風俗之浮蕩而已矣。」〔註107〕將傅咸與曹操、崔琰、毛玠，

〔註104〕清・王夫之撰：《讀通鑑論》，卷10，頁318～319。
〔註105〕清・王夫之撰：《讀通鑑論》，卷12，頁364。
〔註106〕唐・房玄齡撰：〈應詹傳〉，《晉書》，頁1858。
〔註107〕清・王夫之撰：《讀通鑑論》，卷10，頁318～319。

及東晉之卞壼、陶侃相提並論，強調其反「盡棄其質以浮蕩於虛名」的態度與作為。但實際不僅傅咸，面對當時玄虛之風衍盛的情形，傅祗、傅咸皆仍堅持有以儒家思想立身，且未見其參與玄學活動，或玄學名士密切交往之例，二人雖性格有所不同，在臨朝處事，施政治民的過程中，卻有明顯的相似處，此集中表現在二人者，為重視事功，故或直言敢諫，或執法劾人，皆多有維護公正，匡輔朝綱之舉，其節或貞諒，或強直，或剛簡，都呈顯出兼綜儒法之傾向。

結　語

　　本論文結合漢晉之際的政治、思想，以傅嘏之「名理」與傅玄之「反玄」
思想為切入點，得出結論如下：

　　就家學而言，筆者認為漢晉之際北地傅氏，具有明顯的儒法兼綜、隆禮
重法之傾向。傅嘏之「校練名理」思想，以循名責實為方法，屬名法家之論，
在這點上，雖因道、法兩家皆有以名學作為思辨方法，名理與玄遠派在此基
礎上可達成某種一致，傅嘏之論才性即使用名理學之方法，當論題由實際政
治上升至本體論的層次，才性論因此成為經久不衰的清談論題，「名理」就此
意義而言，無形中推動了玄學思潮的發展，故後世善「名理」又可用於指稱
善玄談者。

　　然而傅嘏涉及形上本體的討論僅此一例，相反的，其「循名責實」思想
在分析具體政治問題，建立事功上則運用自如，黜虛務實、注重事功的法家
特點表現甚明。同時其以有才無德為誡，極力批評何晏之黨，強調進賢尚德；
又以崇尚上古禮制風俗，主張復古，以儒家政治思想理路，反對符合法家法
治思想之都官考課法的施行，凡此種種則又體現出，其對以儒家思想為主的
持守，綜合來看，即可推知其思想具有兼綜儒法之傾向。

　　傅嘏從弟傅玄對傅嘏多加讚譽，顯示出對傅嘏思想、處事風格的認同，
其所作《傅子》一書，重申儒法治國之道，論及推行儒家之仁政的同時，又需
以外在禮法、刑賞配合，其中多見與荀子理論相契合處，更為明確地顯示出
其欲以儒學調和名法之治，而兼綜儒法之思想。

　　漢晉之際北地傅氏兼綜儒法的思想，可上溯至荀子之隆禮儀而殺詩書，
而近源則為王莽改制後，東漢儒法合流思潮，對陽儒陰法，「霸王道雜之」的
重申，蒙文通於此談到：「逮莽之紛更而天下不安、新室傾覆，儒者亦嗒焉喪
其所主，宏義高論不為世重，而古文家因之以興，刊落精要，反於索寞，惟以

訓詁考證為學,然後孔氏之學於以大晦。……是東京之學不為放言高論,謹固之風起而恢宏之致衰,士趨於篤行而減於精思理想,黨錮君子之行,斯其著者,而說經之家固其次也,故董、賈之書猶近孟、荀之跡,而東漢之學頓與晚周異術。」〔註1〕此言東漢儒生顯示出更多法家的現世精神,不再以純粹的理想主義論事,汲汲於製禮作樂,而是積極參政議事,對具體軍政庶務,如刑法、考課、農桑、吏治等提出建言,時故倡博學通達,又力行政事的「通儒」,而反對純儒、俗儒之「博而寡要,勞而少功」、〔註2〕「不達時宜」、〔註3〕「不明縣官事」。〔註4〕東漢時傅玄之祖父傅燮即師從通儒劉寬。東漢兼綜儒法者所反對的,是發迂闊之論以攬名譽,然不務政事,用之輒敗人事的俗儒、鄙儒。與之相對的,漢晉之際北地傅氏所代表的兼綜儒法者,在玄風衍盛之情形下,則對士人縱情越禮,言行放誕;不事庶務,終日清談;結黨貴遊,擾亂選舉,或以夷曠自居,欺世盜名等浮偽之行加以批判。

就家風而言,漢晉之際北地傅氏之家風,體現在臨朝處事上,將儒家與法家的特點融於一身,一方面推崇儒家重師道,尚德治仁政的思想。傅嘏、傅玄皆強調典選人物,德行、才能不可偏廢,認為官吏宜為百姓道德典範,故當以身作則,擔負起綱紀人倫的責任。傅祗、傅咸更樹立風猷,篤於道德行修,多有匡正綱紀之舉。又北地傅氏奉行儒家,認為士人應保持獨立人格,「以道事君」的主張,傅嘏、傅祗皆積極參議政事,提出己見,雖與當權派相牴亦毫不退讓,傅玄也以君主當開直言敢諫之道,使人臣面對君主之失,能予以直言規諫,更重申清議,以此批判社會之不良風氣,其與子傅咸具以剛直不苟,直道而行著稱。漢晉之際北地傅氏多被委以議郎、諫官、御史中丞、司隸校尉等職,以諫諍、糾察是非、宣導風化為官,大抵因於此。

另一方面,漢晉之際北地傅氏家族,具有法家近求富國強兵,維護秩序,而積極進取,務實有為,注重事功,為政勤恪的特色,〔註5〕特別注重經世致用,在「士無特操」、「士風不競」的時代氛圍中,獨樹一幟。此自西漢北地傅

〔註1〕蒙文通:〈論經學三篇〉,《中國文化》第4期(1991年),頁60。

〔註2〕漢・司馬談:〈論六家要指〉,《全漢文》,卷26,頁540。

〔註3〕漢・班固撰,唐・顏師古注:〈元帝紀〉,《漢書》,卷9,頁82。

〔註4〕漢・桓寬:〈取下〉,《鹽鐵論》(臺北:中華書局據張氏考證本校刊,2016年),卷7,頁8下。

〔註5〕於此筆者認為,傅氏地望北地,地處西北,為秦國故地,軍事色彩濃厚,文化氛圍較弱,無形中為法家思想的發展,提供了豐沃的土壤,北地傅氏以軍事才能起家,是其立身之本或即近於法家。

氏之祖傅介子，即認為不應「坐事散儒」，而以武功起家，東漢時雖因應時代風氣，北地傅氏向儒學家族轉變，思想卻更傾向結合儒法之「通儒」，強調會通所學並予以踐行，將之應用於實際政治，故值漢末動蕩之際，傅燮於朝堂則抨擊邪佞，於地方則死守國土。三國紛爭之時，傅幹、傅巽運用所學，出入英豪，籌謀劃策，縱橫捭闔，頗有功於立國。至魏晉時期，傅嘏治理河南，功績卓著，論兵法權謀，為司馬氏奪權提供保障；傅玄上疏言農事得失、水官興廢、安邊御胡等策，皆能切中根本，佐益時事；傅祗、傅咸亦居官稱職，多有輔正時弊之論。此外，法家既重視兵刑錢穀、考課銓選等實在事務，本有反虛玄之傳統，對「雖眾獨行，取異於人，為恬淡之學而理恍惚之言」〔註6〕者加以抨擊，此顯然是針對老莊一類「幽深微妙」之學而發。漢晉之際北地傅氏受法家思想影響，在具體施政上，故與政事、法理之士類近，其明禮法律令，強調政事之能，自然與「以老莊為宗」的玄學之士關係不協，更與不識嵇、阮批評時政之精神，僅以脫略禮法、不事政務為高，與時俯仰之人形成對立。

　　漢晉之際北地傅氏之家學家風，在後世族人中亦有所延續，其一，是對家學的繼承，北地傅氏後人多以善經學、朝儀、禮法見載，如傅祗次子傅暢，經西晉末政治動亂，沒於石勒，與杜嘏並領「經學祭酒」，〔註7〕此職位大抵等同於漢平帝時，所設立之「六經祭酒」，後改稱「博士祭酒」，地位相當於五經博士之首，既為太學老師，又在官制之中，〔註8〕暢能領此職，充分說明其儒學思想根底之深厚。至東晉傅瑗則「以學業知名」，其子傅迪「亦儒學」。〔註9〕此外以通朝儀禮節，知禮學亦成為家學被世代傳承，傅暢即因「諳識朝儀」，受到石勒重用，其還作《晉公卿禮秩故事》，對諸公卿之禮儀等第和爵祿品級加以解釋，表明其對朝廷官制禮法皆有所研究。至南朝，則有傅隆「博學多通，特精《三禮》」，〔註10〕傅淡「善《三禮》，知名宋世」、〔註11〕傅映

〔註6〕清・王先慎：〈忠孝〉，《韓非子集解》，卷20，頁360。

〔註7〕唐・房玄齡撰：〈石勒載記〉，《晉書》，卷105，頁2942。

〔註8〕《漢書》載：「（王莽）又置師友祭酒及侍中、諫議、六經祭酒各一人，凡九祭酒，秩上卿。」《後漢書・百官志》載：「博士祭酒一人，六百石。本僕射，中興轉為祭酒。」漢・班固撰，唐・顏師古注：〈王莽傳中〉，《漢書》，卷69，頁1272、南朝宋・范曄撰，唐・李賢等注：〈百官志二〉，《新校後漢書注》，卷35，頁1下。

〔註9〕南朝梁・沈約：〈傅亮傳〉，《宋書》，卷50，頁10。

〔註10〕南朝梁・沈約：〈傅隆傳〉，《宋書》，卷55，頁10b。

〔註11〕唐・姚思廉：〈傅昭傳〉，《梁書》（北京：中華書局，1973年），卷26，頁3。

「兄弟友睦，修身屬行，非禮不行。」〔註12〕皆以禮聞名。故大體而言，西晉後北地傅氏族人，雖受到時代佛玄思潮影響，而「淹留孔老」，〔註13〕及與高僧交往的記載，〔註14〕但仍主要以儒學、禮法世代相傳。

其二，自魏正始中何晏、王弼、嵇康、阮籍等人演說老莊，玄學在士人間蔚然成風，於時善玄虛之談者，往往備受推崇，甚至因此獲得晉升之階，於此田餘慶分析道：「魏晉以來，玄學逐漸取代了儒學的統治地位，過去的世家大族階層也逐漸演變成士族階層。……兩晉時期，儒學家族如果不入玄風，就產生不了為世所知的名士，從而也不能繼續維持其尊顯的士族地位。東晉執政的門閥士族，其家庭在什麼時候、以何人為代表、在多大程度上由儒入玄，史籍都斑斑可考。他們之中，沒有一個門戶是原封不動的儒學世家。東晉玄學一枝獨秀，符合門閥政治的需要。」〔註15〕但漢晉之際北地傅氏在思想上與玄學之士始終有所隔閡，這種思想特質更在無形中作為一種家族的文化習性被保留下來，並在代代延續與繼承中，不斷深化。

此體現在北地傅氏於東晉及南朝，不同於其他士族，以玄儒雙修的方式，融入玄學名士之團體，交往名士，進而延攬聲譽，穩固門第，而是受祖、父輩家學家風的薰陶，在其為人處世，施政治民之態度的影響下，雖清談、任誕、朝隱之風盛行，在見於史料之傅祗、傅咸後人中，卻極少不經濟世務者，而多見剛直守正，勤政務實，匭躬盡瘁之直臣能吏。唯有傅咸子傅敷，「清靜有道，善解屬文」，屢辭聘，較近於學者。

其中具代表性的，如傅祗之子傅宣，在東晉雖不若其父居於顯職，卻亦能盡其職責，頗有政績可述，《初學記》引《傅宣別傳》曰：「宣為御史中丞，明法直繩，內外震肅，甚有威風。」〔註16〕是其與多位北地傅氏族人一樣，亦有擔任御史中丞之職，且執法嚴明，頗有乃父之風。又《文選》注引《晉諸公贊》曰：「傅宣定九品未訖，劉疇代之，悉改宣法。於是人人望品，求者奔

〔註12〕唐・姚思廉：〈傅昭傳〉，頁6。

〔註13〕南朝宋・傅亮：〈故安成太守傅府君銘〉，《全宋文》，卷26，頁375。

〔註14〕《高僧傳・竺法義傳》載傅亮曰：「吾先君與義公遊處，每聞說觀音神異，莫不大小肅然。」參見梁・沙門慧皎撰：《高僧傳》（臺北：廣文書局，1992年），卷4，頁105。

〔註15〕田餘慶：《東晉門閥政治》，頁356。

〔註16〕唐・徐堅等：注引《傅宣別傳》，《初學記》（北京：中華書局，2004年），卷12，頁291。

競。」〔註17〕知傅宣在任吏部郎時，曾主持修改選舉之法，雖未知其中主要內容，然就劉疇改之，而浮偽日熾的局面來看，傅宣所改之法顯然具有抑制浮偽的意義。其時傅宣與許多玄學名士不同，非以文章、書法、清談、或脫略細行的誕達之舉聞名，卻以執事公正，任切爭臣知名。

　　宣弟傅暢也曾繼承傅祗擔任中正之職，其典選人才，「以宿年為先，是以鄉里素滯屈者漸得敘也。」〔註18〕使早年未能公正受到選用之人，才學志向得以伸展。又傅暢在歸順胡人政權後，作《晉諸公贊》頗述西晉諸公中賢哲之人事跡，如其中寫到許允曰：「許允有正情，與文帝不平，（景帝）遂幽殺之。」〔註19〕見其維護公正，書以直筆，不為當權者避諱，〔註20〕時論以為「言之者舊」。〔註21〕傅咸子傅晞，為上虞令，亦「甚有政績」。〔註22〕降至南朝猶是如此，晉宋之交，傅弘之雖不以儒學稱，然「素善騎乘」、「少倜儻有大志」，〔註23〕參與討伐桓玄，又多次平定叛亂，軍功甚夥。南朝宋傅隆官居御史中丞，「當官而行，甚得司直之體」，任太守亦「在郡有能名」。〔註24〕具見傅氏子弟不墜家聲，有為有守，雖處紛亂之世，每能「抗辭正色，補闕弼違」，誠朝臣之中流砥柱也。

　　北地傅氏之文化貢獻在於，其服膺儒家之精神，又兼採法家思想於施政治國之長，其族人多自律嚴謹，嫉惡如仇，重禮重義，身處言官系統中，多能發揮儒家忠直之質，上疏誡貪、奢、浮華，激切峻直，於國家危難之際，又能擔負責任，皆展現出與當時一般玄學名士不同的面貌，以儒法反制玄學，糾

〔註17〕南朝梁・蕭統編，唐・李善注：〈王文憲集序〉注引《晉諸公贊》，《六臣注文選》，卷46，頁879。

〔註18〕宋・李昉等撰：〈職官部六十三・中正〉引〈傅暢自序〉，《太平御覽》，卷265，頁10a～10b。

〔註19〕晉・傅暢：《晉諸公贊》，收錄於《續修四庫全書》編纂委員會：《續修四庫全書》，頁481。

〔註20〕余嘉錫評曰：「傅暢書著於胡中，無所避忌。孫盛書則作於東晉，為時已遠，故皆得存其直筆耳。」時代背景是一原因，但在家學家風影響下，所形成之史學觀念亦應放入考量。南朝宋・劉義慶著，南朝梁・劉孝標注，余嘉錫箋疏：〈賢媛〉8箋疏，《世說新語箋疏》，頁676。

〔註21〕陳沈炯〈太尉始興昭烈王碑銘〉曰：「孔融汝穎之論，許其少多，傅暢諸公之書，頗有賢哲，自漢至魏，涉江而東，綿邈蟬聯，言之者舊。」〈職官部二・太尉〉引，《藝文類聚》，卷46，頁821。

〔註22〕唐・房玄齡撰：〈傅咸傳〉，《晉書》，頁1330。

〔註23〕南朝梁・沈約：〈傅弘之傳〉，《宋書》，卷48，頁13a～13b。

〔註24〕南朝梁・沈約：〈傅隆傳〉，《宋書》，卷55，頁10b、11b。

正玄理玄風所帶來乘虛蹈空之流弊，誠可謂社會良知之代表。

另外，傅氏族人雖在諫諍彈劾中多有建樹，然亦有因此被批評心胸褊狹，而乏弘雅之度者，此也可與儒法兼綜之家學家風關聯，即儒家強調為臣剛正，法家則以任官應執法不苟，二者於此實可相通，而正因剛正不苟，故更難容取《莊子》「形莫若就，心莫若和」以為口實、偷苟無為或肆意妄為者，於是易流於「刻薄寡恩」，而犯《老子》「廉而不割」之偏狹。

參考文獻

一、原典文獻

（一）經部

1. 春秋・左丘明撰，鮑思陶點校：《國語》，鄭州：中州古籍出版社，2010年。
2. 漢・董仲舒著，周桂鈿譯注：《春秋繁露》，北京：中華書局，2011年。
3. 漢・孔安國傳，唐・陸德明釋文，唐・孔穎達正義：《尚書注疏》，北京國子監明萬曆十五年刊本，1587年。
4. 漢・毛亨傳，漢・鄭玄箋，唐・陸德明音義：《毛詩傳箋》，北京：中華書局，2018年。
5. 宋・朱熹：《四書章句集注》，臺北：臺大出版中心，2016年。
6. 宋・陳彭年等撰：《廣韻》，上海：商務印書館，1931年。
7. 清・朱彬：《禮記訓纂》，北京：中華書局，1996年。
8. 清・阮元校勘：《詩經注疏》，臺北：藝文印書館，2013年。
9. 楊伯峻：《春秋左傳注》，新北：漢京文化事業股份有限公司，1987年。
10. 清・皮錫瑞：《經學歷史》，北京：中華書局，2011年。

（二）史部

1. 漢・司馬遷撰，宋・裴駰集解，唐・司馬貞索隱，唐・張守節正義：《史記三家注》，臺北：七略出版社據清乾隆武英殿刊本景印，2008年。
2. 漢・劉向編訂，高誘注：《戰國策》，上海：商務印書館，1930年。
3. 漢・班固撰，唐・顏師古注：《漢書》，臺北：臺灣商務印書館據北宋景佑刊本，2008年。

4. 晉・陳壽撰，南朝宋・裴松之注：《新校三國志注》，臺北：鼎文書局，1977 年。

5. 南朝宋・范曄撰，唐・李賢等注：《新校後漢書注》，臺北：中華書局據武英殿本校刊，2016 年。

6. 南朝梁・蕭子顯：《新校本南齊書》，臺北：鼎文書局，1975 年。

7. 南朝梁・沈約：《宋書》，《百衲本二十四史》，臺北：臺灣商務印書館，1988 年。

8. 唐・杜佑：《通典》，北京：中華書局，1988 年。

9. 唐・房玄齡撰：《晉書》，臺北：鼎文書局，1976 年。

10. 唐・姚思廉：《梁書》，北京：中華書局，1973 年。

11. 唐・劉知幾等撰，清・浦起龍釋：《史通通釋》，上海：上海古籍出版社，1978 年。

12. 唐・魏徵等撰：《隋書》，臺北：鼎文書局，1983 年。

13. 唐・李延壽撰：《南史》，北京：中華書局，1975 年。

14. 宋・司馬光編：《資治通鑑》，明嘉靖孔天胤刻本，1544～1545 年。

15. 宋・歐陽修、宋祁撰：《新唐書》，北京：中華書局，1975 年。

16. 宋・鄭樵撰：《通志》，北京：中華書局，1987 年。

17. 清・沈清崖：《陝西通志》，收錄於《文淵閣四庫全書》第 556 冊，臺北：臺灣商務印書館，1983 年。

18. 清・丁國鈞撰，清・丁辰注：《補晉書藝文志》，北京：中華書局，1985 年。

19. 清・王謨：《漢唐地理書鈔》，清嘉慶間金溪王氏刻本，1796～1820 年。

20. 清・王夫之撰：《讀通鑑論》，臺北：里仁書局，1985 年。

21. 清・王鳴盛：《十七史商榷》，收錄於《續修四庫全書》編纂委員會：《續編四庫全書》，上海：上海古籍出版社，2002 年。

22. 清・姚振宗：《隋書經籍志考證》，民國《師石山房叢書》本。

23. 清・湯球輯：《漢晉春秋輯本》，上海：商務印書館，1937 年。

24. 清・湯球輯：《九家舊晉書輯本》，北京，中華書局，1985 年。

25. 清・萬斯同：《晉將相大臣年表》，清廣雅書局叢書本。

26. 清・趙翼：《廿二史札記》，臺北：世界書局，1997 年。

27. 清‧永瑢等撰:《四庫全書總目》,北京:中華書局,1965 年。

(三)子部

1. 春秋‧孫武撰,曹操等注,楊丙安校理:《孫子兵法集解》,北京:中華書局,1999。

2. 戰國‧吳起著,邱崇丙譯注:《吳子》,北京:中國社會出版社,2005 年。

3. 秦‧商鞅等撰:《商君書》,臺北:中華書局據西吳嚴氏校本校刊,2016 年。

4. 漢‧王符撰,清‧汪繼培箋:《潛夫論箋》,新北:漢京文化事業有限公司,1984 年。

5. 漢‧王充撰,黃暉校釋:《論衡校釋》,臺北:臺灣商務印書館,1983 年。

6. 漢‧桓寬:《鹽鐵論》,臺北:中華書局據張氏考證本校刊,2016 年。

7. 漢‧桓譚,吳則虞輯校:《桓譚《新論》》,北京:社會科學文獻出版社,2014 年。

8. 漢‧劉歆撰;晉‧葛洪輯:《西京雜記》,收錄於《文淵閣四庫全書》第1035 冊,臺北:臺灣商務印書館,1983 年。

9. 漢‧應劭撰;王利器注:《風俗通義校注》,臺北:漢京文化事業有限公司,1983 年。

10. 魏‧王肅著:《孔子家語》,收錄於《文淵閣四庫全書》第 695 冊,臺北:臺灣商務印書館,1983 年。

11. 魏‧王弼撰,樓宇烈校釋:《王弼集校釋》,臺北:華正書局有限公司,2006 年。

12. 魏‧徐幹撰,孫啟治解詁:《中論解詁》,北京:中華書局,2014 年。

13. 魏‧劉劭撰,陳喬楚注譯:《人物志今注今譯》,臺北:臺灣商務印書館,1996 年。

14. 北齊‧顏之推等著,王利器集解:《顏氏家訓集解》,北京:中華書局,1993 年。

15. 晉‧張湛:《列子注》,清光緒浙江書局刻本,1876 年。

16. 晉‧葛洪撰,何淑真校注:《新編抱朴子》,臺北:鼎文書局,2002 年。

17. 南朝宋‧劉義慶撰,余嘉錫箋疏:《世說新語箋疏》,臺北:華正書局,1989 年。

18. 南朝宋・劉義慶撰，楊勇：《世說新語校箋》，臺北：正文書局，1999年。

19. 南朝梁・慧皎等撰，湯用彤點校，湯一介整理：《高僧傳》，北京：中華書局，1992年。

20. 唐・林寶撰：《元和姓纂》，北京：中華書局，1994年。

21. 唐・徐堅等：《初學記》，北京：中華書局，2004年。

22. 唐・歐陽詢等：《藝文類聚》，上海：上海古籍出版社，1999年。

23. 宋・王欽若《冊府元龜》，北京：中華書局，1960年。

24. 宋・李昉等撰：《太平御覽》，上海：上海書局，1985年。

25. 宋・鄧名世：《古今姓氏書辯證》，北京：中華書局，1985年。

26. 清・顧炎武：《日知錄》，收錄於《文淵閣四庫全書》第858冊，臺北：臺灣商務印書館，1983年。

27. 清・王先謙：《荀子集解》，臺北：世界書局，2000年。

28. 清・王先慎：《韓非子集解》，臺北：世界書局，2010年。

29. 清・王懋竑：《白田雜著》，臺北：臺灣商務印刷館，1971年。

30. 清・孫詒讓：《墨子閒詁》，北京：中華書局，2001年。

31. 清・戴望：《管子校正》，北京：中華書局，1954年。

32. 清・錢保塘編：《清風室叢書》，清風室校刊，光緒八年。

（四）集部

1. 晉・傅玄著，葉德輝輯：《晉司隸校尉傅玄集》，長沙葉氏，1902年。

2. 南朝梁・劉勰撰，范文瀾注：《文心雕龍注》，臺北：學海出版社，1987年。

3. 南朝梁・蕭統編，唐・李善等注：《六臣注文選》，北京：中華書局，2012年。

4. 明・張溥著、殷孟倫注：《漢魏六朝百三家集題辭注》，北京：人民文學出版社，1981年。

5. 明・傅山著、勞伯林點校：《霜紅龕文》，長沙：嶽麓書社，1986年。

6. 清・章太炎：《章太炎全集》，上海：上海人民出版社，1984年。

7. 清・嚴可均輯：《全上古三代秦漢三國六朝文》，北京：中華書局，2009年。

二、近人論著

（一）專書

1. 仇鹿鳴：《魏晉之際的政治權力與家族網絡》，上海：上海古籍出版社，2012 年。

2. 毛漢光：《兩晉南北朝士族政治之研究》，臺北：臺灣商務印書館，1966 年。

3. 王力平：《中古杜氏家族的變遷》，北京：商務印書館，2006 年。

4. 王永平：《六朝江東士族之學家家風研究》，南京：江蘇古籍出版社，2003 年。

5. 王伊同：《五朝門第》，北京：中華書局，2006 年。

6. 王葆玹：《玄學通論》，臺北：五南圖書出版公司，1997 年。

7. 田餘慶：《東晉門閥政治》，北京：北京大學出版社，1989 年。

8. 朱伯崑：《易學哲學史》，臺北：藍燈文化事業股份有限公司，1991 年。

9. 江建俊：《於有非有，於無非無——魏晉思想文化綜論》，臺北：新文豐出版公司，2009 年。

10. 江建俊：《漢末人倫鑒識總理則》，臺北：文史哲出版社，1983 年。

11. 江建俊：《魏晉學術思想研索》，臺北：文史哲出版社，1990 年。

12. 牟宗三：《才性與玄理》，臺北：學生書局，2002 年。

13. 何啟民：《中古門第論集》，臺北：臺灣學生書局，1978 年。

14. 余英時：《士與中國文化》，上海：上海人民出版社，1987 年。

15. 余嘉錫：《四庫提要辯證》，長沙：湖南教育出版社，2009 年。

16. 吳正嵐：《六朝江東士族的家學門風》，南京：南京大學出版社，2003 年。

17. 吳婉霞：《傅玄及《傅子》研究》，北京：中國政法大學出版社，2015 年。

18. 李卿：《秦漢魏時期家族、宗族關係研究》，上海：上海人民出版社，2005 年。

19. 李劍清：《關輔世族文化習性與文學觀念研究》，北京：中國社會科學出版社，2014 年。

20. 汪征魯：《魏晉南北朝選官體制研究》，福建：福建人民出版社，1955 年。

21. 周一良：《魏晉南北朝史論集》，北京：中華書局，1963 年。

22. 岡村繁：《漢魏六朝的思想和文學》，上海：上海古籍出版社，2002 年。

23. 金春峰：《漢代思想史》，北京：中國社會科學出版社，1987 年。

24. 侯外廬：《中國思想史綱》，北京：中國青年出版社，1991 年。

25. 侯外廬：《侯外廬史學論文選集》，北京：人民出版社，1987 年。

26. 俞士玲：《西晉文學考論》，南京：南京大學出版社，2008 年。

27. 姚曉菲：《兩晉南朝瑯琊王氏家族文化與文學研究》，濟南：山東大學出版社，2010 年。

28. 胡寶國：《漢唐間史學的發展》，北京：北京大學出版社，2014 年。

29. 唐長孺：《魏晉南北朝史論拾遺》，北京：中華書局，1983 年。

30. 唐長孺：《魏晉南北朝史論叢》，北京：三聯書店，1955 年。

31. 唐長孺：《魏晉南北朝隋唐史三論》，北京：中華書局，2011 年。

32. 唐翼明：《魏晉清談》，臺北：東大圖書股份有限公司，2018 年。

33. 徐復觀：《中國思想史論集》，上海：上海書店，2004 年。

34. 徐復觀：《兩漢思想史》，北京：九州出版社，2014 年。

35. 高晨陽：《儒道會通與正始玄學》，濟南：齊魯書社，2000 年。

36. 曹道衡：《蘭陵蕭氏與南朝文學》，北京：中華書局，2004 年。

37. 許抗生、那薇等：《魏晉玄學史》，西安：陝西師範大學出版社，1989 年。

38. 陳啟雲著，楊品泉等譯：《劍橋中國秦漢史》，北京：中國社會科學出版社，1992 年。

39. 陳寅恪：《唐代政治史論稿》，北京：三聯書局，1990 年。

40. 陳寅恪：《陳寅恪先生論文集》，臺北：九思出版社，1977 年。

41. 陳惠玲：《魏晉反玄思想論》，臺北：花木蘭文化出版社，2011 年。

42. 陸侃如：《中古文學繫年》，北京：人民文學出版社，1985 年。

43. 傅樂成：《漢唐史論集》，臺北：聯經出版事業公司，1987 年。

44. 曾棗莊，劉琳主編：《全宋文》，上海：上海辭書出版社，2006 年。

45. 渡邊秀方：《中國哲學史概論》，臺北：商務印書館，1979 年。

46. 湯一介：《郭象與魏晉玄學》，北京：中國人民大學出版社，2015 年。

47. 湯用彤：《魏晉玄學論稿》，上海：上海人民出版社，2015 年。

48. 湯用彤：《魏晉思想的發展（乙編三種）》，臺北：里仁書局，1995 年。

49. 賀麟：《文化與人生》，北京：商務印書館，1999 年。

50. 馮友蘭：《中國哲學史新編》，北京：人民出版社，1980 年。

51. 黃俊傑主編:《東亞儒者的《四書》詮釋》,上海:華東師範大學出版社,2008 年。

52. 楊耀坤:《魏晉南北朝史論稿》,成都:成都出版社,1993 年。

53. 蒙文通:《古學甄微》,成都:巴蜀書社,1987 年。

54. 趙以武、魏明安:《傅玄評傳》,南京:南京大學出版社,2006 年。

55. 趙超:《漢魏南北朝墓誌彙編》,天津:天津古籍出版社,1992 年。

56. 劉大杰:《魏晉思想論(甲編三種)》,臺北:里仁書局,1995 年。

57. 劉汝霖:《漢晉學術編年》,上海:華東師範大學出版社,2010 年。

58. 劉師培:《中國中古文學史講義》,上海:上海古籍出版社,2000 年。

59. 樓勁、劉光華:《中國古代文官制度》,北京:中華書局,2009 年。

60. 盧雲:《漢晉文化地理》,西安:陝西人民教育出版社,1991 年。

61. 蕭公權:《中國政治思想史》,北京:商務印書館,2011 年。

62. 錢穆:《中國學術思想史論叢》,臺北:東大圖書有限公司,1981 年。

63. 錢鍾書:《管錐編》,北京:中華書局,1979 年。

64. 閻步克:《波峰與波谷:秦漢魏晉南北朝的政治文明》,北京:北京大學出版社,2017 年。

65. 閻步克:《察舉制度變遷史稿》,瀋陽:遼寧大學出版社,1991 年。

66. 閻步克:《士大夫政治演生史稿》,北京:北京大學出版社,1996 年。

67. 閻愛民:《漢晉家族研究》,上海:上海人民出版社,2005 年。

(二)學位論文

1. 王繪絜:《傅玄及其詩文研究》,臺北:文化大學碩士學位論文,1995 年。

2. 羅世琴:《傅氏家風及傅玄傅咸個案研究》,蘭州:西北師範大學碩士學位論文,2002 年。

3. 鄭順聰:《傅玄思想研究》,臺北:國立臺灣師範大學碩士論文,2000 年。

4. 劉興滬:《傅玄生平家世及其學術思想研究》,新北:華梵大學碩士論文,2008 年。

5. 安朝輝:《漢晉北地傅氏家族與文學》,南寧:廣西師範大學博士學位論文,2011 年。

6. 任歡:《傅亮研究》,南寧:廣西師範大學碩士論文,2012 年。

7. 鮑曉瓊:《傅玄、傅咸年譜》,上海:上海師範大學,2016 年。

8. 劉惠琳：《北地傅氏家風與傅咸賦研究》，臺灣輔仁大學碩士論文，2017 年。

（三）期刊論文

1. 于迎春：〈以「通儒」、「通人」為體現的漢代經術新變〉，《中州學刊》，
   1996 年第 4 期，頁 123～128。

2. 孔毅：〈論正始名士傅嘏〉，《許昌師專學報（社會科學版）》第 3 期（1992
   年），頁 26～30。

3. 王曉毅：〈王戎與魏晉玄學〉，《東嶽論叢》，第 32 卷 12 期（2011 年 12
   月），頁 56～62。

4. 王曉毅：〈正始改制與高平陵政變〉，《中國史研究》（1990 年第 4 期），
   頁 74～83。

5. 王曉毅：〈荊州官學與三國思想文化〉，《中國哲學史》（1994 年第 5 期），
   頁 61～66。

6. 王曉毅：〈論曹魏太和「浮華案」〉，《史學月刊》（1996 年第 2 期），頁 17
   ～25。

7. 石田德行：〈北地傅氏考──以漢魏晉時代為主研究〉，《中島敏先生古稀
   紀念論集》，東京：汲古書院，1981 年。

8. 朱曉海：〈才性四本論測義〉，《東方文化》第 16 卷第 1 期（1978 年），
   頁 207～224。

9. 吳成國：〈從婚姻論東晉南朝門閥制度的盛衰〉，《江漢論壇》，第 9 期（1997
   年），頁 68～72。

10. 吳婉霞：〈傅玄《傅子》在魏晉文學變革中的獨特風貌〉，《甘肅社會科學》
    （2015 年第 6 期），頁 60～64。

11. 吳慧蓮：〈曹魏的考課法與魏晉革命〉，《臺大歷史學報》，第 21 期（1997
    年 12 月），頁 59～78。

12. 李書吉：〈西晉政治與玄學〉，《山西大學學報（哲學社會科學版）》，第 3
    期（1990 年），頁 33～37。

13. 周文俊：〈西晉職官升遷與資位秩序〉，《學術研究》（2013 年第 5 期），
    頁 118～125。

14. 柳春新：〈論漢晉之際的北地傅氏家族〉，《史學集刊》第 2 期（2005 年
    4 月），頁 29～36。

15. 唐星：〈《四本論》形成時間新考〉，《北大史學》第 18 期（2013 年 12 月），頁 28～50。

16. 孫寶：〈傅咸家風與魏晉文風流變〉，《蘭州學刊》（2008 年第 1 期），頁 199～203。

17. 徐高阮：〈山濤論〉，《歷史語言研究所集刊》第 41 本第 1 分冊（1969 年 3 月），頁 87～125。

18. 馬黎麗：〈傅玄、傅咸父子辭賦比較研究〉，《安徽師範大學學報（人文社會科學版）》（2012 年第 2 期），頁 245～252。

19. 張亞軍：〈北地傅氏與傅亮〉，《南陽師範學院學報》，第 8 期（2006 年 8 月），頁 61～69。

20. 張明華：〈傅咸的《七經詩》及其對後世集句詩的影響〉，《阜陽師範學院學報》，第 118 期（2007 年第 4 期），頁 20～23

21. 張愛美：〈論傅咸詠物賦的諷教傳統〉，《臨沂大學學報》，第 34 卷第 4 期（2012 年 8 月），頁 95～98。

22. 張蓓蓓：〈《傅子》探賾〉，《臺大中文學報》，第 12 期（2000 年 5 月），頁 79～124。

23. 曹東方、陳見微：〈《傅子》輯本考略〉，《古籍整理研究學刊》，（1995 年第 5 期），頁 14～17。

24. 莊耀郎：〈魏晉反玄思想析論〉，《國文學報》第 24 期（1995 年 6 月），頁 143～182。

25. 陳見微：〈析清人輯佚《傅子》的成就〉，《文獻季刊》（2000 年第 3 期），頁 222～232。

26. 楊鑒生：〈何晏叢考〉，《福州大學學報（哲學社會科學版）》（2009 年第 3 期），頁 68～72。

27. 蒙文通：〈論經學三篇〉，《中國文化》（1991 年第 1 期），頁 59～63。

28. 趙以武：〈「北地傅氏」的郡望所在〉，《社科縱橫》（1995 年第 5 期），頁 54～56。

29. 趙以武：〈關於《傅子》四種輯本的優劣得失〉，《社會縱橫》（1997 年第 1 期），頁 59～60。

30. 趙以武：〈關於漢魏晉時期北地郡的變遷〉，《中國邊疆史地研究》（1998

年第 3 期），頁 6～9。

31. 趙昆生：〈「四本論」與曹魏政治〉，《重慶社會科學》第 135 期（2006 年第 3 期），頁 86～91。

32. 劉治立〈傅幹與諸葛亮合論〉，《安康師專學報》第 17 卷第 4 期（2005 年 8 月），頁 84～86。

33. 劉春華：〈由『思想流派』之雜到『龐雜』之雜──論中國古代書目子部雜家著錄情況的演變〉，《淮北師範大學學報（哲學社會科學版）》第 32 卷第 6 期（2011 年 12 月），頁 38～42。

34. 劉榮賢〈先秦兩漢所謂「黃老」思想的名與實〉，《逢甲人文社會學報》第 18 期，2009 年 6 月，頁 1～20。

35. 劉顯叔：〈東漢魏晉的清流士大夫與儒學大族〉，《勞貞一先生秩榮慶論文集（《簡牘學報》第 5 期)》，1977 年 1 月，頁 213～244。

36. 霍昇平：〈靈州傅氏試探〉，《寧夏社會科學》第 40 期（1990 年第 3 期），頁 13～20。

37. 羅獨修：〈才性四本論之內容擬測、思想淵源及其影響〉，《史學彙刊》第 31 期，2013 年 6 月，頁 1～14。

38. 龔鵬程：〈唐宋族譜之變遷〉，收錄於聯合報文化基金會國學文獻館主編：《第一屆亞洲族譜學術研討會會議紀錄》，（臺北：聯合報文化基金會國學文獻館，1987 年），頁 64～103。